KB230716

# 보호무역론의
# 원류를 찾아서

# 보호무역론의 원류를 찾아서

이균 지음

KCSi 한국학술정보㈜

# 머리말

자유무역(free trade)은 가장 먼저 산업혁명을 이룩한 영국이 국민경제의 건설과 발전을 도모하고자 국제무역에 있어서 일방적으로 전개하여 온 무역정책이라는 것은 역사적 사실이다. 그리고 아담 스미스가 <국부론>을 출판한 1776년 이후 오늘에 이르기까지 자유무역은 국제무역의 학문 분야에서 자유주의 사상에 바탕을 둔 무역이론으로서 확고부동한 위치를 차지하여 왔다.

그러나 이 세계에는 독립된 많은 나라가 엄연히 존재하며 이들 나라들은 그 조건의 여하를 불문하고 지난 2세기 동안 경험하였던 바와 같이, 선진국과 후진국으로 분할되면서부터 상호 무역이 활발하게 전개되어 왔으며, 또 앞으로도 더욱 광범위하게 이루어질 것이 분명하다.

이러한 상황에서 경제적으로 뒤쳐진 후진국은 선진국과 불평등한 국제무역 관계를 맺지 않을 수 없으며, 이러한 관계 아래서는 무역이익의 공정한 배분을 기대하기 어려울 뿐만 아니라 그렇게도 갈망하는 공업화를 달성하기 어렵거나 아니면 지연될 수밖에 없다는 것은 자명한 일이다. 그 결과, 대부분의 후진국은 그 경제의 파행적인 구조로 자립적이고 지속적인 발전을 하지 못함으로써 정상적인 국민경제를 형성할 수 없다는 것 또한 부인하기 어렵다.

그러면 후진국이 정상적인 국민경제를 형성하지 못하는 근본적인 원인은 어디에 있는가. 구체적으로 왜 후진국은 '농업·공업·상업의 균형과 조화'를 형성하지 못하는가.

사실상 어느 시대, 어느 지역의 후진국이라 할지라도 이들의 경제구조는 ① 파행구조형이나 ② 가공무역형 그것도 아니면 ③ 모노칼춰형의 세 가지 유형 가운데 어느 하나에 속해 있으며, 또 어떤 유형의 후진국이라 할지라도 대외무역은 불가피하다. 그러면서도 후진국이 선진국과의 불평등한 무역관계로 인하여 공업화가 지연되고, 따라서 국제적으로 경제적 열세를 만회하지 못하여 국민경제의 형성, 나아가 조화 있는 발전이란 요원하다고밖에 볼 수 없을 것이다. 더욱 심각한 문제는 후진국의 대외무역에 있어서 그것이 자유무역으로 전환·확대되면 될수록 후진국의 정치적 독립과 경제적 자립의 기반을 위태롭게 하면서 선진국에 더욱 의존하게 되고 종속됨으로써 불평등한 국제무역관계라는 고리에 묶이게 되는 결과를 초래하게 되는 것이다.

이러한 관점에서 후진국들이 앞으로 자립적인 국민경제를 형성하기 위해서는 어떠한 발전전략을 수립하여야 하며, 또 그 전략의 이론적 틀을 어디에서 찾아야 하는가.

이 문제에 관한 한, 19세기 초반 독일의 국민주의 보호무역론자로 알려져 있는 리스트(Friedrich List)의 이론, 특히 그의 주요 저서인 <경제학의 국민적 체계>를 들지 않을 수 없다. 그렇지만 우리는 리스트의 이론에서 지금까지 그를 유치산업보호론의 창시자로서만 이해함으로서 국민경제형성을 위한 보호무역에 관한 광범위한 논의는 안타깝게도 지나치게 등한히 하여 왔으며, 경우에 따라서는 신고전학파의 '자유무역의 예외로서의 유치산업보호론'을 지나치게 부각시킴으로써 그의 이론의 핵심을 방관하거나 전적으로 무시하여 왔다 해도 과언이 아니다.

실제 영국이 어떻게 하여 산업혁명을 일으켜 선진공업국이 되었으며, 그 뒤 영국의 세계 지배 아래에서 당시 후진국이었던 미국과 독일이 어떻게 하여 공업국으로 탈바꿈하였는가. 그것은 이들 나라가 자국의 생산력, 즉 '농업·공업·상업의 균형과 조화'라는 데 목적을 두고 중상주의적 보호무역정책을 수립하여 이를 강력하게 추진하여 왔기 때문에 일찍이 선진공업국으로 부상하게 되었다는 것은 재론의 여지가 없다.

이처럼 이들 나라가 과거에 실시하였던 보호무역정책에 그 정당성이 부여된다고 한다면 이들의 정책은 지금 우리에게 뜻하는 바가 적지 않다. 그렇다면 이러한 정책의 기본이 되는 리스트의 이론은 물론 그에 선행하는 여러 이론들을 해명하고 재해석하여 보호무역론의 의미를 재조명하여 봄으로써 오늘날 후진국들도 채택하여야 할 무역정책 — 자유무역과 보호무역 가운데서 — 이란 과연 어떤 정책이어야 하는가가 분명해질 것이다.

따라서 이 책은 이러한 정책방향의 이론적 근거를 제시하는 데 그 목적을 두고자 하며 이 책의 주제에 관한 내용을 크게 다음 세 가지로 나누고자 한다.

첫째, 리스트에 선행하는 영국의 스튜어트(James Steuart)와 그 뒤, 주로 미국의 국민주의 경제학자들, 특히 해밀턴(Alexander Hamilton), 레이먼드(Daniel Raymond), 케어리(Mathew Carey) 등에 의하여 수행된 국민경제와 보호무역에 관한 학설사적 탐구이며

둘째, 리스트의 국민경제형성을 위한 보호무역의 이론과 그 정책체계에 관한 해명과 재해석이며

셋째, 국민경제형성과 보호무역에 관한 이상의 여러 이론들이 오늘날 후진국의 국민경제형성과 경제발전전략에 대하여 갖는 의의를 찾는 데 두고 있다.

이상의 과제에 저자는 오래전부터 깊은 관심을 갖고 연구에 심혈을 기울여 왔다는 것을 솔직하게 고백하면서 이 과제는 워낙 방대하고 논쟁적이기 때문에 독자제현의 많은 힐책과 비판을 기대해 마지 않는다.

　이 책이 출판되기까지에는 여기에 일일이 들 수 없는 많은 스승님들의 지도에 힘입은 바 크며, 특히 대학원시절 지도하여 주신 마찌다 미노루(町田實) 교수님과 다나까 끼스께(田中喜助) 교수님 그리고 연구를 위하여 두 차례 초청하여 주신 선배이신 早稻田大學 부총장으로 계신 에나츠 겐이찌(江夏健一) 교수님, 또 다년간 자료를 제공하여 준 대학원 동기생이었던 早稻田大學 圖書館에 근무한 끼다가제 다까시(北風貴紫) 씨의 도움이 없었다면 이 책의 출판은 불가능하였을 것이다. 이 자리를 빌려 감사의 뜻을 표한다.

　그리고 많은 격려와 성원을 하여주신 한국학술정보(주) 여러분들께 심심한 사의를 표한다. 저자연구실의 오유리 조교(대학원 무역학과 석사과정)에게 고마움의 뜻을 여기에 담는다.


2007년 11월
서래마을 자택서재에서
이 균 씀

# 차 례

# 제3장 국민경제와 보호무역론의 이론구조 ‖ 131

# 제4장 보호무역론의 현대적 평가 ǁ 229



# 제5장 결　론 ǁ 273



# 참고문헌 ǁ 289
# 인명색인 ǁ 299

# 제 1 장
# 서 론

# 제1절 문제의 제기

자유무역(自由貿易, free trade)과 보호무역(保護貿易, protection)을 논의의 중심에 두고 중상주의 시대부터 전개되어 온 국제무역(國際貿易, international trade)의 이론은 각 나라의 각 시대의 정치적·경제적·사회적 여러 조건에 따라 그 주제를 달리 하여 왔지만, 산업자본주의 출현 이후의 국제무역의 이상은 자유무역의 실현에 있으면서도 그 현실은 보호무역이 지배적이었다. 사실 자본주의 경제체제가 성립한 이후, 엄밀한 의미의 자유무역은 영국을 중심으로 한 1860년대와 그 시기로부터 100년 뒤, 미국을 중심으로 한 1960년대를 제외하면 보호무역과 병존하여 왔다고 할 수 있지만 대부분의 나라는 오히려 보호무역을 더욱 선호하여 온 것이 사실이다.

자유무역이야말로 '무역으로부터 발생하는 이익(gains from trade)'을 극대화시킬 수 있다는 이론적 뒷받침에도 불구하고 이에 상반되는 반자유무역(反自由貿易), 즉 보호무역이 현실적으로 보다 더 부각되어 왔던 이유는 무엇이며, 또한 보호무역의 이론은 어떠한 조건 아래에서 형성·발전되어 왔는가라는 문제의 해명은 오늘날 여러 후진국의 경제발전과 관련하는 문제로서 우리의 지대한 관심사 가운데의 하나라 하지 않을 수 없다.

이러한 관심사의 핵심은 대외무역정책과 경제발전과의 관계에 관한 역사적 교훈으로서 이미 선진국이 된 과거의 후발자본주의국이었던 미국·독일 등이 경험했던 국민경제의 형성과정에서 찾아볼 수 있다. 일찍이 중세 말기 이래 공동체 분업의 확대를 기초로 하여 발전하기 시작한 국지시장권은 지역시장권으로, 다시 국민적 규모로 상품생산이 발전함에 따라 국내시장의 형성을 가져온 국내시장권으로 발전하여 왔다. 그리고 국내분업의 발전은 다시 국제분업을 형성하게 됨에 따라 선진국이 이미 달성한 고도의 공업생산력이 후진국에 이전되고, 후진국의 산업구조에는 일종의 파행현상이 일어나면서 선·후진국 사이의 의존과 대립이라는 새로운 국제경제관계를 야기시키게 된다.

이러한 선·후진국 사이의 경제문제를 검토할 때 다음과 같이 일반적 특징을 알 수 있다.

첫째, 선진국은 공업생산력을 자립적으로 창출하여 경제발전의 최종단계에 이미 도달한 반면, 후진국은 경제발전의 단계와 정도가 각 지역(국가)에 있어서 반드시 동일하지 않고, 오히려 단계적으로 상이하다는 것이다.

둘째, 선진·후진의 양자는 단지 이러한 단계적 차이로 끝나는 것이 아니라 한편으로는 후진국의 '나라'의 상태, 특히 자립적 발전의 담당자의 결여 혹은 취약성을 '위로부터'의 정책으로 대립, 보충하고자 하는 방향가운데서 규제되는 바와 같이 선진국에 대한 대립(반발)과 다른 한편으로는 공업생산력의 도입과 이전을 갈망하는 바와 같이 의존이라는 양 측면을 포함한 상호 무역관계 가운데 이미 포함되어 있다는 것이다.

이와 같이 선·후진국 사이에 '불균등발전의 동시존재'라는 산업구조의 의미가 '경제발전의 단계적 계기'라는 사회적 분업의 역사적 존재형태라는 점에는 다음 내용이 지적될 수 있다. 즉, 후진국의 전근대적인 사회적 분업에 있어서 이중경제구조는 최종단계에 있는 선진제국과 무역관계를 맺음으로써 어떤 변화를 가져오게 되는가. 특히 현실적인 무역관계가 후진국의 공업화의 창출과는 어떤 관계가 있는가. 말하자면 후진국은 위의 사회적 분업의 이중경제구조가 한편으로 공동체 내부에 있어서 공동체 내 분업의 발전과, 다른 한편으로 공동체의 존재로 제약된 공동체 사이, 분업 사이에 각각 어떤

관계를 갖고 공업화를 창출·육성해 갈 수 있는가라는 문제이다.[1]

사실상 이러한 국제경제관계 속에서 선·후진국 사이에는 불균등 발전의 '동시존재' 현상이 일어나게 되고, 그것은 다음과 같은 몇 가지의 주요한 결과를 낳았다.

첫째, 선진국은 공통체 내의 분업을 기점으로 하여 국지시장권 → 지역시장권 → 국내시장권이라는 행태로 사회적 분업권을 확대시킨 이후에, 그 연장선상에서 바로 국민적 규모와 범위를 초월한 국제시장권으로 확대되어 왔다. 이에 반하여 후진국은 국민적 규모와 국내시장권을 형성하기 위한 사회적 분업을 발전시키지 못하였을 뿐만 아니라 전근대적인 이중경제구조 아래에서 국민경제의 통일과 조화도 이루지 못하였다.

둘째, 사회적 분업의 차이에 기인하는 경제발전의 단계적 차이라는 조건 아래에서 선진국과 후진국은 국제경제관계에 있어서 상호의존과 대립의 무역관계를 맺어 왔다.

역사적으로 볼 때 모든 국가는 특정의 시간적·공간적 제약 아래에서 각각 그 나라에 고유한 국민경제체제를 형성하게 마련이다. 한 나라의 국민경제체제는 자연적 및 사회적인 여러 제약에 의하여 산업체 사이 불균등이 일어나게 마련이고, 이 불균등을 시정하는 하나의 수단으로서 외국무역이 등장하게 된다. 그러나 개별 국민경제체제는 상이한 발전단계에서 상이한 경제정책으로 독자적인 발전과정을 거쳐 왔기 때문에 경제적으로 앞선 나라들과 뒤진 나라들이 혼재하게 되고, 한 국민경제체제 내에서도 산업의 발전수준을 달리하는

---

1) 오오츠카 히사오(大塚久雄)에 의하면 여러 국민경제는 각각 국내의 역사적 조건을 배경으로 출발의 시기를 달리하는 데에서 발생하는 상이한 경제발전 단계에서 국제적으로 대립과 경쟁을 하기 때문에 경제적으로 부침(浮沈)과 성쇠(盛衰)가 야기된다면서, 이러한 경우 '불균등발전의 동시존재'라는 세계사의 법칙이 작용한다는 것이다. -大塚久雄, 國民經濟 -歷史的 視野での考察-, 岩波書店, 1980, p.117.

우위산업과 열위산업이 병존하는, 이른바 국내·외적으로 '불균등 발전의 동시 존재'라는 현상이 현실적으로 지배하게 된다.

이러한 측면에서 볼 때, 경제적인 후진국에 있어서 '국가의 역할'이 특히, 중요한 요소로 작용하지 않을 수 없다. '국가'란 원래 정치적 단위이지만 그것이 경제적 단위이기도 하기 때문에 경제력의 강약은 그 나라의 대외무역관계에 결정적인 영향을 미치게 마련이다.

이러한 조건 아래에서 경제발전의 정도와 속도에 차이가 큰 국민경제 사이에 국제무역이 일어나게 되면 자연히 국제적인 의존과 대립, 아니면 종속관계가 일어나기 마련이고, 자유무역에 의하여 공업화가 저해되는 국민경제, 즉 국민경제의 종속화 현상이 일어날 수 있다. 특히, 봉건제의 말기로부터 근대적 자본주의로의 이행과정에 있어서, 다른 나라에 앞서 공장제 기계공업을 발전시킨 선진국인 영국과의 자유무역을 통하여 오히려 독일의 근대적 국민경제의 형성을 저지당하거나 지연당한 영국과 독일의 관계에서 역사적인 예를 들 수 있다. 후진국의 독일은 선진국의 영국에 대항하여 자신의 경제적 후진성을 극복하고, 나아가서 근대적 국민경제를 성공적으로 이룩한 대표적인 후진국의 하나였음을 자타가 인정하고 있다.

그러나 고전학파의 특색은 무엇보다 강렬한 자유무역의 사상이다. 고전학파는 18~9세기의 현실적 무역의 상황에서 자유무역론을 구축한 것이 아니라 중상주의 정책의 표현으로서 눈앞의 무역패턴을 변형시켜야 한다는 흄(David Hume, 1711~1776)의 이상주의를 표현한 것임에 틀림없다. 이에 관한 유일한 설명은 전 세계인을 부유하게 결합시킬 것이라든가, 또한 무역은 어떠한 규제나 간섭으로부터 자유로워야 한다든가 등의 개혁적 제언이었던 것이다. 확실히 토렌스(Robert Torrens, 1780~1864) 이후, 무역의 기초에 두어야 할 코스트 개념의 정리가 시도되었으며, 비교우위론은 수학적으로 설명한 점에서 리카도(Davie Ricardo, 1772~1823)가 시조라는 하나의 근거였으며, 비교우위론의 요점은 이미 밀(John Stuart Mill, 1806~1873)에 의하여 정확하게 해석되었다. 리카도는 또한 자유무역이 전 세계의 국민에게 이익이 된다고 하였다.

이들 고전학파의 배경에는 두말할 필요 없이 중상주의 정책에 대한 강렬한 저항의식이 있다. 고전학파는 국제무역에 관한 여러 규칙을 보호에서 자유로 대체시키고자 하였다. 자유무역을 통한 비교우위, 국가의 중요성 부정, 소비증대에 의한 조화 있는 세계 등 이러한 내용들이 고전학파 무역이론2)의 패러다임이었다. 따라서 고전학파들에 의한 연구방법의 전제, 즉 예정조화(pre-established harmony)를 지향하는 자연질서야말로 경제이익의 조화를 가장 잘 실현케 한다는 명쾌한 결론이 도출되었다.

한편, 대외무역에 관한 보호의 역사를 검토해 보면, 대단히 다양하게 나타난다. 우리가 문제로 삼고자 하는 중상주의 말기로부터 근대산업자본주의 초기까지의 소위 유치산업보호론, 자본주의 경제의 확산과 독점화 진전기의 농업과 공업의 독점산업에 대한 보호론, 그리고 20세기 후반에 들어와서 선진공업국가들의 전통적인 우위산업이 신흥공업국가들에 의해 도전을 받게 되자 구미선진국이 예외 없이 1970년대 이래 강화시켜 온 사양산업보호론에 이르기까지 상이한 시대에 상이한 특성을 지닌 보호주의가 주장되어 왔다. 뿐만 아니라 근대적 산업화 초기에 놓여 있었던 나라에 있어서조차도 보호의 성격과 시한 및 범위에 관해서는 상이한 견해가 존재하였는바, 앞으로 여기에서의

---

2) 고전학파 무역이론이라 하여도 이 이론이 내포하는 의미는 다양하다. 즉 ① 스미스(Adam Smith), ② 토렌스(J.E.Torens), ③ 리카도(David Ricardo), ④ 밀 (Jhon Steurt Mill), ⑤ 케안스(J.E.Cairnes), ⑥ 마샬(Alfred Marshall), ⑦ 에지워즈(Francis Y. Edgeworth), 및 ⑧ 바스테이블(Chales F.Bastable) 등 각자가 전개한 이론의 중심을 보면 반드시 고전학파로서 통일하는 것은 타당하지 않다. 그러나 소비자우선주의, 비교우위, 2국2상품모델, 생산요소의 국내완전이동과 국제간 불이동이라는 틀을 가진다고 하여서 후세의 경제학자인 윌리엄스(J.H.Williams)에 의하여 고전학파의 이미지가 정착하였다.

논리의 초점이 될 리스트(Friedrich List, 1789~1846)의 한시적 보호무역(temporary protection)이지만, 마노이레스코(Mihail Manoilesco)[3]는 항구적 보호무역(permanant protection)을, 그리고 슐러(Richard Schuller, 1870~?)[4]는 조건부 보호무역(condltionaI protection) 을 주장한 바 있다.

이와 같이 분류되는 보호무역론은 나라와 시대에 따라 그 이론과 정책을 달리하여 왔다는 것은 의심의 여지가 없다.

여기서는 프리드리히 리스트(이하 리스트라 함) 등 보호무역론자들이 주장하는 한시적 보호무역론에 역점을 두고 봉건제 말기로부터 근대자본주의로의 이행기에 있어서 특히 국내시장이 분할된 후진국가들이 국내시장의 통일과 국민경제의 균형과 조화에 목적을 두고 선진국과의 대등한 경쟁력을 배양하기 위해서 어떻게 하면 취약한 국내공업을 보호·육성할 수 있는가라는 문제에 초점을 맞추고 있는 리스트의 보호무역론을 현대 후진국의 경제발전 방향설정의 관점에서 다시 해석하고 평가하는 데 기본적인 연구목표를 두고자 한다.

사실상 후진 독일의 근대적 공업건설에 기초한 국민경제의 형성과정이 선진 영국과의 대립·대항관계 속에서 리스트와 같은 역사학파들에 의하여 크게 뒷받침되었다는 것은 부인할 수 없는 사실이다. 이러한 사실이 학설사(學說史)에서 흔히 리스트를 유치산업보호론자로 분류하여 왔다. 그러나 리스트의 보호무역론의 진정한 역사적 평가는 산업자본주의 형성기에 있어서의 여러 산업부분 사이의 균형과 조화에 관한 그의 국민경제건설론의 체계화 및 그 확립에 놓아져야

---

3) 마노이레스코(Mihail Manoilesco)는 농업과 공업 사이의 생산력수준의 차이에서 국내거래와 국제무역의 쌍방에 부등노동량(不等勞動量)의 교환이 발생한다는 점을 강조하고, 이 경우의 무역패턴을 착취(搾取, exploitation)로 간주하기 때문에 농업과 공업이 상호 외부경제를 창출, 상호 시장을 제공하면서 경제를 확대해야 한다면서 항구적 보호무역론을 강조하고 있다. -Mihail Manoilesco, Die nationalen Producktivkrafte and Der Ausensenhandel(Berlin, 1937)

4) Richard Schuller, Sulzzoll and Freihandel(1905): T.H.Farrer, Free Trade versus Fair Trade(Cassel&Co, 1881)

할 것이다.

그렇다면 리스트의 국민경제형성론에 대한 재음미는 오늘날의 개발도상국이 당면하고 있는 국민경제건설의 목표와 그 실현과정 위의 여러 문제에 대해서 매우 유용한 역사적 교훈의 하나로 되지 않을 수 없다. 여기서 리스트의 보호무역론을 문제로 삼고자 하는 것은 바로 위와 같은 이유에 입각한 것이다.

# 제2절 연구의 과제

　여러 후진국이 자립적이고 지속적인 성장을 가능케 하는 나라의 국민경제를 형성하기 위해서는 보호무역이 불가피하다는 사실의 인식을 전제로 할 때, 보호무역의 이론적 근거는 무엇이며, 어떠한 경우에 그 정책이 정당화될 수 있으며, 또한 어떤 정책수단이 합리적인가를 규명할 필요가 있다. 이를 여러 문제와 관련시켜 고찰한다면 고전적인 대표적 이론으로서 리스트의 보호무역론을 들 수 있을 것이다.

　이 연구에서는 다음의 세 가지 문제에 대한 해명에 연구 과제를 한정시키고자 한다.

　첫째, 리스트의 방대한 저서5) 가운데 국민경제형성을 위한 보호무역의 논의가 어떠한 역사적 배경에서 이론적·정책적으로 전개되었는가를 밝히고, 또한 이 이론이 어떤 구조를 가지고 있는지에 관하여 구체적으로 해명하고자 하며, 그 중심적인 논쟁은 어디까지나 국민경제형성을 위한 보호무역론에 한정하고자 한다. 리스트는 자신의 경제발전단계설에서 당시 독일이 처한 '농업상태'로부터 '농·공업상태'에 이르는 단계에서 보호무역이 필요하며, 그 전과 후의 단계에서는 자유무역이 타당하다고 보았다. 리스트의 이와 같은 주장은 19세기 초반 독일의 국내시장이 분할된 가운데 대외적으로는 영국의

---

5) 리스트(Fredrich List)의 대표적 저서는 ① <국민적 체계>인 <Das national Suystem der politischen Okonomie, 1841>이지만, ② 이에 앞서 미국체제 시에 <미국체제>로서 <Outlines of American Political Economy, 1827>를, ③ 프랑스에서 <자연적 체계>로서 <Le Systeme natural deconomie poloitique, 1838>을 저술하였으며, ④ 후기에 <농지제도론>인 <Die Ackerverfassung, die Zwergwirstchaft, und die Auswanderung, 1842>을 발표함으로써 그의 국민경제론은 완성되었다. 그리고 ⑤ <Die politischeoconomische Nationaleinheit der Deu tschen, 1845-6>에서 그는 독일이 장래 준제국주의(準帝國主義)로 나가야 한다고 하였다.

공업자본과 대내적으로는 독일의 지주 및 중계무역상인들의 이익에 대항하여 서남독일의 중소자본가의 입장에서 국내공업을 보호, 육성하여야 한다는 입장에 근거하고 있다. 그러나 리스트는 그의 초기의 경제사상이나 미국체제 때의 이론형성기를 거쳐, 말기의 여러 저서에 이르기까지의 전 체계를 통해서 볼 때 공업보호주의만을 일관되게 주창한 것은 아니다. 왜냐하면 리스트는 공업의 발전을 위해서는 '공업의 기반인 농업'의 발전이 선결조건이며 근본적으로 농업의 기반 위에서 공업의 발전을 기대할 수 있는 독일, 특히 뷔르템베르그 지역의 소위 '공동체 내 분업'을 강조하고 있기 때문이다.

그럼에도 불구하고 리스트는 왜 공업의 보호를 통한 국민경제의 형성을 강조하지 않으면 아니 되었으며, 또 이를 위해서는 어떤 정책이 필요하였는가에 관한 리스트의 보호무역론의 성격을 재조명해 볼 필요가 있다.

둘째, 리스트에 선행하는 보호무역론의 존재 여부이다. 사실 리스트는 보호무역론의 고전적 완성자이기는 하지만 그의 선구자로서 18세기 중반부터 19세기 초반에 이르기까지 미국의 건국 초기에 대표적인 중상주의적 보호무역론자, 예컨대 해밀턴(Alexander Hamilton, 1757~1804)[6], 레이먼드(Daniel Raymond, 1786~1849)[7], 케어리(Mathew Carey, 1760~1839)[8] 등 소위 미국체제파의 국민경제형성론과 공업주의의 사상으로부터 큰 영향을 받았었고, 미국체제파에 앞선 18세기 중엽의 최후의 중상주의자인 스튜어트(James Steuart, 1712~1780)[9]의

---

6) Alexander Hamilton, Report on the Subject of Manufacture, 1791.

7) Daniel Raymond, Thought on Political Economy, 1817.@2

8) Matew Carey, National Intrests and Domestic Manufactures, 1819: Essays on Political Economy, 1822

9) James Steurt, An Inquiry into the Principel's of Political Economy, being an Essay on the Science of Domestic Policy in Free Nations, in which are particularly considered Population, Agriculture, Trade, Industry, Money, Coin, Interest, Circulation, Banks, Exchange, Public Credit and Taxes, in two vols, London, 1767.

보호무역론에 의해서도 영향을 받은 것은 부인할 수 없다. 이들 여러 선행이론은 어떠한 역사적 배경 아래에서 생성·발전되었으며, 그들이 리스트의 국민주의적 보호무역론의 발전에 어떻게 기여하였는가를 규명하고자 한다.[10]

셋째, 전후, 여러 후진국은 다수가 신생독립국으로서 경제적 독립과 자립을 위하여 여러 선진국과의 불평등한 국제경제관계로부터 벗어나서 독자적인 국민경제의 형성과 그 발전을 목표로 대체로 두 가지의 발전전략, 즉 수입대체공업화가 아니면 수출지향공업화의 전략을 채택하였다. 전자는 주로 1950년대에 자원이 풍부한 라틴아메리카의 여러 나라에서, 후자는 주로 1960년대에 자원이 빈곤한 아시아의 여러 나라에서 채택되었다. 그러나 양자는 모두 몇 개 나라를 예외로 하면 국내시장의 협소, 자본과 기술의 높은 대외의존 등으로 심각한 국민경제의 불균형과 아울러 여러 후진국의 경제를 여러 선진국에 종속시키는 결과를 초래하였다. 20세기 후반의 이들 경험은 근대적 국민경제건설 평가에 종국적인 목표를 두었던 리스트의 보호무역론에 입각하여 볼 때, 어떻게 평가될 수 있는가를 해명하는 것은 후진국의 장래의 발전문제를 새로이 처방함에 있어 대단히 유익한 결론을 우리에게 제시하여 줄 것으로 기대된다.[11]

이상 세 가지의 과제, 즉 (1) 리스트보호무역론의 성격규정, (2)리스트에 선행하는 보호무역론, 그리고 (3) 오늘날 여러 후진국의 공업화전략이 갖는 국민경제 형성론적 의미의 평가문제를 해명하고자 한

---

10) 이 문제에 관하여서는 상호 대립하는 두 가지의 발전전략으로서 그 첫째는 넉시(R.Nurkse, Patterns of Trade and Development, Wicksell Lecture, Stockholm, 1959)에 의하여, 그 둘째는 케안크로즈(A.K.Caincross, International Trade and Economic Development, Kyklos, vol.viii, fasc4, 1960.)에 의하여 주창되었다. 전자는 20세기의 외국무역이 경제성장에 미친 파급효과를 비관시하여 내향적 공업화를 주장한 반면, 후자는 정통파의 자유무역의 입장에서 전자를 비판하면서 외향적 공업화를 주장하고 있다.

11) Friedrich List, op.cit, (1)

다. 따라서 이 연구의 제1장(서론)에서는 문제의 제기와 연구의 과제, 그리고 지금까지의 선행연구사를 개관하고, 본론으로 제2장에서는 리스트에 선행하는 보호무역론을, 제3장에서는 리스트 보호무역론의 이론구조를, 그리고 제4장에서는 리스트이론의 현대적 평가를 논하고, 마지막 제5장에서는 이 연구의 결과를 요약·제시하고자 한다.[12]

---

12) Friedrich List, op.cit, (4)

# 제3절 선행연구사의 개관

리스트이론은 국민경제형성의 이론이며 그 중심과제는 국민생산력에 관한 문제이다. 리스트의 주요저서인 <경제학의 국민적 체계>에서 이러한 이론의 궁극적 목표는 '생산력의 균형과 조화'이며, 그 내용은 공업보호에 의한 국내시장의 확보이다.

그러나 이러한 목표는 공업보호제도의 수립과 동시에 농지개혁으로 국내시장을 형성하지 않으면 아니 되었기 때문에, 이러한 이론을 렌즈(Friedrich Lenz)13)는 국내시장의 우위의 이론(Theorie von dem Vorrang Binnenmarket)이라고 하였다. 어쨌든 리스트의 정책구상은 독일이 당시에 당면하고 있었던 국민경제의 형성, 즉 공업에 있어서 자본주의, 농업에 있어서 중·소규모의 근대적 독립농업 경영이었으며, 최종단계에 가서는 인구증가와 산업발전으로 불가피한 식민권 확보에 의한 준제국(準帝國)의 건설로 표현된다.14)

리스트가 구상한 정책목표를 달성하기 위한 정책수단은 두 가지 단계로 구분되며 그 구체적인 내용은 다음과 같다. 하나는 그가 설정한 경제발전 단계의 최종단계인 농업·공업·상업의 균형상태에 이르기 위한 보호무역제도이며, 다른 하나는 최종단계에 이른 다음 준제국 아래에서 자유무역제도로 전환하는 것이다.15)

리스트가 주창한 보호무역제도는 바벨(Ernest Babel)16)에 의하면 "정상적인 국민경제의 기초는 리스트에 있어서는 개념적으로나 실제에 있어서나 항상 국내시장에 지나지 않는다."는 것으로 평가되었다. 즉, 리

---

13) Friedrich Lez, Friedrich List Kleinere Schriften, einfuhrung, 1926, s.xxxiii.
14) Ernest Babel, Der innere Markt bei List and Bismak, Leiozig, 1929, s.38.
15) Friedrich List, op.cit, (4)
16) Ernest Babel, a.aO., S.19

스트는 정상국민의 경제구조모형으로서 농업과 공업의 인구구성비율을 1 대 1로, 다시 말하면 농업인구가 50% 이하인 경제로 보고 있으며 국민생산력의 부조화를 극복할 수 있는 길은 강력한 국민국가의 건설임과 동시에 모든 공업의 기반(grundsaule allen industries)인 농지제도의 개혁이었다. 리스트의 이러한 견해는 비스마르크(Otto Eduard Leopaold von Bismark)에 의하여 1870년대 중반 농업과 공업의 두 부문에 있어서 국내시장의 확보라는 소위 연대보호(solidarschutzsystem: solidarty protection)의 개념으로 다시 해석하기도 하였다. 그러나 마이어(Gertrud Mayer)[17]는 생산력의 조화라는 개념을 그가 도달하고자 하는 '아우타르키의 경제와 정치적 힘'의 결합이라는 개념으로 재해석하였다. 더 나아가 마이어는 리스트의 정상국민의 개념을 렌즈가 말하는 봉쇄상업국(Pergeschlossen Handelsstaat)의 사상에 가까운 일종의 유토피아로 보지 않고, 리스트가 그렇게도 끈질기게 견지하고 있었던 영국의 지배에 대항하는 독자적인 독일국민경제의 형성론으로 평가하였다.[18]

리스트에 있어서 자유무역제도는 그가 구상한 제2단계의 역사적 과제이다. 리스트시대의 독일은 모이젤(Alfred Meusel)[19]에 의하면, 리스트의 조화적 경제구조란 순수한 농업국을 의미하는 것도 아니며 수출공업국도 아니다. 리스트가 제창한 생산력의 조화라는 사상은 공업보호로 실현될 수 있으며, 그것은 인위적인 수단을 필요로 한다. 리스트에 의하면 국민의 힘과 독립은 공업에 달려 있으며, 공업의

---

17) 마이어는 리스트의 농업론이 초기부터 만년에 이르기까지 두 가지의 문제, 즉 ① 농업에 대한 독일 국내시장의 문제와, ② 농업에 있어서 토지개혁의 문제를 제기함으로써 얼핏 보아 그의 생산력의 조화라는 개념에 혼란과 모순을 들어낸 것으로 보이기도 하지만, 만년의 <농지제도론>을 통하여 비로소 통일된 것으로 이해하였다. ─Getrud Mayer, Friedrch Lists all Agrapolitiker, Stuttgar, 1938.

18) Friedrich Lez, Friedrich List, die Vulgarokono, ie und Karl Marx, 1930, s.79.

19) Afred Meusel, List und Marx, Eine Vergleickende Betrachtung, Jena.1928.

발전은 국내시장의 협소라는 장애를 지니고 있다. 리스트가 주장하는 무역은 단순한 국제무역이 아니라 열대국가들과의 무역을 의미한다. <경제학의 국민적 체계>에 있어서 경제발전단계의 마지막 제5단계는 수출공업국의 단계이며, 이 단계를 좀머(Arthur Sommer)[20]는 정상국민에 대한 제국국민의 단계라고 규정하였다. 리스트의 자유무역론에 대한 특이한 해석의 하나로서 자유무역국제주의(imperialism of free trade)의 최초의 주창자는 리스트였다고 주장하는 모리겐죠(毛利健三)[21]의 극단적 평가를 들 수 있다.

리스트의 보호무역론에 대한 또 다른 한 가지의 특이한 평가는 마노이레스코(Mihail Manoilesco)[22]에 의하여 이루어졌다. 그는 리스트를 보호무역론자가 아니라 자유무역론자라고 혹평하고 있다. 사실 리스트는 스스로 자신을 자유무역론자라고 주장한 바가 없지 않다. 즉 그는 "무역의 자유는 공허한 꿈이 아니다. 그것은 이성의 법칙이다. 무역의 자유가 이루어지게 되면 지구상의 모든 민족이 최고도의 육체적 건강과 운명에 도달할 것이다. 그렇지만 그것은 모든 국민이 통일한 경제적·도덕적·사회적 및 정치적 발전단계에까지 향상한 때에 비로소 실현되는 것이다." 라고 하였다. 그러나 그의 대외무역 정책에 대한 사상의 중심이 보호무역에 있었음은 두말할 필요가 없다.

이러한 관점에서 볼 때 경제발전단계에 따라 상이한 대외무역 정책전략에 제시한 리스트와 일정조건 아래에서는 동일한 보호론자이나 항구적 보호무역론을 주창한 마노이레스코 사이에는 이에 관한 관점과 조건의 현저한 차이가 있다는 사실에 유의하지 않으면 아니된다. 마노이레스코는 독일이 발전할 수 있는 기초적인 조건 – 광대

---

20) Arthur Sommer, Friedrich Lists System der politischen Okonomie, 1927, s.83.
21) 毛利健三, 自由貿易帝國主義, 東京大學出版會, 1978, p.186.
22) Mihail Manoilesco, Die nationalen Producktivkrafte and Der Ausensenhandel, Berlin, 1937.

한 토지와 많은 인구 그리고 자연자원이 풍부하나 기술수준이 낮고
자본이 부족한-과는 전혀 상이한 조건에 놓여 있었던 제1차 대전
뒤의 농업소국인 루마니아의 경제사정 아래에서는 영구히 국내 여러
산업을 보호하지 않을 수 없다는 논거를 제시함으로써 리스트를 자
유무역론자로 몰아세우고 있다.[23]

이상과 같이 리스트의 대외무역정책에 관한 상반된 두 가지 견해
의 배후에는 '보호는 수단이며 자유야말로 목표'라고 한 리스트의
주장에 대한 상이한 시대의 상이한 나라의 상이한 논자의 견해의 차
이가 있다. 그러나 분명하게도 <경제학의 국민적 체계>에 관한 한,
일류의 공업국민 영국의 수준에 도달하고자 하는 독일의 제1의 목표
는 영국 공산품의 수입을 저지하는 데 있었기 때문에 리스트의 무역
정책은 보호무역론으로 일관되어 있으며 단지 독일이 준제국에 이르
는 제2의 목표가 달성되는 조건 아래에서만 리스트는 공산품의 수출
과 농산물의 수입이라는 자유무역론자인 것이다.

특히 파비웅케(Gunter Fabillnke)[24]는 리스트가 독일을 위하여 보
호관세제도가 당시 역사적으로 정당하였는지의 여부, 이 제도가 사
회적 진보를 촉진 또는 지연시켰는지의 여부, 그리고 이 제도는 어
떠한 이익을 독일에 가져다주었는가에 관한 연구에서 리스트를 케어
리(Henry C. Carey, 1793~1879)[25]와 함께 보호주의적 속류이론가로
비판하면서도 리스트를 보호관세에 의하여 독일의 국내시장에서 독
일국민자본의 성장과 경쟁이 촉진되기를 희망한 국민주의자였다라는

---

23) Friedrich List, a.a.o., (3) (Gunter Fabiunke, Zur historischen Rolle des deuts-
   chen Nationaloeconomen Friedrich List(1778~1846), Ein Beitrag zur Geschi-
   cht der politischen Okonomie in De utschland, Verlag Die Wirtschaft, Berlin,
   1955(伊東勉・豊川卓二共譯, リスト研究-ドイツ國民經濟學者F.リストの
   歷史的役割-, 未來社, 1958, P.88에서 인용)
24) Gunter Fabiunke, a.a.o., (伊東勉・豊川卓二共譯, 前揭書).
25) Henry C. Carey, The Harmony of Interests, Agricultural, Manufacturing and
   Commercial, 1851.

점에서 긍정적으로 평가하였다. 또한 마르크스 (Karl Marx, 1818～1883)[26]는 "일반적으로 오늘날 보호관세제도는 보수적이다." 에 대하여 자유무역제도는 파괴적으로 작용한다."고 주장하면서, '특수적으로는 보호관세제도가 진보적 역할을 수행할 수 있다'고도 하였는바, 파비웅케는 마르크스의 이 평가를 자신의 리스트에 대한 평가의 논거로 삼고 있다. 다시 말하면 보호관세제도가 보수적 또는 진보적인, 반동적 또는 혁명적인 작용을 한다는 것은 이 제도가 실시되는 구체적인 역사적·경제적·국민적 및 국제적 여러 조건에 달려 있다는 것이 파비웅케의 입장이다. 그에 의하면 봉건적 잔존물이 강하게 남아있고, 자본주의적 생산 자체가 빈약하긴 하지만, 그러나 거래를 내포하는 것으로서 드디어 시동이 걸린 것과 같은 경우에는, 일반적으로 보수적인 보호관세제도가 완전히 진보적인 역할을 담당할 수 있다는 것이다.[27] 파비웅케에 의하면 리스트시대에는 일반적으로 보수적인 보호관세제도가 당시 독일의 특정한 조건 아래에서 진보적인 작용을 할 수도 있었으며, 그것은 역사적으로 정당한 것이었다고 추정할 수 있다는 것이다. 파비웅케의 이러한 평가는 각 국민이 전적으로 상이한 자본주의적 발전상태에 있었기 때문에, 다시 말하면 자본주의의 형성과 발전이 각국에서 불균등하게 이루어지고 있었기 때문에 리스트에 대한 타당한 평가로 우리는 받아들일 수가 있을 것이다. 따라서 파비웅케에 의하면 각 국민은 그 특수성과 여러 조건에 따라 독자적인 경제정책을 추구하지 않으면 아니 된다는 결론을 내릴 수가 있는 것이다.[28]

한편, 고바야시 노보루(小林昇)[29]의 연구에 의하면 영국의 중상주

---


26) Karl Marx, Das Elend der Philosophie(Dietz Verlag, Berlin, 1852, s.215(伊東勉·豊川卓二共譯, 前揭書, p.58에서 재인용).
27) 伊東勉·豊川卓二共譯, 前揭書, p.58, p.64.
28) 伊東勉·豊川卓二共譯, 前揭書, p.261.
29) 小林昇, リストと 重商主義, 小林昇經濟學著作集(VI), 未來社, 1987, p.352.

의가 농업과 공업을 동시에 보호하는 일종의 연대보호(連帶保護)를 실시한 데 반하여, 리스트는 농업보호를 부정하였는바 거기에는 표면상 명백한 이유가 있었다는 것이다. 리스트는 1839년 농업에 관하여, '무역의 자유는 모든 국민에 있어서 어떠한 상황 아래에서도 또 모든 발전단계에 있어서도 가장 유리한 원칙'이라고 주장하면서 자신의 보호주의는 공업주의(Industrie system)임을 분명히 하였다. 리스트의 정책론에 있어서 직접적인 목표는 공업을 위한 국내시장의 확보이며, 이는 '기계공장은 어떤 의미에서 공장의 공장'이라는 리스트의 주장에 가장 잘 나타나 있다고 말한다.[30]

이상의 여러 논의에서 판단할 수 있듯이, 리스트의 보호무역이론은 오로지 '농업상태'에서 '농업·공업상태'로 이행할 경우에만 정당화되며 '농업·공업·상업상태'의 최종단계에 이르면 다시 자유무역으로 복귀해야 하기 때문에, 리스트의 보호무역론은 경제발전의 단계에 따라 상이한 평가, 즉 긍정적적이거나 아니면 부정적인 평가를 받게 되어 있다고 보아야 할 것이다.

다른 한편 우리나라에서 이루어진 리스트에 관한 연구업적으로서는 다음의 여러 논문을 들 수 있다 정도영[31] 교수의 <리스트의 생산제부문의 균형과 조화에 관한 고찰>은 생산력론에 관한 개괄적인 내용을 소개하고 있으며, 이주성[32]의 <List 대 Smith 반론전개에 관한 연구>는 세계주의 경제사상과 한 나라 국민경제의 발전을 역사성에서 명시코자 한 국민주의 경제사상의 기초 위에 구축된 스미스와 리스트의 두 이론체계에 골격을 제시하면서 스미스에게 정면으로 충돌하는 리스트의 경제사상을 재평가하고 있다. 말하자면 국민주의

---

30) Friedrich List, op.cit, (1), pp.444-449.
31) 鄭道泳, 리스트의 生産諸部門의 均衡과 調和에 관한 考察, 成均館大學校, <論文集>(人文·社會科學編) 第3輯, 1958, pp.213-2211.
32) 李柱星, 리스트 對 스미스 反論展開에 관한 硏究, 高麗大學校 博士學位論文, 1980.

적 입장에서 스미스의 자유주의 경제이론을 비판한 리스트의 이론을 긍정적으로 수용하고 있다. 그리고 리스트의 국민주의에 바탕을 두고 전개한 보호무역론에 치중한 논문으로서 정윤형[33] 교수의 <리스트의 국민주의와 보호무역론>과 정병수[34] 교수의 <F. 리스트의 보호무역론에 관한 재해석>을 들 수 있다. 전자에 의하면 리스트의 국민주의는 영국의 세계지배를 거부하는 데 그 기본적 특정이 있지만, 대륙동맹의 실현을 통해서 세계지배에 영국과 공동으로 참여하는 것을 기본적 목표로 하였으며, 따라서 후진국은 영원히 농업국으로서 선진국의 지배를 운명적으로 받아들여야 한다고 주장한 리스트의 제국주의적 견해를 간과할 수 없다는 점을 특히 강조하고 있다.

한편, 후자에 의하면 신고전학파의 보호논의는 단순히 개별기업에 대한 보호의 공여에 있어서 고려되어야 할 합리적 기준과 조건에 관한 논의로서 리스트가 보호를 통하여 완성하고자 하였던 국민경제, 즉 국민시장의 형성, 발전이라는 보호논의와는 거리가 멀다고 주장하고 있다. 따라서 후반의 두 논자는 비록 오늘날 후진국의 경제발전 문제를 논함에 있어서 그 이론적 해명의 역사적 원형을 리스트의 국민주의적 경제사상에서 찾아야 한다는 데에는 동의하고 있으나, 그 연구범위의 한계로 인하여 리스트의 국민경제건설을 위한 보호무역정책과 그 수단에 관한 심도 있는 검토는 결여하고 있다.

한편 리스트의 보호무역론은 신고전학파에 의하여 유치산업보호론의 개념으로 받아들여지고 있다. 이들에 의하면 중상주의의 보호제도가 내포하는 유치산업보호의 개념은 그 이후에 정립된 보호주의의 원류라는 것이 일반적으로 인정되고 있다. 바이너(Jacob Viner)에 의하면 "현대의 모든 저자들은 보통 해밀턴, 리스트를 혹은 밀조차 미

---

33) 鄭允炯, 리스트의 國民主義와 保護貿易論, 홍익대학교 '弘大論叢', 1973. 西洋經濟思想史, 창작과 비평사, 1981, p131.
34) 鄭丙壽, F.리스트의 保護貿易論에 관한 再解釋, 成均館大學校貿易研究所, 1987.

성숙한 공업을 보호하기 위한 유치산업보호론의 최초의 제안자라고 믿고 있다.”[35]고 인정하고 유치 산업보호론으로 대표되는 보호무역론은 적어도 17세기까지 거슬러 올라가지만 이를 정치화(精緻化)한 것은 19세기에 들어온 뒤, 독일의 리스트였다는 것은 주지의 사실로 인정하면서도 그 구체적 내용에 관해서는 상세한 설명을 하고 있지 않다. 또한 바스테블(Charles F. Bastable)은 “밀이 유치산업보호의 창시자라고 생각하는 일조차 있다.”[36]고 하였다. 물론 밀과 더불어 신고전학파의 이론에서 자유무역의 예외로서 인정한 유치산업보호론이 리스트이론으로부터 영향을 받았다는 것은 리스트이론의 연구를 통해서 충분히 이해할 수 있으며, 또한 캠프(Murray C. Kemp)[37]에 의한 유치산업보호의 선정기준으로 제시된 소위 ‘밀, 바스테블 도그마(Mill-Bastable Infant Industry dogma)’도 역시 리스트이론에서 유추한 것에 불과하다고 할 수 있다.

따라서 리스트의 보호무역론의 원류를 규명하기 위해서 우리는 케어리, 레이먼드, 해밀턴, 하물며 스튜어트에까지 거슬러 올라가지 않을 수 없다.

---


35) Jacob Viner, Studies in the Theory of International Trade, George Allen and Unwin LTE, 1951, p.71.

36) Chales F.Bastable, The Commerce of Nations, Methun & Co Ltd, London, 1891, p.134.

37) Murray C. Kemp, “The Mill-Bastable Infant-Industry Dogma”, Journal of Pokitical Economy, vol.68, Feb.1960.

# 제 2 장
## 국민경제 형성을 위한 보호무역론의 원류

# 제1절 보호무역론의 원류로서의 스튜어트이론

## 1. 중상주의의 무역이론

18세기의 유럽은 사상적으로는 계몽주의 혹은 자연법의 사상이 지배하였으며, 경제적으로는 중상주의 정책이 요구되었던 시대였다. 특히 유럽대륙의 여러 나라에서는 봉건적인 여러 제도와 절대 권력에 의한 억압으로 신음하던 인간이 갈망하는 하나의 사상은 바로 자연법사상(自然法思想)이었다.[1]

근세에 들어 증가하기 시작한 세계상업 내지 외국무역의 전개와, 특히 16세기 이후의 눈부신 생산력의 발전, 상품경제의 생성·발전과 더불어 옛부터 내려오는 자급자족적인 자연경제와 지방할거적인 봉건적 사회체제는 나라에 따라 그 정도나 형태를 여러 가지로 달리하면서도, 혹은 서서히 혹은 급속하게 연결시키고 또한 약화되어 갔다. 그 대신 경제적으로는 상품경제를 그 내용으로 하는 국민경제가 형성되기 시작하고, 정치적으로는 최대 최강의 영주(領主)라고 해야 할 절대주의적인 국왕(國王)이 이들 대부분의 나라에 등장하여 민족적인 국가통일을 이루고 있었다. 넓은 의미에서의 중상주의 시대의 개막이었다. 이 과정을 통하여 독립자영의 농민이나 자유로운 농촌공업이 형성되어 잔존하던 구각(舊殼)을 벗어나 다시 생성·발전하지 않을 수 없었다.

요만을 선두로 자본제 생산을 일찍이 발달시켰던 영국에서는 절대

---

[1] 자연법사상은 그리스의 스토아철학에 그 근원을 두고 있으며, 근대 초기의 르네상스에 재생하여, 그 뒤 스피노자(Baruch de Spinoza, 1632~1677), 록(John Locke, 1632~1704) 등에 의하여 전개되어 왔다. －[經濟學大辭典](3), 東洋經濟新聞社, 1980, '自然法思想', pp.312-313에서 인용.

주의적인 국가조직도 17세기의 퓨리탄 혁명에 의하여 결정적으로 타파되어 새로운 부르주아 국가로 변신하였다. 모든 봉건적인 혹은 공동체적인 규제나 유대로부터 해방된 새로운 자유로운 개인, 혹은 '경제인'이 형성되었다. 이와 함께 옛부터 내려오는 목가적인 정체적 농업사회는 점점 바뀌지 않을 수 없는 경제사회로 전환되어 갔다.

한편, 자본제 생산의 발달이 영국에 비해 훨씬 뒤떨어져 있던 여러 유럽국가에서는 특히 잔존한 낡은 봉건적 여러 제도나 권력으로부터 압박이나 장해에 사람들은 고통을 받지 않을 수 없었다. 여기에 그러한 역사의 전환기에 살며 역사의 핍박에 고민하던 당시의 사람들의 마음에서 나온 하나의 사상이야말로, 바꾸어 말하면 그리스의 스토아철학으로 시작, 근세 초두의 르네상스에 재생하여 전개되어 온 자연법사상에 지나지 않았다.

당시의 사상가들은 비역사적으로 혹은 추상적으로 인류의 원초적인 자연상태를 각각 상정하여 거기에 인간의 자유나 평등, 무엇보다도 '인간의 해방'을 실현하기 위하여 본래의 이론적 근거를 도출한 것이다. 그것이 드디어 영국에서는 데이비드 흄 등을 거쳐 아담 스미스에게 전개되어 인간의 이성(理性)과 자연, 혹은 신(神)과 동일시하며 신뢰하는 이신론적(理神論的)인 예정조화(豫定調和)[2]의 사상으로 발전하여 갔으며, 여기에서 영국 고전학파 경제학은 성립한다.

스튜어트(James Steuart, 1712~1780)는 당시의 역사적인 정치적 현실을 어떻게 보고 어떠한 역사의 과제를 거기에서 도출한 것일까? 이러한 과제를 해명하기 위해서는 먼저 보호무역주의의 체계로서의 중상주의란 무엇인가가 먼저 해명되어야 할 것이다.

그러면 중상주의(mercantlllsm, mercantlle system)란 보통 근세 서

---

2) 그리고 이들의 도덕적 능력이 명확하게 인간의 본성에 대한 지배적 원리가 될 수 있도록 형태를 만들고 있는 이상, 이들 능력이 규정한 여러 원칙이요 신의 명령 내지 계율로 간주하여야 한다.

구의 절대주의 국가가 성립된 시기로부터 영국 산업혁명이 개시된 시기까지의 약 300년의 기간, 즉 대개 15세기 후반부터 18세기 중반까지 유럽제국을 지배했던 경제사상, 경제이론 및 경제정책의 총칭이라 할 수 있다.3)

한편, 고바야시(小林昇)에 의하면4) "중상주의란 경제학사에서도 경제정책사에서도 사용되고 있는 용어로서 일반적으로 역사의 초기자본주의의 단계에 해당하는 부분이 이 용어로 일컬어지고 있다. 단 학사(學史)의 단계로서 중상주의는 중농주의나 고전학파에 앞선 단계가 되겠지만 정책사(政策史)의 경우 그것은 만개한 자본주의단계에서의 자유주의, 독점자본주의의 단계에서의 제국주의(帝國主義) 등에 대한 것이다. 이러한 중상주의를 초기의 부르주아 국가가 그 권력을 사용하여 조직적으로 행한 원시축적(原始蓄積, 本原的蓄積)을 위한 정책체계로 규정한다."고 주장하고 있다.

이러한 통념을 넘어 중상주의를 보다 구체적으로 규정하고자 할 경우 다음과 같은 두 가지 의문이 제기된다.

첫째는 중상주의를 통일적인 하나의 이론체계로 볼 수 있을 것인가라는 문제이며,

둘째는 중상주의의 종국을 영국 산업혁명의 개시, 또는 아담 스미스의 <국부론> 에서 찾고자 하는 문제이다.

전자, 곧 이론으로서의 중상주의는 케네(Frailgols Quesnay, 1694~1774)를 중심으로 한 중농학파나, 아담 스미스로부터 전개된 고전학파에 비하여 그 이론적 체계성(體系性)이 결여되어 있는 것이 아닌가 하는 점,

후자, 곧 중상주의의 기간문제에 있어 영국보다 산업혁명의 개시

---

3) Pierre Deyon, Le Mercantilisme, Flammarion(Paris, 1969), (神戸大學西洋史研究室譯, 重商主義とは何か, 晃洋書房, 1981, p.123)
4) 小林昇, 經濟學史著作集(iv), 未來社, 1979, p.377.

가 약 1세기나 뒤떨어지는 프랑스, 미국 및 독일의 경우에는 중상주의를 어떻게 적용해야 할 것인가라는 것이 그것이다.

첫번째 의문점은 중상주의의 이론체계에 관한 문제이다. 중상주의에 관한 논의는 아담 스미스에 의하여 최초로 제기되었으며, 그 뒤 리스트, 슈몰러(Gustav von Schmoller, 1838~1917), 헥셔(Eli F. Heckscher, 1879~1952), 케인즈(J. M. Keynes, 1893~1946) 등에 의하여 그 정당성이 부여되었다. 물론 이에 관한 각자의 견해는 일치하지 않지만, 대개 중상주의론의 역사적 의의란 재생산권역의 확대, 즉 초기산업자본을 중심으로 하여 수행된 원시적인 자본축적을 촉진하여 하나의 국민경제를 형성하기 위한 이론·정책체계라고 하는 점에 주안점이 있다. 말하자면 국민경제가 자율적인 경제법칙에 따라 창출될 수 없을 때에 국가가 정치적 통일 등을 통하여 그것을 보증하고, 또한 국가가 유효수요와 외국무역에 개입하여 이를 보강코자 하는 것이다. 물론 중상주의의 이론과 정책의 발전과정을 헥셔(Eli F. Heckscher[5]) 가 주장한 바와 같이, 단순한 체계로 분석하는 데는 문제가 있다. 나아가 중상주의에 있어서의 무역이론의 과제도 결코 외국무역이라는 유통과정적 차원에서 그것의 이익이나 또는 무역패턴의 분석에 한정되어서는 아니 된다는 것이다. 왜냐하면 무역이론은 다이나믹한 생산력의 발전과 국민경제의 형성·발전과 결부시키지 않으면 아니 되기 때문이다.

---

5) 헥셔(E.F.Heckscher)는 중상주의에 관하여 다음과 같이 다섯 가지 측면에서 구체적인 연구를 전개하였다. 즉
   ① 통일체계로서의 중상주의(Mercantilism as a Unifying System),
   ② 권력체계로서의 중상주의(Mercantilism as a Power),
   ③ 보호체계로서의 중상주의(Mercantilism as System of Protection),
   ④ 화폐체계로서의 중상주의(Mercantilism as a Monetary System of
   ⑤ 사회관으로서의 중상주의(Mercantilism as a Conception of Society), 등이 그것이다. -E.F.Heckscher, The Mercantiliism(1931).tran. by Mendel Shapiro, George Allen & Unwin Ltd., 1935.

중상주의의 무역이론, 즉 그것은 헥셔가 중상주의에 관한 개념을 규정한 바와 같이, 그것을 무역이론에 한정한다면 보호무역주의라고 할 수 있다. 아담 스미스가 중상주의의 무역이론은 다른 나라의 공업의 경쟁으로부터 자국의 공업 - 판로를 포함하여 - 의 확대재생산을 위한 여러 조건을 고수하기 위하여 "국내소비용의 외국상품수입을 가능한 한 줄이고, 국내산업에서 생산된 상품의 수출을 가능한 한 넓히는"6) 보호무역을 지향하는 것이라고 주장하는 데는 이론(異論)이 없다. 그러나 보호무역주의는 자본제 생산의 확립기에, 또는 국민경제가 형성되어 왔던 역사적 단계에서 그 형성의 논리를 추구하고 체계적으로 설명하는 이론이라고 할 수 있다. 이러한 이론을 체계화한 것은 리스트로 알려져 있지만, 이미 그 선행이론(先行理論)으로서 전개했던 스튜어트의 보호무역론을 간과해서는 아니 된다. 따라서 이 절에서는 리스트 보호무역론의 선행이론인 중상주의의 무역이론의 개념규정과 더불어 스튜어트의 보호무역론7)을 먼저 규명하여 보고자 한다.

무역의 역사는 길다. 그러나 무역을 대상으로 한 최초의 이론은 중상주의의 이론이다. 새뮤엘슨(Paul A Samuelson)은 자본주의 국민경제의 형성에 필요한 조건을 외국무역에서 찾고 있다.8) 때문에 중상주의는 경제이론이라기보다 경제정책이며, 경제정책이라기보다 무역정책이라고 할 수 있다. 아담 스미스는 물론 헥셔(E.F. Heckscher)조차도 중상주의를 '보호주의의 체계(mercantilism as a system of

---

6) Adam Smith, An Inquiry into the Nature and Causes of the Wealth of Nations(1776), Cannon's(ed), vol.1, p.416.

7) James Steuart, An Inquiry into the Principles of Political Economy(2vols), London, 1767.

8) Paul A.Samuelson, "Welfare Economics and International Trade", The Collected Scientific Paper of Paul A.Samuelson(vol.2), ed. by Joseph E.Stiglitz, MIT Press, 1966, p.775.

protection)'라고 한 바와 같이 무역정책의 기조는 바로 보호무역주의
였다. 왜냐하면 화폐자본의 형성을 위하여 필요했던 금·은의 축적
은 강력한 국가권력에 의한 적극적인 경제정책, 즉 '수출초과로서
외국으로부터 금은을 획득하는 방법 이외는 없었기 때문이다. 중상
주의를 다른 한편 무역차액주의라고 일컫는 이유가 바로 여기에 있
다. 그러나 생산의 미발달기에 있어서 중상주의 무역이론의 성격은
다이내믹한 생산력의 발전과 관련하여 이해되지 않으면 아니 되며,
또한 외국무역과 생산력의 발전, 국민경제의 형성과의 상호규정관계
를 해명하지 않으면 아니 된다.

한편, 슈몰러(Gustav Schumoller)는 중상주의를 본질적으로 경제적
통일체의 정책9)으로 규정하였는데, 이를 광의로 해석한다면 초기자
본주의 건설의 경제정책이라고 할 수 있다. 여기서 초기자본주의의
건설이란 산업자본의 확립을 그 핵심으로 하고 있으며, 산업자본의
확립이란 결국 그 재생산 과정, 즉 생산 및 유통과정의 확립으로 귀
착한다. 생산 및 유통과정의 확립과정은 경제조직의 재편성(생산 및
유통의 여러 조건의 정비)과 이익의 신·구 교체(상업자본에서 산업
자본으로)를 수반하기 때문에 거기에는 당연히 여러 계급의 격렬한
투쟁과 더불어 국가의 강력한 통제가 요청된다. 중상주의란 이러한
의미에서 초기산업자본주의의 확립을 위한 경제통제 정책이었던 것
이다.

이와 같이 중상주의를 아담 스미스는 보호주의의 체계로, 구스타
프 슈몰러는 경제적 통일체의 정책으로 규정한 바와 같이 이들의 상
이한 견해는 경제정책의 목적과 수량을 혼돈한 데 있다고 봐야 할
것이다. 슈몰러는 아담 스미스보다 1세기 이상 뒤졌기 때문에 중상
주의라 하여도 중세기부터 산업혁명 이후에 이르기까지 각국의 특수

---

9) Gustav Schumoller, Das Merkanti system in seiner historischer Redeulung, 1884.

성을 배경으로 하고 있다는 데 주의를 요한다.

어떻든 한 나라의 경제활동은 필연적으로 일정한 재생산 권역을 형성한다. 그리고 생산력의 발전은 권역(圈域)의 지리적·외연적 및 내포적 심화를 가져온다. 즉, 봉건제의 말기에 재생산 권역은 소위 국지시장권(局地市場圈)으로 존재하였으며 그 내부에는 자기완결적인 분업이 성립한다. 이에 대하여 자본제 생산으로 되면 이 권역은 국민경제로까지 확대하고 자본은 다시 이를 초월하여 국제화로 지향해 간다. 이와 같이 재생산권역이 국지시장권으로부터 지역시장권(地域市場圈)으로 다시 국내시장권(國內市場圈)으로 확대해 가는 시대가 중상주의의 시대였다.

그러면 국지시장권이란 무엇인가? 여기서 국지시장권이란 농촌지역에 농민적 수공업의 성립, 소규모의 부락 단위로서의 자급자족적인 농업·공업의 분업과 이를 위한 시장의 형성을 의미한다. 그러나 농민적 수공업의 내부에서 육성된 생산력과 기술은 국지시장권이라는 좁은 재생산 권역을 속박으로 느껴 권역(圈域) 사이의 거래의 확대를 필요로 하게 되었다. 이와 같은 거래의 확대에 따라 재생산은 보다 넓은 지역을 단위로 하여 이루어지게 되어, 소위 지역 시장권의 성립이 불가피하게 된다. 그리고 이러한 경향이 다시 전국적인 규모로의 통일된 시장으로까지 진전하게 된다. 이와 같이 통일된 국내시장과 재생산권역(再生産圈域)을 오오츠카 히사오(大塚久雄)는 국민경제라고 하였다.10)

영국은 16세기 동안 많은 국지시장권이 점차 통합되어, 17세기에 접어들어 잉글랜드는 이미 대개 세 개의 지역시장권, 말하자면 사회적 분업의 독립체계로서 각각 자급자족의 성향이 강한 세 개의 지역으로 성립되어 있었지만, 18세기 특히 1820~30년대부터 다시 이들

---

10) 大塚久雄, 國民經濟－歷史的 視野での考察, 岩波書店, 1980, 第3部.

세 개의 지역시장권이 하나로 통합되어 결국에는 국민적 규모로 통일적 국내시장권－국지시장권의 구성원리의 국민적 규모로의 확대－으로 형성되기 시작하였다. 이와 같은 상태를 당시의 영국국민들은 이미 국민적 규모에 있어서 사회적 분업과 그 위에 입각한 경제순환이라는 형태로 자각하기 시작하였다.

이와 같이 국지시장권으로부터 재생산 권역이 확대하여 통일된 국내시장이 형성되기 위한 기본적 동력(動力)은 생산력의 발전이다. 그러나 그것만으로 자동적으로 옛부터 내려오는 좁은 재생산 권역을 타파하고 국민경제를 형성시킨 것은 아니다. 거기에는 분단된 지역을 정치적·경제적·문화적으로 통일하기 위하여 국가가 중요한 역할을 담당하지 않으면 아니 되었다.

이러한 발전과정과 더불어 변화하는 중상주의의 정책체질이나 국가의 기능은 물론, 자본제 생산에 있어서 국가나 외국무역의 역할이나 국민경제의 본질 그리고 이를 통하여 중상주의의 무역이론과 무역정책의 의미를 이 연구에서 다시 재평가하고자 한다. 왜냐하면 이러한 재평가 없이 중상주의의 의의나 국민경제의 형성을 위한 외국무역, 특히 보호무역의 의미를 이해하기란 용이하지 않기 때문이다.

먼저 자본제 생산에 있어서 국가의 역할부터 검토하고자 한다. 그것은 국내적인 것과 국외적인 것의 두 가지로 나누어 생각할 수 있다.

첫째, 국가의 국내적 역할이란 이익을 달리하는 여러 계급 사이의 대립에도 불구하고 자본의 재생산활동의 안정된 진행을 보증하는 데 있다. 여기서는 국가에 의하여 국민경제가 총괄되며 유기적 재생산 권역이 형성되고 자본의 특수이익이 국가이익으로의 보편적 이익의 형태로 등장하게 된다.

둘째, 국가의 국외적 역할이란 재생산 활동이 국민경제를 기본단위로 하여 이루어진다고 하더라도 외국무역을 필요로 하기 때문에 반드시 국가의 통제가 요구된다. 이는 자본제 생산이 무분별한 이윤

획득의 욕구와 국내에서의 산업부문 사이의 불균형이 외국무역을 필요로 하기 때문에, 또 국내에서 자급할 수 없거나 아니면 생산성 향상이 상대적으로 원만한 원료나 식료를 외국으로부터 수입하지 않으면 아니 되기 때문이라 할 수 있다. 개별적인 자본에 있어서 수출경쟁력이나 수입기지의 확보가 사전에 보증되어 있는 것은 아니며, 특히 세계시장에서는 순수하게 경제적 요인만이 아니라 정치적·군사적 요인도 작용하고 있다. 따라서 개별자본의 해외에서의 활동은 모국(母國)인 국가에 의한 정치적·군사적 지원을 요구하게 된다. 여기에서 국가의 대외적 역할이 나타나며, 이런 의미에서 외국무역은 국가와는 불가분의 관계에 있는 것이다.

다음으로 중상주의의 시기에 관한 문제이다. 중상주의를 상업자본주의의 시기에 있어서 국민경제발전의 한 단계로 규정하였을 때, 한 나라 내에는 실제로 생산력의 발전과 더불어 생산력의 담당자도 바뀌면서 중상주의의 이론은 그 성격을 크게 변화시켜왔다. 봉건제(封建制)로부터 절대주의를 거쳐 자본제 생산으로 이행할 때의 지배적인 자본의 형태도 절대주의의 왕실이나 상업자본에서 산업자본으로 이행함과 더불어 생산력의 담당자가 바뀜에 따라 협소한 생산-교환의 권역(圈域)의 자연경제를 파괴하는 작용을 가지게 되었다. 즉 '자연경제로부터 교환경제에로'[11]라고 하는 것이 바로 중상주의의 기본적인 개념이었다. 봉건제생산의 협소한 재생산 권역으로부터 발전하는 생산력의 해방은 상품생산과 상품교환을 기초로 하는 자본제 생산으로의 이행을 필요로 하였다. 영국이 자본제 생산을 유도하게 된 것은 산업자본이 보다 광범한 상품교환과 재생산 권역을 필요로 하게

---

11) 자연경제로부터 교환경제로의 이행은 동시에 생존경제로부터 이윤경제로의 이행이기도 하다. - Werner Stark, The History of Economics in its Relation to Social Development, London, 1984(杉山忠平譯, 社會發展との關聯における經濟學史, 未來社, 1973, p.28.

된 계기, 곧 17세기의 두 번에 걸친 명예혁명 때문이었다. 명예혁명 이후 아담 스미스의 시대에 이르는, 말하자면 18세기의 영국에서 지배적인 지위를 차지하고 있었던 경제정책의 체계가 바로 보호주의다.[12]

'고유의 중상주의'에 관한 이론[13]이 발전함에 따라 부(富)를 추구하는 목적도 변화하였다. 부를 추구하는 목적이 생산력의 발전이나 그 시대의 지배적 자본의 변화 혹은 생산력 담당자의 이행을 반영한다. 이와 같은 이행기에서의 대표적 이론가는 먼(Thomas Mun[14], 1571~1641)이다. 그는 기본적으로 초기자본주의 입장에 서서, 중상주의 정책을 제시하였다. 그러나 먼은 귀금속의 단순한 수출 제한이나 개별적 무역차액설(貿易差額說)을 부정하고, 종합적 무역차액설을 제시하였다. 그는 분명히 국민경제라는 관점을 부각시킴과 아울러 국내산업의 보호·육성과 산업자본의 필요성을 주장하였다. 일본의 고바야시(小林昇)는 영국에 있어서 이와 같은 '고유의 중상주의'에 관한 특질을 다음과 같이 요약하였다.[15]

첫째, 중상주의는 사상 최초의 연대보호제도(連帶保護制度, solidarschtzsystem, solidarity protectionism)이다. 초기산업자본의 요청은 원래 제조품을 위한 보호제도에 있지만 휘그당은 근대지주와 농업자본가의 이익도 당연히 주장하였기 때문에 농산물, 특히 소맥에도 보호, 나아가 수출장려제도가, 이로 인한 임금등귀의 위험에도 불구하고 확대되지 않으면 아니 되었다. 그러나 현실적으로 이에 수반하여 엥크로저(enclose)와 농업혁명이 진행되어, 그 결과 곡물가격도 오히려 안

---

12) 大塚久雄, 前揭書, p.131.
13) 중상주의의 시대구분은 분명한 선을 긋기 어렵지만, 보통 1620년 이전을 중상주의 또는 '절대적 중상주의', 그 이후를 '고유의 중상주의'로 구분되며, 다시 중상주의 이론으로부터의 18세기 말 고전학파경제학으로의 이행이라는 관점으로부터 본래의 중상주의 말기에 있어서 그것을 '해체기의 중상주의'라고 한다. -小林昇, 經濟學史著作集(iii), 未來社, 1979, pp.9-48.
14) Thomas Mun, England's Treasure by Foreign Trade, 1664.
15) 小林昇, 經濟學史著作集(iii), 未來社, 1977, pp.14-15.

정되어 농업보호는 그 자체 원시축적의 유력한 지렛대가 되었다.

둘째, 중상주의는 소위 구식민지제도를 갖는다. 서인도제도와 북미의 남부를 주로 한 당시의 영국식민지는 원료 및 중개무역상품의 공급지로서, 또한 본국의 제조품의 소비지로서 거액의 이윤을 본국의 무역상인에게 안겨주었다.16)

셋째, 근대적인 조세제도와 주로 영국과 프랑스 전쟁에 의한 국채제도(國債制度)가 잉글랜드은행을 중심으로 한 신용제도와 결합되면서 원시축적을 현저하게 진행시켰다.

이와 같이 본래의 '고유의 중상주의'는 산업자본의 육성과 결부되어 있으며, 이를 위하여 해외로부터 귀금속의 유입을 유도하는 정책을 시행하였다. 이 시기에 무역차액은 자기목적이 아니라 산업자본육성을 위하여 불가결한 자금적 기반이 되었다. 무역차액의 유지를 위한 정책에 더하여 다양한 국내산업보호를 위한 정책도 전개되었는데, 예컨대 토마스 먼에 의하여 주창된 보호적 관세제도가 바로 그것이다.

토마스 먼 이후, 중상주의를 국민경제의 형성 및 산업자본의 육성과 결부하여 이해하게 된다면, 독일의 리스트가 이러한 정책을 중상주의가 아니라 '중공주의(重工主義, Industrialism)'라고 표현한 이유도 분명해질 것이다 이러한 이론을 최종적으로 체계화한 것이 최후의 '중상주의자'로 알려진 제임스 스튜어트였다. 또한 중상주의의 시기를 영국을 중심으로 그 기준으로 삼을 때, 샤프탈(Jean Antome Chaptal, 1756~1832)이 활약했던 프랑스나, 레이먼드(Daniel Raymond, 1786~1849), 케어리(Mathew Carey, 1760~1839) 등이 활동했던 미국, 그리고 리스트가 생존했던 독일의 경우, 중상주의를 어떻게 파악

---

16) 이상의 두 가지 특질을 뒷받침한 법률로서, 각각 곡물법(Corn Law)을 포함한 1651년의 항해법(Navigation Act)과 보호무역을 위한 1663년의 통상진흥법(Staple Act)이 있다.

해야 하며 또 이들을 중상주의자로 불러야 할 것인가라는 문제가 제기된다.

따라서 중상주의란 생산력의 발전과 국민경제의 형성이 중심적 위치를 점하고 있으며, 이를 위해서는 여러 후진국은 정부에 의한 보호무역이 불가결한 요인이 되지 않을 수 없다. 그러면 후진국에 있어서 보호주의를 강력히 주장한 스튜어트의 이론부터 먼저 해명하여 보고자 한다.


## 2. 스튜어트의 역사인식

아담 스미스와 같은 시대에 살았던 스튜어트(James Steuart)는 특정한 역사적 시대에 살고 있는 개인의 사고(思考)로서 자연을 역사의 출발점으로 삼지 않았다. 스튜어트는 자연법사상의 추종을 거부하고 오히려 인간을 역사적으로 파악하기 위하여 당시의 정치적·경제적 현실에 도전하여 그 이론적 해명과 정치적 방법론을 제시하고자 하였다. 18세기 사회사상사(社會思想史)의 주류와 대립한 최후의 중상주의자로서 또는 고전학파의 최선봉으로서 평가받고 있는 스튜어트는 역사적 기반 위에서 현실의 정치적 여러 사태를 해명하고자 시도한 것이 바로 최초의 '부르주아 경제학의 총체계(das Gesamtsystem der burgenllchen Oknome)'[17] 또는 원시축적의 일반이론[18]으로 알려진 그의 <경제학원리, > (이하 <원리>라 함) 이다.[19]

스튜어트의 이론체계는 중요한 역사적 배경을 갖는다. 그것은 근대상업사회로 발전해가는 당시의 스코틀랜드보다는 정치적·경제적

---

17) Karl Marx, 經濟學批判, <全集>(13卷), p.42.
18) 小林昇, 經濟學史著作集(v), 未來社, 1977, p.45
19) James Steuart, An Inquiry into the Principles of Political Oeconomy, 1767.

으로 봉건제를 벗어나지 못한 프랑스, 독일 등 유럽대륙을 중시하였으며, 그러한 토대 위에서 자신의 이론을 전개하였다고 하는 점이다. 스튜어트는 상업혁명에 의한 공업생산력의 거대한 발전의 전제조건이 되는 근대적 농업혁명 – 특히 결정적인 생산력단계를 실현한 농업혁명 – 이 언제 개시되느냐에 대한 문제에 대하여 케네와 입장을 달리하고 있다. 마르크스(Karl Marx)가 "농업의 일정한 발전단계는 자국이든 외국이든 자본의 발전을 위한 기초로서 나타난다."[20]라고 한 바와 같이, 아마 스튜어트는 산업혁명의 전제 혹은 기초로서 농업생산력의 발전 없이는 산업혁명의 태동이란 기대할 수 없을 뿐만 아니라 인구증가와 농업·공업의 분리, 상업사회로의 발전이란 불가능하다고 본 것이다.[21]

이 시기의 유럽대륙은 봉건사회에서 근대사회로 이행하는 과도기로 자유로운 농민을 부분적으로나마 해방시키면서도 절대주의적인 정치제도 아래에서 위태로운 양상을 띠고 있었다. 이 시기에 스튜어트가 관찰한 것은 생성하는 근대자유사회의 본질적 요소인 자유가 바로 '쇠퇴의 주요원인 (principal cause of decay)이었다는 점이다.[22] 여기서 생성하는 근대자유사회란 인간이 자연에 순응함으로써 인간의 해방이 실현되고 생산력이 자유로이 발전하여 국민의 부(富)가 증가되는 영원한 이상사회나 정의사회가 아니라, 자유사회의 본질에 내포된 위기적인 사회로 파악한 것이다.

이와 같은 시대적 변화를 간파한 스튜어트는 자유방임(laissez faires et laissez passer)[23] 이라는 정책적 기조에 대항하는 통제의 필요성을

---

20) Karl Marx, Theorien uber den Mehrwert, hrsg. von k.kautsky, 3 Bde., Stuttgart: Dietz, 1905-10: in Be.26(岡崎次朗·時求淑譯, 剩餘價値學說史(全9冊), 國民文庫, 1970-71, (17) 1, p.18.
21) 小林昇, 經濟學史著作集(v), 未來社, 1977, p.82.
22) James Steuart, op.cit, 1, p.71.
23) 자유방임(laissez faires et laissez passer)이라는 용어는 프랑스의 한 수입상인

인정하면서 일반국민을 인도할 수 있는 정부의 지도라고 하는 적극적인 역할을 구상하였다. 스튜어트는 정부에 의하여 국민정신이 올바르게 인도될 때, 그 사회의 변혁, 특히 근대자유사회는 순조롭게 형성될 수 있다는 것이다. 여기서 그는 정부를 '정치가(statesman)'로 표현하고 있다.24) 정치가란 훌륭한 지도력을 가진 위대하고 상징적인 사람으로서 정치적인 경제정책의 지도자로서 뿐만 아니라 무엇보다도 국민정신의 지도자·육성자로서 그가 추정한 것을 보면, 이는 만데빌(Bernard de MandeWIle, 1670~1733)이 말하는 '신중한 정치가의 관리' 또는 '숙련된 정치가의 교묘한 관리'라는 데에서 모방한 것으로 유추된다.25)

역사의 발전에 대응할 수 없는 뒤떨어진 인간의 정신문제란 시대의 흐름에 따라 그 형태는 변화할 수 있어도 그 본질은 예나 지금이나 다름이 없다. 스튜어트26)는 이러한 인간정신의 문제를 올바르게 인도하지 않으면 아니 될 정부의 역할을 강조하면서, 그와 같은 역할 없이는 사회의 원활한 발전이란 기대할 수 없다고 보았다. 그리고 근대사회의 형성에 관한 논리는 흄의 정치경제사상을 계승한 것으로 보인다. 경제활동의 결과인 재산을 향유할 보장의 필요성은 당연히 소유권의 보호로서의 정의의 법을 필요로 하며, 정의와 충성의 의무론으로서 전개되어 가게 된다. 이와 같이 데이비드 흄에 있어서는 소유의 안정과 보장을 내용으로 하는 정의의 확립을 시민적 정부를 가진 시민사회형성과 관련하여 명확히 하려고 하고 있다.

---

그루네(Jean Claude Marie Vincent de Gournay, 1712~1759)에 의하여 고안되었다. ―F.List, Outlines of American Political Economy, 1827(正木一夫譯, アメリカ經濟學槪要, 未來社, 1966, p.64)

24) James Steuart, op.cit, 1, p.xiv.

25) Bernard de Mandevill, A Letter to Dion(1732), Los Angels 1953, Introduction 에서 인용.

26) James Steuart, op.cit, 1, pp.216-225.

사실상 명예혁명체제의 유지·발전을 위한 중상주의적 경제정책 및 경제사상의 과오를 비판하는 것을 가능하게 하고, 국내·외에 있어서 경제적 균형의 메커니즘을 파악하고자 하는 사상은 고전학파 경제학을 성립하게 하는 데 크게 공헌하였다. 이와 같이 근대자유사회로 지향하는 당시의 사정으로 볼 때 일관된 계획이나 체제는 없었으며, 오히려 그것이 존재하지 않는 것이 자유사회의 특질이었다. 인간은 원래 자유이며 그들이 경제적 측면에서도 언제 무엇을 어떻게 생산·교환, 소비하는가도 전적으로 자유이다. 그러나 그러한 자유가 균형을 취한다는 보장은 없다. 아담 스미스에 의하면 경제사회에서는 각자의 이기심에 의한 자유로운 행동이 자신의 의도와는 관계없이 '눈에 보이지 않는 손'에 의하여 완전한 조화를 이룰 수 있다고 보았지만, 스튜어트는 오히려 조화와 균형이란 여러 면에서 부단하게 파괴되는 것이 자유사회의 고유한 성질이라고 보았다. 때문에 스튜어트는 국민정신의 형성과 관련시켜 정부의 역할이 중시되어야 한다는 점에 중요한 의미를 부여하고자 하였지만 더욱 중요한 것은 이기심의 원리에서 찾고 있다.

> "이기심의 원리가 이 연구를 위한 일반적인 열쇠로서 유용할 것이다. 어떤 의미에서 그것은 이 과제의 지배적 원리로서 고려될 수 있으며, 그러므로 전체를 통하여 추적될 수 있을 것이다. 이기심이란 정치인이 정치를 위하여 설정하는 모든 계획에 자유로운 국민을 동조시키기 위하여 이용하여야 하는 주요한 원천이며 유일한 동기이다."[27]

여기서 사회의 응집력은 주권자의 강제적 관리에 의하여 이루어지는 것이 아니라 이기심에 의한 상호욕망 충족이라는 욕망의 체계에 간접적 관리로 이루어지는 것으로서 이러한 시민사회의 체제가 아담

---

27) Ibid., p.162.

스미스의 선구(先驅)가 되었다는 것이다.[28]

상업사회에서 공공의 이익을 형성하는 요인인 이기심의 원리가 사회의 불균형을 초래하는 요인도 필수이기 때문에 이 불균형을 시정, 균형상태로 회복시키는 수단도 이기심의 원리이다. 이기심의 원리에 따라 행동하는 국민에게 정부는 그 원리에 적합한 관리체계를 수립하지 않으면 아니 된다. 만데빌의 '신중한 정치가의 관리'에 관한 바이너의 해석[29]에 의하면 사적 이익과 사회적 이익의 조화란 자연적으로 달성되는 것이 아니라 정부의 간섭의 결과로서만 이룩되는 것이며, 직접적인 경제통제의 유일한 형태는 외국무역의 영역에 한정된다는 것이다.

이와 같은 해석은 만데빌의 경제사상을 자유방임론도 중상주의도 아닌 과도기의 소산으로 보는 견해에 입각한 것이지만, 스튜어트의 경제통제는 간접적인 데 있다는 것은 분명하나 그 통제영역은 외국무역에 한정된 것이 아니라 그 범위와 폭은 매우 넓다. 그래서 스튜어트는 자유로 하여금 이기적인 개인의 형성이라는 것을 당연한 역사적 과제로서 수용함과 더불어 이기심의 원리 가운데 새로운 자유사회에서의 공공의 이익이 형성되어야 한다고 보았다.

사실상 근대자본주의의 토대를 이룬 상품생산은 원래 근대 이전의 여러 생산양식을 특징짓는 공동체와 공동체 사이에 전개한 상품생산이 점차 확대·발전해 온 데 지나지 않는다. 이러한 파악을 오오츠카(大塚久雄)는 해방설(解放說)이라고 하였다.[30] 이 해방설의 원형은

---

28) 田中敏弘, イギリス經濟思想史研究, お茶の水書房, 1984, p.27.

29) 上揭書, p.36.

30) '解放說'이라는 용어는 원래 독일경제사학계의 '자본주의정신논쟁'에서 좀발트(Werner Sombart)와 브레타노(I.Bretano)가 제시하여 베버(Marx Weber, 1864~1920)가 철저한 비판을 가한 것을 오오츠카(大塚久雄)가 정리하기 위하여 사용한 것이다. - 水沼知一, 後進資本主義史研究への視角, (川島武宣·松田智雄編, 國民經濟の諸類型, 岩波書店, 1986, p.45)

역사적 발전의 단계적 계기(繼起)의 관계라는 문제차원에서 볼 수 있는 것이지만, 이러한 차원과 일정한 관련을 맺으면서도 분명히 구별하여야 하는 예의 세계 각 지역에서 '역사적 발전의 동시적 존재'31)가 문제로 되는 역사적 시기의 여러 문제, 즉 오늘날 선진국과 후진국 사이의 횡적인 관계라는 문제차원에서도 이 설을 수평적인 측면에서 고찰하지 않으면 아니 된다. 이렇게 볼 때 스튜어트의 이론은 영국과 유럽대륙의 수평적 경제관계를 중시하면서 국민주의적 성격을 내포하고 거기에 규정되는 인간정신이라는 면에서나, 아직 성립되지 않은 자유사회의 내부구조라는 면에서 정부의 통제에 의하여 근대 상업사회를 육성하고자 한, 말하자면 여러 후진국의 원시축적과정에 있어서 국민주의적 원시축적의 이론이라 할 수 있다. 여기서 원시축적과정이란 상품생산에 있어서 자본＝임금노동관계의 일반화를 전근대적으로 창출하는 과정임과 아울러 국민단위로 경제적 자립을 가능하게 하는 산업구조의 형성, 즉 국민경제의 형성과 자립과정을 말한다.

선진국의 억압 아래에 있는 후진국에 있어서 원시축적과정을 문제로 삼는 경우, 국민경제의 형성과 자립, 즉 경제적 자립이 아담 스미스가 말하는 '사물의 자연적 진로(a natural course of things)' 아래에 자유방임적으로 이루어지는 것이 아니라, 오히려 그 내용 혹은 기간은 각각 다르지만 국가에 의한 경제정책, 즉 '경제정책의 체계'가 유효하게 기능하기 위해서는 그것을 수행하는 정책주체, 말하자면 중앙집권적인 국민국가가 존재하지 않으면 아니 된다. 만약 그와 같은 정책주체를 형성하지 못한 후진국은 먼저 국가를 형성하지 않으면 아니 된다. 따라서 국민국가의 형성이 원시축적을 촉진하는 정책과제를 담당하고 경제정책 체계의 가장 먼저 그리고 긴요한 정책목표

---

31) 水沼知一, 前揭論文, p.44.

가 되며, 이러한 목적의 실현을 위하여 여러 가지 보호정책수단이 동원되게 된다.


## 3. 상업사회발전의 3단계

페티(Willam Petty, 1623~1639)는 일찍이 "농업보다는 제조업에 의하여, 또한 제조업보다는 상업에 의하여 훨씬 많은 이익을 얻을 수 있다."고 주장한 바 있다.[32] 이를 바꾸어 말하면 교환경제가 자연경제보다 훨씬 광대한, 또한 보다 통일된 경제영역을 전제로 한다는 것을 의미한다. 스튜어트에 의하면 17세기의 자연경제시기에 사회는 자유로운 농민과 공업생산자의 2대 계급으로 성립하고, 이 두 계급의 발전과 분리―농업·공업의 분리, 그리고 이 두 계급 사이의 분업의 확대·심화야말로 국민경제형성·발전의 원동력으로 보았다. 사실상 농업과 공업의 분리의 진행과정에서 형성되는 근대사회는 노동과 교환을 통하여 발전해 간다. 이러한 사회는 국내·외적으로 수요의 증대와 이에 수반되는 공업의 확대를 통한 수급불균형을 유지·발전시켜 가지만 그러한 발전은 어느 시점에 이르면 한계에 부딪치거나 또는 불균형을 초래하게 된다고 하였다.

또한 흄(David Hume)에 의하면[33] 토지는 경작의 점진적 개선으로 직접경작자 이외의 잉여를 유지할 수 있는 잉여농산물을 생산하게 된다. 그렇지만 이 경우 사회의 대다수 사람들이 농업에 종사하여 공업이 존재하지 않으면 잉여농산물의 교환으로 얻을 수 있는 다른

---

32) William Petty, Political Arithmetic, 1690(W.Clark 지음, 杉山忠平譯, 經濟學史, p.28에서 재인용.

33) David Hume, Political Discourse, Edinburgs, 1st.ed., 1752(田中敏弘譯, ヒュ ム―政治經濟論集, お茶の水書房, 1983)

등가물(等價物)이 존재하지 않기 때문에 농산물이 풍부하게 되더라도 그것은 오로지 안일을 가져오는 데 지나지 않게 되고, 나아가 농업에 충분한 발전을 가져다주지 못한다. 그러나 농업으로부터 공업이 분리하여, 두 부문 사이의 사회적 분업이 성립하면 토지의 잉여생산물은 공산품 혹은 사치품과 교환할 수 있기 때문에, 농업생산력은 충분히 증대할 수 있다. 농업은 공업을 매개로 하여 잉여생산물을 증대시킬 수 있으며, 점점 농업 이외의 잉여인구를 유지시킬 수 있게 되는 것이다. 이와 같이 농업과 공업의 두 부문 사이의 분업에 기초한 상호교환에 의하여 사회 전체의 생산력이 증대된다. 이에 흄은 산업활동의 증대는 상인을 탄생시키고 농업·공업·상업의 분업관계로 산업활동이 국내에서 점점 발전한다고 보았다.

다시 국내상·공업이 산업활동을 발전시키는 것과 같이 외국무역도 그것을 발전시키게 된다. 흄은 외국무역의 기능으로서, 수입은 새로운 제조업에 원료를 제공하고, 수출은 국내에서 소비되지 않는 특정상품의 형태에 있어서 노동을 창출하는 것으로 파악하고 있다, 그에 의하면 외국무역은 먼저 외국사치품의 수입으로써 발전하지만, 그 다음에는 외국사치품의 생산기술이 수입되어 그것이 다른 국내제조업의 발전을 촉진시킨다. 흄은 역사적 관점에서 외국무역이 국내공업을 발전시킨다는 사실을 인정하면서, 그것을 국내상·공업에 대한 외국무역의 자극효과와 결합시키고 있다. 그러나 그것은 경제발전의 입장에서 외국무역이 국내상·공업에 우선해야 한다는 정책적 주장을 의미하지 않는다. 외국무역의 기초를 이루는 것은 국내상·공업이기 때문에 양자의 상호작용이 지적되고 있는 것이며, 흄은 경제발전에 가장 중요한 것은 외국무역 그 자체가 아니라 그 기초인 국내상·공업이 외국무역을 매개로 하여 한층 발전하는 데 있다고 보았다. 따라서 그는 국내 상·공업이 최고도로 발달한 경우, 가령 외국무역의 태반을 상실해도 경제발전에 지장이 없거나, 또는 보다 높은 임금 때문에 영국이 외국무역에 있어 불리하다고 하더라도, 외국무역을 최우선적으로 고려해야 할 가장 중요한 문제가 아니기 때문에 일반국민의 행복과 결부시켜서는 아니 된다고 주장하고 있다. 다시 말하자면 근대사회의 생산력의 발전을 산업활동의 증대·발전으로 파악하고 있다. 이 산업활동의 증대의 기본적 메커니즘에 관한 분석에서 그는 농업·공업·상업의 분화·발전을 근대적인 사회적 분업의 전개로부터 발생하는 생산력 발전의 원리적 파악으로 본 것이다.

국내·상공업을 주축으로 한 농업·공업·상업 및 외국무역에 있어서 근대적 생산력의 전개원리를 당시 논쟁의 중심점이었던 '사치'라는 문제와 관련시켜, 산업활동의 증대와 사치와의 관련을 명확히 하는 가운데서 흄의 근대경제사회의 기본적 이해를 찾아볼 수 있다. 근대생산력의 전개라는 점에서 본질적으로 중요한 사치란 기술, 특히 기계적 기술을 중심으로 한 산업기술의 진보, 흑은 이 진보로 생산되는 세련된 소비재의 소비, 즉 소비생활 수준의 향상을 말한다. 이와 같이 근대사회란 산업활동의 필연적인 결과라고 볼 수 있다.

한편 흄은 확실히 사치가 지닌 산업 활동의 촉진효과를 지적하고 있지만, 이것은 결국 산업활동의 증대가 가져오는 사회적 잉여의 소비, 말하자면 산업활동이 사치를 가져오는 작용 가운데 포괄되어, 근대생산력의 자율적 전개 속에 포함되는 것이다. 따라서 근대생산력의 전개과정에서 사치적 수요가 불가결한 특별한 기능을 갖는다고 생각하지 않으며, 그의 사치론에는 불생산계급(不生産階級)에 의한 유효수요로서의 상품의 판로를 보증하고 고용을 유지하여 비로소 근대사회의 발전이 가능하게 된다는 경제이론적 의의는 찾아볼 수 없다. 아담 스미스도 흄과 마찬가지로 이미 성립하여 자율적으로 돌아가는 상업사회를 상정하여 분업과 교환을 통하여 조화 있는 생산력의 체계를 구상하였지만, 스튜어트는 아담 스미스와는 다른 방법을 구상하였다. 즉, 그는 근대사회에 있어서 농업·공업의 분리, 상업사회의 형성이야말로 농촌의 과잉인구를 해소할 수 있는, 즉 인구증가를 수용할 수 있는 농업발전을 가능하게 한다고 주장하였다.

물론 상업사회의 등장으로 "욕망이 근로를 진흥시키고 근로가 식물(食物)을 공급하고 식물이 인구를 증식시킨다."[34)]는 표현에서 보듯이, 스튜어트는 욕망을 활동의 원동력으로 파악하고 있다. "세계의 모든 상품은 노동에 의하여 구매된다. 그리고 노동의 유일한 원인은 우리의 모든 욕망이다."[35)]라고 한 바와 같이, 그 욕망이 등가물을 제공할 수 있는 수요, 말하자면 이것을 스튜어트는 유효수요로 파악하여 이를 '전 메커니즘의 원동력'으로 간주한 것이다. 그러나 상업사회의 발전이란 예정조화적으로 또한 자동조절적으로 진행되는 것이 아니라, 18세기 영국과 같이 보호주의적인 정부의 정책으로서만 실현될 수 있다고 보았다는 데 중요한 의의가 있다.

그러나 스튜어트의 보호주의 또는 상업사회를 검토할 때, 먼저 주목하여야 할 것은 그의 이론이 때와 장소에 관계없이 추상적이고 보편주의의 입장에서가 아니라, 특수적·역사적으로 특히 '상업사회'의 역사적인 전개에 관한 그의 특유한 발전단계설적인 사고 위에서 전개되고 있다는 점이다. 고전학파가 역사적인 '자유사회'에서 인구증가, 자본축적의 기초적인 여러 원리를 명확히 한 것[36)]과는 달리, 그는 이것을 '인류일반'에 관련시키면서 고유한 문제시각을 제시함[37)]과 동시에

---

34) James Steuart, op.cit, 1, p.59.

35) 田中敏弘, 前揭譯書, p.11.

36) 제1편 '인구와 농업'에서 "제1편에서는 나는 상업을 여러 명칭으로 고찰할 필요는 없었다. 즉 부자의 부를 근면한 사람들의 손으로 끌어냄으로써, 인구의 증가와 농업의 확대를 촉진하는 원리 이외의 어떤 다른 원리에 의하여 상업의 영향을 받는 것으로 고찰할 필요는 없었다. 이 작용은 그 이상 전개되지 않는 경우에는 유치상업(infant trade)의 참된 표현이다. 그러나 지금 이 문제를 새로운 빛 가운데 두지 않으면 아니 된다. 그리고 유치상업은 외국무역을 확립하기 위한 기초로서 고찰하지 않으면 아니 된다. - James Steuart, op.cit, 1.p.302

37) 제2편 '교환과 근면'에서 - Ibid.

보호주의를 본질적으로 특정 짓는 중요한 요인을 제시하고 있다.

이와 같이 스튜어트에 의하면 보호주의란 때와 장소에 관계없는 추상적이고 보편주의에 입각한 것이 아니라, 특수적·역사적인 상업사회의 발전과정에서 정부의 역할을 가정하면서 그의 특유한 발전단계설에 입각하여 공공이익을 위한 정부의 통제로 해석하고 있다. 따라서 스튜어트는 상업(trade)[38]을 ① 초기상업(infant trade), ② 외국무역(foreign trade) 및 ③ 국내상업(inland commerce) 등 3단계로 구분하면서, 이 3단계를 인생에 있어서 유년기(infancy), 성년기(manhood) 및 노년기(old age)[39]로 비유하고 있다 그는 상업을 이와 같이 3단계로 구분하는 것은 "매우 필요하며, 일반적인 여러 명제를 조건짓기 위하여 각 논의에서 이 부분을 적용하는 것이 적절하다."고 하였다.[40]

그러면 스튜어트의 '상업사회발전의 3단계'란 어떤 내용이며, 어떤 정책의 체계가 거기에 내포되어 있는가? '상업사회'는 왜 그러한 발전의 여러 단계를 거치지 않으면 아니 되는 것일까? 따라서 이하에서는 상업사회발전의 각 단계에서 즉, ① 초기상업단계, ② 외국무역단계 및 ③ 국내상업단계에서 취하지 않으면 아니 될 보호주의의 내용을 검토하고자 한다.

### (1) 초기상업단계(infant trade stage)

외국무역론에 있어서 스튜어트의 고유한 접근방법은 세계무역의 역사적 전개를 고려하면서도 제일 먼저 초기상업 (infant trade)을 상정하며, 한 나라의 외국무역의 형성과 발전의 문제를 제기, 이를 해결하고자 하는 데 있다. 물론 초기상업의 발전문제에 관해서는 흄도 다음과 같이 주장한 바 있다.

---

38) James Steuart, op.cit, 1.p.301.
39) Ibid., p.499
40) Ibid., p.306.

"어떤 나라에 있어서도 대다수의 사람들을 농민과 제조업자로 구분할 수 있을 것이다. 전자는 토지의 경작에 종사하고, 후자는 전자로부터 공급되는 원료를 가공하여 이것을 인간의 생활에 필요한, 혹은 그것을 장식하는 모든 상품으로 만든다. 인간은 주로 수렵이나 어획으로 생활하는 미개(未開)를 벗어나면 바로 이 두 계급으로 나누어짐에 틀림없다. 더욱이 처음은 사회의 최대 다수의 부분은 농업이라는 일에 종사하지만, 시간의 경과와 경험으로 이 일을 크게 개량하기 때문에 토지는 직접적으로 경작에 종사하는 사람들이나, 이와 같은 일을 가지는 사람에게 먼저 필요한 제조품을 공급하는 사람들을 보다 훨씬 많은 사람들을 쉽게 유지할 수가 있게 될 것이다."[41]

이러한 과정을 아담 스미스의 '사물의 자연적 진로'를 주장하기에 앞서, 흄이 사물의 일반적 진로'[42]가 관철되는 일반원리라고 하였다. 그러면 문제의 초기상업은 어떤 과정을 거쳐 다음 단계인 외국무역으로 발전할 수 있는가? 여기서 초기상업이란 유치한 거래단계들을 지칭하며, 한 나라 국민의 필수품을 공급하는 것을 그 목적으로 한다는 것이다.

한편, 초기상업을 스튜어트는 다음과 같이 설명하고 있다. 즉 "초기상업을 일반적인 의미로 해석한다면 한 나라 국민의 필수품을 공급하는 것을 그 목적으로 하는 그러한 종류의 상업이라 하여도 좋다. 왜냐하면 초기상업은 보통 외국인의 욕망으로 공급하는 것[외국무역 － 인용자]에 선행하기 때문이다. 초기상업은 모든 시대, 모든 나라에서 적든 많든 인류가 바라는 욕망의 증가에 비례한다."[43]는 것이다.

근대적인 시민사회[44] 또는 자본제 생산의 성립은 말할 것도 없이,

---

41) 田中敏弘, 前揭譯書, pp.5-6
42) 前揭譯書, p.4.
43) James Steuart, op.cit, 1.p.301.
44) 스튜어트의 <경제학원리>가 대상으로 한 것은 소위 근대사회(modern society)에 있어서 사회적 분업, 즉 상품생산의 특질, 구조와 발전의 방법이다. 이 원리는 스

세계상업은 이를 위한 역사적 전제로서 매우 중요한 의미를 갖고 있다. 자본제 생산의 성립에 앞서 광범위하게 전개된 세계상업이 광대한 시장을 개척하여 상품경제의 여러 관계를 미개지의 촌락에까지 침투해 감으로써 자본제 생산의 시대를 준비하게 된다. 이 '미개' 촌락 가운데 또는 '자유로운' 농촌 가운데서 자본제 생산의 발전을 담당하는 새로운 요소가 생성하며, 자본제 생산의 생성, 발전과 더불어 세계상업도 새로이 전개하기 시작하는 것이다. 따라서 외국무역은 자본제 생산 성립의 역사적 전제임과 동시에 또한 그 결과이기도 하다.

그러나 이러한 자본제 생산 성립, 즉 세계상업전개의 경제사를 스튜어트가 전개하는 이론의 대상으로 한 것은 물론 아니다. 세계상업이 광범위하게 전개되었던 중상주의 시대에 살면서, 거기에서 한 나라 산업이나 경제발전의 문제를, 특히 외국무역에로의 진출 여하의 문제를 스튜어트는 해명하고자 한 것이다. 이를 위한 접근의 순서로서 외국무역이 전개되는 한 단계 앞선 상업의 형태로서 초기상업을 상정하여 여기서부터 당면한 과제를 해명하고자 한 것이다.

초기상업은 외국무역에 선행하여 모든 시대, 모든 나라에서 많든 적든 인류가 바라는 욕망의 증가에 비례하여 이루어져 온 것이다. 그것은 기본적으로 스튜어트가 문제로 제기하여 고찰한 '자유사회'에 있어서 상업의 기본 형태라고 보아야 할 것이다.

여기서부터 스튜어트 자신의 고유한 '외국무역론'에 관한 설명이 시작된다. 스튜어트의 고유한 접근방법, 바꾸어 말하면, 세계상업의 역사적인 전개를 고려하면서도 그 다음에는 일단 독립적으로 이러한 초기상업이라는 것을 상정하여 한 나라에서 외국무역의 형성 혹은 육성 여하의 문제를 제기하는 접근방법과 이에 관한 독자적인 이해야말로 스튜어트가 주장하는 외국무역론의 특징이라 할 수 있다. 이것이 흄의

---

미스의 <국부론>과는 전혀 다른 세계에 속한다는 것은 두 말 할 필요가 없다. -
小林昇, J.ステュアート硏究(小林昇, 經濟學史著作集(v), 未來社, 1977, p.33).

자유무역론과 대립점을 양성(釀成)하여 가는 하나의 중요한 요인이다. 그러면 문제의 초기상업이 어떻게 외국무역으로 전개하여 갈 수 있는가? 여기서는 전기적인 상업자본 또는 세계상업의 전개 여하를 문제로 삼는 것이 아니라, 한 나라의 산업이나 상업의 발전의 결과로서의 외국무역의 형성과 그 전개 여하를 문제시하고 있다.

이 경우 먼저 주의하지 않으면 아니 되는 것은 스튜어트가 한 나라의 공업이나 상업은 그것을 자유로이 방임해 두면 자연스럽게 외국무역으로 발전해 간다고 보지 않는다. 이러한 단계에서는 국내공업을 외국무역으로 발전해 갈 수 있도록 보호하고 육성하기 위한 정부의 여러 정책이 요청된다는 것이다. 예컨대 다음의 인용문을 보자.

"초기상업을 외국무역으로 발전시키고자 결의한 정치가는 다른 국민이 필요로 하는 것을 검토하고 또 자국의 생산물을 검토하여야 한다. '지금부터 그는 어떤 종류의 제품을 외국으로 공급하는 것이 또한 어느 제품을 자국에서 소비하는 것이 보다 적합한가를 결정하지 않으면 아니 된다. 그는 이러한 제품을 자국민이 사용하도록 하여야 하며 이들의 새로운 소비부문을 장려하여 자국의 인구와 농업을 확대하도록 노력하여야 한다."45)

스튜어트는 이와 같이 초기상업으로부터 외국무역으로의 발전을 가능하게 하는 가장 기본적인 정부의 정책방향을 제시하고 있다.

18세기 중반, 무역에 관한 중요한 논의는 단순한 무역차액이나 고유한 중상주의의 문제가 아니라 국내의 고용과 생산의 확대라는 문제로 급진전하였다. 이를 달성하기 위한 국내공업이 보호·육성의 필요성을 강조하는 보호주의를 스튜어트는 그토록 계속하면서도 특히 수출공업의 진흥을 도모하여야 한다고 하였다. 이 경우 구체적으

---

45) James Steuart, op.cit, 1.p.302-303.

로 육성해야 할 공업의 종류가 신중히 검토되어야 한다는 점을 지적
한 뒤46), 선정된 공업을 육성하기 위한 수단으로서 수요의 확대와,
공업발전에 수반되는 인구증가와 농업발전을 들고 있다. 이 점이 스
튜어트가 파악한 기본적인 상업사회에 대한 문제의 시각이다. 사실
명예혁명 이후 18세기 영국에서는 이와 같은 보호주의가 압도적으로
세론(世論)의 배후에 공업생산자나 무역상인의 공통된 경제적 이익
이 있었다는 당시의 영국사정을 아담 스미스는 물론 그 뒤, 리스트
도 잘 알고 있다.47) 이와 같은 영국의 중상주의 정책체계를 파악한
스튜어트는 공업의 육성을 도모하고자 하는 취지를 먼저 강조한 뒤,
그 공업이 육성, 발전되기 위해서는 그 제품에 대한 소비의 장려, 즉
유효수효의 확대가 선결조건이라고 보았다.

그러면 공업은 어떻게 하여 발전할 수 있는가? 스튜어트는 우선
공업발전의 길로서 공업보호를 주장하였다. 공업을 발전시키기 위해
서는 무엇보다도 기술의 습득이 가장 중요하다고 하였다. "기기(機
器)의 도입이나 생산이 증대하고 인간의 노동이나 창의를 용이하게
하는 모든 방법의 도입은 더 없이 유용한 것"이라면서 기계의 도입
을 부정하는 상황은 유통도 산업도 소비도 증가할 가능성이 없는 포
화상태일 때뿐이라고 주장하였다. 어느 공업이 오랫동안 유치상태에
(in a state of Infancy) 있은 뒤, 수년 내에 놀랄 만한 발전을 이룩할
수 있는 것은 바로 이 보호 때문이다.48)

정부가 외국제품의 수입을 금지하는 수단으로 국민을 지원하게 된
다면 막대한 이윤을 증진시킬 수 있으며, 동시에 고용 인구가 증가

---

46) 스튜어트는 특정산업을 지칭하지 않았지만, '무역업자가 자연적 이점으로 생
   산할 수 없는 제조품' 또는 '특산적 제조업' 즉, 그 나라가 최대의 자연적 이
   점으로 혜택 받고 있는 제조업이라고 하였다. ﹣James Steuart, op.cit, 1.p.330.
47) 오오츠카(大塚久雄)에 의하면 리스트도 대체로 이 견해를 답습하고 있었다
   는 해석이다. ﹣大塚久雄, 前揭書, p.129.
48) James Steuart, op.cit, 1.p.303.

하여 제조업을 확장시킬 수 있다. 물론 농업보다는 공업에 더욱 치중해야 한다는 점을 일단 긍정한다면, 스튜어트가 구체적으로 산업자본이라고 언급하진 않았지만 수출공업의 육성과 육성되어야 할 공업의 종류를 신중히 검토해야 한다는 점을 강조하고 있음을 볼 때, 여기서 우리는 뒤에서 설명하는 리스트의 보호주의와 다른 점을 전혀 찾아볼 수 없다. 스튜어트는 상업사회에서는 이미 농민·근로계층과 부유계층으로 계급분화가 이루어져 있기 때문에 초기상업 단계에서 정부가 해야 할 지배원리란 모든 자연상품의 제품화를 장려하는 것이며, 그 수단은 외국의 경쟁을 배제하여 국내소비를 확대하는 것이라고 보았다.[49] 그는 유효수요, 특히 부유계층인 지주의 사회적 소비를 위한 첫째 요건으로 강조하고 있으며, 요건이 충족된 다음에는 수출공업으로 육성될 수 있을 것이라고 보았다.

## (2) 외국무역단계(foreign trade stage)

외국무역(foreign trade) 그 자체는 상호 유리한 거래를 하고자 노력하기 때문에 존재한다. 무역에는 상호의존의 관계를 포함하고 있지만, 거기에는 필연적인 것과 우연적인 것이 있다. 스튜어트는 다음과 같은 예를 들고 있다.

> "네덜란드의 어느 지방과 거기에 곡물을 공급하는 여러 나라 사이의 경우와 같이 한 나라 국민이 다른 나라의 지원 없이는 존립할 수 없을 때에는 무역은 필연적이다. 어느 특정국가의 필수품이 단지 숙련과 기교의 부족으로 자신의 국민에 의하여 공급할 수 없을 때에는 무역은 우연적이다."[50]

---

49) Ibid, p.200.
50) Ibid, p.273.

이 내용과 연관시켜 볼 때, 무역국가의 기본적 유형으로서 오오츠카(大塚久雄)는 '내부성장형'과 '중계무역형'이라는 두 가지 유형[51]으로 영국과 네덜란드를 들고 있다. 한 국민이 다른 국민에게 특정 종류의 거래를 필연적으로 의존하고 있는 어떠한 나라에서도 거기에는 외국무역의 일정한 기초가 존재한다. 이러한 의존관계가 우연적인 나라에는 정부의 경영과 수완이 필요하다.

나아가 스튜어트는 외국무역전개의 여러 문제에 있어서 외국무역을 다음 두 가지로 분류하고 있다.[52] 즉, 능동무역(active foreign trade)과 수동무역(passive foreign trade)이 그것이다. 능동무역은 한 나라 상·공업이 발전하여 무역상인이 외국으로 진출하고 노동생산물을 수출하는 것을 의미하며, 수동무역은 발달하지 못한 나라에 외국의 무역상인이 참여하여 그들의 공산품이 수입되는 것을 의미한다. 말하자면 양자는 상호 다른 것을 전제하는 동전의 양면과 같다. 따라서 이것은 수출무역과 수입무역을 의미한다. 그러나 거기에는 두 나라의 경제적인 또는 상업·공업 위의 우열(優劣)이 결부되어 있다는 점에 주의하지 않으면 아니 될 것이다. 물론 이들 양쪽은 불균등한 발전의 관계에 있기 때문에, 아담 스미스의 절대생산비설은 물론 데이비드 리카도의 비교생산비의 원리에서도 알 수 있듯이 불균등한 관계가 무역을 가능하게 하는 기초조건임과 동시에 하나의 중요한 요인이 된다. 다시 말하자면 경제적인 그러나 절대적인 상업·공업 위의 우열의 존재야말로 스튜어트에 있어서 능동무역과 수동무역, 즉 외국무역이 성립하기 위한 하나의 기본조건이다.[53] 이것이 스튜어트의 외국무역

---

51) 大塚久雄, 前揭書, p.179.
52) 외국무역에는 두 가지의 형태 내지 두 가지의 측면이 있을 수 있다는 것을 지적하는 데에서부터 출발한다.
53) 여기서는 고전학파 자유무역론에 있어서 비교생산비설의 의의가 정당하게 상기되어야 할 것이다. - David Ricardo, Principles of Political Economy and Taxation, 1817.

론을 특징짓는 또 하나의 중요한 요소가 될 것이다.


### (가) 능동무역의 전개와 미개국(未開國)

스튜어트는 자신의 이론에서 한 나라의 국내산업이 성장함으로써, 이익을 찾아 해외로 진출하는 자국의 무역상인을 상정하고 있다. 그는 능동무역의 현실적 전개과정, 즉 유통과정에서 일어나는 여러 현상을 나타내는 데서부터 출발하고 있다. 왜냐하면 능동무역의 전개와 이에 바탕을 둔 상업사회가 이러한 현상과 성격의 여하에 따라, 그 뒤의 발전에 큰 영향을 미치게 되기 때문이다.

국내공업의 성장의 결과, 보다 많은 이익을 향유하기 위하여 무역상인들은 비무역국(non-trading country)의 국민이 상업의 가치에 관한 충분한 지식이 없다는 것을 이용하여 수출상품의 가격을 높게 인상함으로써 발생하는 부당한 이윤을 획득하게 될 것이다.[54] 이러한 이윤의 증대는 무역당사국 사이에 가격체계 위의 차이라기보다는 오히려 비무역국의 국민이 경제에 관한 무지에서 발생한다. 스튜어트는 이러한 이윤이 능동무역 전개의 최초의 결과로 보고 있다. 이러한 과정에서 획득된 이윤은 그 나라 부유계급의 사치품에 대한 수요증가로 나타나기 때문에 비무역국의 수입품에 대한 수요증대는 확실하게 된다.[55]

---

54) "무역상인들은 어느 새로운 나라에 도착하면…… 그 상품의 가격을 그 주민들이 입수열(入手熱)이나 지불능력에 비례시키지, 그 진실가격(real value)에는 결코 비례시키지 않는다. 따라서 무역에 의한 최초의 이윤은 아주 거액이 되는 것임에 틀림없다." -Ibid, p.184.

55) 스미스는 생성기(生成期)의 외국무역에 관하여 다음과 같이 설명하고 있다. "모든 상업사회의 주민은 보다 부유한 나라의 정교한 제조품이나 값 비싼 사치품을 수입함으로써, 이들을 자신의 소유지의 대량의 좋지 않은 생산물을 구입할 것을 열망하고 있던 대토지소유자들의 허영심을 상당한 정도로 만족시켰다. 따라서 당시의 유럽 상업은 대부분 주로 그들 자신의 좋지 않은 생산물을 그들보다 개화한 여러 국민의 제조품과 교환하게 되었다. 이런 이유로 잉글랜드의 양모는 오늘날 폴란드의 곡물이 프랑스의 포도주나 브랜디와 교환되고 또 프랑스와 이태리의 견직물과도 교환되고 있는 것과 같은 방법으로, 프랑스의 포도주와 이태리의 정교한 직물과 교환되는 것을 당연한 것으로 하

소위 능동무역은 한 나라 상·공업의 발전의 결과라는 의미를 확실하게 부여할 수 있지만, 문명적인 근대상업국민 상호간에 성립하는 외국무역에서 정당하게 발생하는 '상업이윤'이 아니라, 후진의 무지한 미개국과의 무역에서 발생하는 법외의 이윤이라는 점에 주의를 요한다.

능동무역의 전개는 이러한 한계 혹은 성격을 지니면서도 선진 '무역국(trading country)'의 산업에 새로운 발전의 계기를 부여하게 될 것이다. 특히 미개국의 새로운 수요는 선진국의 상·공업, 특히 수출산업의 새로운 발전을 촉진하게 될 것이다. 스튜어트는 능동무역의 전개가 선진 '무역국'에 가져오는 "가장 현저하게 변화하는 제조업자에 대한 수요의 증가56)라고 하였다." 이처럼 무역국은 하나의 새로운 발전을 맞이하게 되고, 여기에 부(富)의 유입이 능동무역과 맞물려 그 뒤의 변화, 발전을 복잡하고 다양하게 전개시키게 된다.

여기서 말하는 능동무역이란 근대적 공업을 최초의 단계에서 육성, 발전시킨 결과라는 데 의미를 부여할 수 있지만, 그 이윤은 근대상업국민 상호간의 무역에서 발생하는 것이 아니라 후진국의 무지한 국민과의 무역에서 발생하는 비정상적인 이윤임에 틀림없다. 이것은 외국무역의 이윤과 국내상업의 이윤 사이의 구분을 둘러싼 데이비드 리카도와 세이(Jean Baptiste Say, 1767~1832) 사이의 논쟁에서도 알 수 있듯이 일종의 국제착취로 본 것이다. 능동무역의 전개에는 이러한 한계와 모순을 지니면서도 선진국의 공업에 새로운 발전의 기회를 부여한다.

스튜어트는 위와 같이 선진국과 후진국을 무역국(trading country)과 비무역국(nontradinhg country)으로 표현하고 있지만57), 후진국의 새로운 수요는 적어도 선진국의 공업발전을 촉진하게 될 것이다.

한편, 무역국과는 달리 수동무역을 취하지 않을 수 없는 미개국은

---

고 있다. -Adam Smith, Wealth of Nation, 1776, E.Cannon ed., 1904, vol.1, p.378.
56) James Steuart, op.cit, 1.p.209.
57) Ibid, p.185.

무역의 진전과 더불어 하나의 중대한 어려움에 직면하게 된다. 왜냐하면 수입품과 교환으로 제공해야 하는 이 나라의 자연산품에는 스스로 한계가 있을 것이기 때문이다. 즉, 무역국과 비무역국의 국민 사이에 무역에 의한 상호욕망(reciprocal wants)[58]이 형성됨으로써 지금까지 '검소한 생활'을 해 온 비무역국의 국민에게 근면(industry)[59]을 환기시키게 될 것이다. 스튜어트는 "변혁이 다시 일어날 때, 즉 지금까지 검소한 생활을 하여 온 사람들이 근면하게 될 때 사태는 하나의 새로운 국면을 제시한다."[60]고 하였다.

상호욕망의 형성은 국민의 근로를 환기시키고 상업사회를 발전시킨다. 상호욕망, 말하자면 유효수요가 "전 메커니즘의 주요원천이 된다."라는 것이 스튜어트가 강조하는 상업사회 형성의 기본원리이다.

스튜어트는 능동무역의 전개가 가져오는 하나의 중대한 결과를 관찰하였다. 즉, 능동무역의 전개는 필연적으로 수동무역을 하지 않을 수 없는 미개의 비무역국에 근면을 환기시키고, 나아가 무역국으로 변모해가지 않으면 아니 된다는 것이다. 세계상업의 진전이 각지의 소위 성운상태(星雲狀態)를 이루고 있는 많은 촌락에 상품경제를 침투시켜 산업의 발전을 자극하여 국민경제를 형성하여 온 역사의 사실이 여기

---

58) 상호욕망은 농부와 상인의 근로가 얼마나 고무되어, 상업사회의 형성이 그리고 인구의 증가가 얼마나 가능하게 되는가가 확실하여졌다. 여기서의 상호욕망과 전적으로 동일한 것이라고 스튜어트는 언급하고 있다. 그 욕망의 대상은 당장 노동무역의 결과 주어지는 것이라고 하지만.－川島信義, ス テュアート信用論の特質, 西南學園大學, 商學論集(第8卷第2號), 1965, 12, pp73-101.

59) 스튜어트는 노동을 'labour'와 'industry'로 혼용하고 있지만, 그 내용으로 볼 때, 근대 이전에는 전자를, 근대 이후에는 후자로 파악하고 있는 것 같다. 스즈기(鈴木勇)는 "잉여생산물을 자발적으로 생산하는 'industry'야말로 사회발전의 원동력이며 그것은 공업으로 통하는 범주이다. 강제를 수반하는 'labour'와는 구별되는 자유의지의 바탕에 둔 근로야말로 공업의 진보와 그 확립을 가져오는 원동력"이라고 하였다.－鈴木勇, イギリス重商主義와 經濟學說, 學文社, 1985, p.216.

60) Ibid, p.193.

에 잘 반영되어 있다 하여도 좋을 것이다. 그러나 주의해야 할 것은 무역국의 산업발전은 확실히 능동무역전개의 필연적인 요청이며 또 그 결과라 하여도, 그것이 그대로 선진무역국의 영속적인 발전을 보증하는 것은 아니다. 오히려 선진 '무역국'에 있어서 두려운 경쟁상대의 출현으로 보는 것이다.[61] 이 측면을 스튜어트는 중시한다. 그것은 단지 상업상의 경쟁상대의 출현일 뿐만 아니라, 국가적 이익이 결부됨으로써 새로운 문제를 제기한다. 즉, 무역이 소비 가능한 물물교환에 의하여 영위되는 경우에는 그 작용도 그 나라의 이익에는 별로 관계가 없지만, 화폐(귀금속)가 등장함으로써 외국무역의 양상은 달라진다.[62]

비무역국도 당연히 유치산업으로부터 발전하여 능동무역으로 진출하는 것을 염원할 것이다. 때문에 이 나라도 또한 보호주의의 여러 정책을 취하여 근면을 육성하지 않으면 아니 된다. 때로는 보호관세도 필요에 따라 설정하지 않으면 아니 된다. 그 결과, 보호주의와 보호주의가 드디어 무역국과 비무역국 사이에 충돌한다. 스튜어트는 이러한 상황이 도래하면 "모든 나라가 모든 불리한 상업부문을 저지하도록 주의를 기울이게 되면, 무역의 전반적인 정지가 곧 일어날 것이다."[63]라고 하였다. 사실상 절대주의 아래의 무역전쟁을 방불하게 할 정도로 격렬한 사태가 스튜어트 논의의 배후에 상정되어 있다는 점에 주의해야 할 것이다. 비무역국에 있어서 근면의 생성, 상업국으로의 발전은 선진 '무역국'에 있어서 실로 두려운 경쟁상대의 출현[64]이라 하지 않을 수 없다.

---

61) 여기에 낙관적인 흄(David Hume)의 자유무역론에 대립하는 스튜어트 고유의 중요한 문제 시각이 있다.

62) "그러나 귀금속이 상업의 목적이 되자, 그리고 그 귀금속이 모든 것에 대한 일반적 등가물이 됨으로써 여러 나라 사이의 국력의 척도가 될 때, 귀금속의 획득, 또는 적어도 국내에 비례하는 양의 귀금속의 보유가 보다 현명한 나라들에 있어서는 결정적으로 중대한 목적이 된다."

63) Ibid, p.342.

64) 자유로운 무역에 의하여 각 나라의 상공업은 상호 번영을 달성할 수 있다고 하

능동무역의 전개는 이러한 중대한 결과로 나타나는바, 무역국에 어떠한 변화와 발전을 가져오게 되는가. 무역국에 있어서 그 뒤의 발전 여하의 문제를 다시 검토하기로 하자.

### (나) 수요의 증대와 균형의 파괴

스튜어트는 수요와 공급에 관하여 다음과 같이 주장하고 있다.

> "만약 공급이 수요에 비례하여 증가하지 않으면, 그 결과로서 수요자 사이에 하나의 경쟁이 일어날 것이다. 그것은 이와 같은 갑작스러운 큰 변화의 통상적인 결과이다. 한편, 가령 수요의 격심한 증가가 그에 비례하는 공급을 수반한다면 모든 근면한 사회는 활기에 차서 어떠한 큰 이익도 불편도 느끼치 않는 건전한 상태 아래에서 성장할 것이기 때문이다."[65]

능동무역의 전개가 선진 '무역국'에 가져오는 가장 중요한 결과는 국내 제조업에 대한 수요의 증가이다. 수요의 증가가 '전 메카니즘의 주요원천'이 되어, 이 나라 상·공업의 보다 많은 발전에 기여하게 된다. 그러나 수요의 증가가 어떤 경우에는 수요를 '고등(高騰)'시키고, 다른 경우에는 '증가'시킨다. '고등'과 '증가'는 무엇을 뜻하는가?

능동무역의 개시와 그 급속한 진전이라는 단계에서, 말하자면 수요는 급격하게 증가하고 그에 비례하여 공급의 증가를 수반하지 않으면 수요자 사이에 결과적으로 경쟁을 불러일으켜 통상적으로 수요의 고등(高藤)이 일어난다. 말하자면 가격의 등귀가 통상적인 결과라는 것이다. "가격등귀의 결과, 많은 산업부문에서 부(富)는 나날이 증가하여 이것이 근면한 계급을 고무하게 될 것이다."[66]

상인은 증가하고 잉여를 생산하는 상업적 농업은 발전하며 인구도

---

는 데이비드 흄의 낙관적인 자유무역론을 수용할 여지는 전적으로 소멸된다.
65) Ibid, p.209.
66) Ibid, p.209.

증가한다.[67] 상업사회는 농업·공업 분리를 다시 촉진시키면서 국내 수요를 상회하여 새로운 발전을 하기에 이른다. 바로 능동무역의 전개가 상업사회를 발전시키게 된다.

능동무역의 진전에 수반하는 '부(富)'의 유입이 사치적인 소비수요의 증가와 생산의 감소를 초래하여 결과적으로 수급균형을 파괴함으로써 현저한 가격등귀 현상이 일어난다. 스튜어트는 이 수급의 균형을 '일과 욕구의 균형(balance of work and demand)'이라고 표현하면서 그 이유를 다음과 같이 설명하고 있다. 즉 "공급(supply)이라는 용어보다도 일(work)이라는 용어를 선택한 것은 주로 고찰의 대상이 되는 직인(workman)에 유익하기 때문이라는 것이다.[68] 수요와 공급에 있어서 가격의 균형을 수요자와 공급자 사이의 쌍방의 경쟁(double competition)은 그 기능을 상실하여 일방적 경쟁(simple competition)으로 전환하게 된다.[69]

그 결과, 상품의 가격은 등귀하여 유리한 무역은 장기적으로 지속할 수 없게 된다. 왜냐하면 국내에 있어서 모든 상품의 가격이 등귀함으로써 지금까지 이 나라의 제조품을 수입·소비해 왔던 나라들이 자국 내에서 생산을 개시하여 경쟁상대국으로 부상하게 되어 오히려 거꾸로 문호를 개방할 것을 요구하게 된다. 선진 '무역국'은 상품가격의 고등이라는 어려운 사태에 직면하여 새로운 무역국의 등장과

---

67) 외국무역의 전개는 농업·공업의 분리를 추진하는 중요한 요인이 된다는 점을 스튜어트는 중시한다. "……(농업·공업의 분리를 추진하는)다음의 수단은 제조업을 그 나라에 도입하는 것이며, 그리고 그 제조업의 모든 잉여부분을 위하여 외국시장을 준비하는 것이다. 이윤(gain)의 유혹은 드디어 모든 사람으로 하여금 자신의 손으로 더욱 잘 할 수 있는 산업부문으로 종사시키게 될 것이다. 이들 수단에 의하여 많은 사람들은 제조업에 따라 농업을 포기할 것이다."(Ibid, p.85.) 농업·공업분리라는 점에서 스튜어트는 능동무역의 전개가 상업사회에 가져오는 가장 중요한 결과를 발견한다.
68) Ibid, p.490.
69) Ibid, pp.196-197.

경쟁 아래에서 외국무역의 길이 차단되는 중대한 위기에 빠지게 될 것이다. 외국무역의 진전의 결과, 유입되는 부(富)는 자본의 축적은 생산확대를 위해 투입되든지 아니면 국민의 생활을 사치화하는 소비의 방향으로 유출될 것이다. 그러나 생산의 확대 없이 수요가 증가된다면 '일과 욕구의 균형'은 완전히 파괴되어 모든 상품의 가격은 현저하게 등귀하게 된다. 따라서 외국무역은 쇠퇴일로를 걷게 된다. 즉, 부(富)의 유입에 의한 사치적인 소비의 증대, '일과 욕구의 균형'의 파괴, 그리고 가격의 등귀, 외국무역의 쇠퇴라는 과정을 거치게 된다. 말하자면 가격등귀의 결과, 많은 공업부문에서 부(富)는 나날이 증가하여 이것이 근면한 계층을 고무케 한다. 그러나 공산품의 가격등귀는 외국무역에 있어서 불리하게 된다.

보통 무역의 쇠퇴를 특징짓는 두 가지 원인으로, 첫째, 지금까지 공급하던 외국시장이 다른 선진국에 의하여 대체공급(代替供給)되기 시작하는 경우와 둘째, 선진국 자신이 지금까지 국내에서 생산된 제조품을 외국으로부터 수입하는 경우이다.[70] 이런 경우에는 후진국이 경쟁상대국으로 부상하여 거꾸로 문호를 개방할 것을 요구하며, 그 동안 외국으로부터 얻은 이윤은 자본축적 등 생산확대와 국민생활을 사치화하는 소비 쪽으로 흘러가게 된다. 따라서 수급균형은 완전히 파괴되어 모든 상품의, 특히 필수품의 가격이 상승하여 국내에서 증산이 불가능할 때에는 외국으로부터의 수입에 의존하게 되며, 경우에 따라서는 가격의 급격한 하락을 방지하기 위해 저렴한 농산물 수입을 위해 수입보조금을 지급하지 않으면 아니 된다.[71]

그러나 무엇보다 중요한 것은 근검(勤儉)과 절약을 거듭하여 인내하는 것밖에 더 이상 좋은 구제책은 없다[72]고 하는 점이다. 이러한

---

70) Ibid, p.279.
71) Ibid, p.292.
72) Ibid, p.239.

능동무역이 성립되기 위해서는 절대적인 경제상의 우열이 존재하는 것이 기본적인 요건이지만, 필연적인 외국무역의 쇠퇴가 발생하였을 경우에도 수출이 가능하도록 공산품의 가격을 인하하는 방법[73], 즉 행정지도와 수출보조금이라는 두 가지 보호주의 정책수단의 필요성이 강조되고 있다.

이러한 과정이야말로 스튜어트 이론체계의 특질로 꼽을 수 있다. 스튜어트 이론은 근검과 절약 아래에서 예정조화적이면서 자율적으로 생성, 발전하는 흄의 자유무역론과는 상이하다. 스튜어트 이론에는 능동무역이 성립하기 위한 하나의 요건으로서 경제적으로 발달하지 못한 미개국의 존재가 상정되어 있다. 무역당사국 사이에 절대적인 경제상의 우열(優劣)이 소위 능동무역을 성립시키는 하나의 기본적인 조건이며, 따라서 비무역국의 경제성장은 무역국의 외국무역을 쇠퇴시키는 요인으로 작용하게 된다. 이와 같이 무역국의 외국무역은 필연적으로 쇠퇴하게 됨으로써 보호주의정책을 도입하지 않을 수 없게 된다. 여기서 스튜어트 보호주의의 일관된 중요한 특질을 볼 수 있다.

## (3) 국내상업단계(inland commerce stage)

### (가) 새로운 정치적 여러 과제

능동무역은 결국 차단되어 상업사회는 국내상업(Inland commerce)[74]의 단계로 이행된다. 이러한 이행과정을 스튜어트는 다음과 같이 설명하고 있다.

　　"나는 초기상업 및 외국으로부터 확실하게 구별된 국내상업을 바로 다루고자 한다. 우리는 지금 새로운 나라로 이행되어 왔다고 생각해 본

---

73) Ibid, p.283.
74) 국내상업은 외국무역의 완전한 소멸로 상정되어 있다. - Ibid, p.319.

다. 이곳에는 외국무역이 이미 최고도에 도달해 있다. 그러나 주민이 사치하게 되었다는 것, 정부가 아마 부주의하다는 것, 또 다른 여러 국민의 자연의 장점에 맞추어 세련의 진보에 추가하여 이(상업)의 국면을 제거하고 이 나라의 부(富)를 부단히 증가시켜 온 원천을 고갈시켜 버렸다. 우리는 이 변혁의 자연적인 여러 결과를 검토하지 않으면 아니 된다. 우리는 어떻게 하면 좋지 못한 모든 사정을 피할 수 있는가를 지적하지 않으면 아니 된다."[75]

외국무역이 확대될 때에는 수요의 증가가 이 나라의 상·공업을 번영시키나, 상대국이 무역국으로 등장함으로써 외국시장을 상실, 수출무역은 부진하게 되어 부(富)＝금은(金銀)의 유입은 더 이상 기대할 수 없게 된다. 따라서 부의 유출과 국내유통의 파탄을 방지하기 위해서 정부는 외국무역을 축소시키지 않으면 아니 된다.

이러한 시점에 당면한 정치적 과제로서 스튜어트는 다음과 같이 언급하고 있다.

"정부는 어떻게 하면 국민 모두에게 항상 일자리를 제공할 수 있는가. 또 어떤 수단으로 국내의 부의 평등한 유통을 촉진하여, 이 부를 근면한 사람이 제공하는 서비스에 대하여, 부자(富者)가 부여하는 상응하는 등가물(等價物)로서 유통시키도록 할 수 있는가. 과연 정부는 조세(租稅)의 현명한 부과로 각자의 연소득(年所得)의 공평한 비례부분을 징수하여 누구도 생리적 필요의 수준 이하로 저하시키지 않도록 할 수 있는가, 과연 정부가 공공의 자금으로 공업의 각 부분의 활기를 유지하고 또 이 수단으로 다른 국민상태의 작은 변혁도 이용하여 자국의 외국무역을 재건할 수 있는가. 마지막으로 대중의 부담으로 정당하게 지지되고 유지되는 일단의 사람들로 과연 이 사회가 외적(外敵)에 대하여 충분히 방위할 수 있고 피할 수 없는 전쟁을 수행하기 위해 그 수를 늘리거나 또한 평화와 평정(平靜)이 회복되었을 때 수를 줄이거나 하는 것이 필요하게 되었을

---

75) Ibid, p.319.

때 공업에 유해한 돌발적인 변혁을 조금도 일으키지 않도록 할 수 있는
가. 이것은 정부가 유의하여야 할 목적이며, 정부가 무역관계를 맺지 않
고 자국의 부(富)로 생활하는 국민의 대표자가 된 경우의 그것이다."[76]

스튜어트는 이러한 위기의식 아래의 국내상업 단계에서 상업사회의
존립과 정치적 상태 여하의 문제를 제기하고 있다. 그는 먼저 노동과
고용의 문제를 정치적 우선과제로 들고 있다. 국내산업의 유지·발전,
이에 의한 인구의 증가가 중심적 과제이다. 이러한 과제의 목적을 달
성하기 위한 수단으로서 그는 모든 정책목표를 열거하고 그 필요성을
강조하고 있다. 구체적으로 근면의 발전에 대응시켜야 할 부(富)＝화
폐(貨幣)의 유통촉진, 조세의 징수, 국가재정에 의한 근면의 보호, 외
국무역의 회복, 국방 등의 문제를 지적한다. 이러한 논의의 과정에서
신용이나 공채의 문제 등도 거론하고 있다. 스튜어트는 자신의 이론체
계에서 신용론, 공채론 및 조세론의 접점·위치를 정하고 있다.

그러면 상업사회는 국내상업단계에서 어떻게 존속, 발전시킬 수
있는 정책체계가 요구되는가? 국내상업의 전개 자체와 여기에 요구
되는 정치적 상태를 검토하면서 스튜어트 보호주의의 내용을 다시
음미하고자 한다.

### (나) 유효수요의 부족

경제발전을 뒷받침하여 온 중요한 외국수요(foreign demand)는 외국
무역이 차단됨으로써 완전히 정지되어 버린다. 그것은 발전하는 '상업

---

76) 스튜어트는 "여기에서 문제는 부의 증가 혹은 감소의 문제가 아니라 오로지
그 부를 모든 사람들에게 일자리를 확보하기 위하여 최선의 방법으로 유통
시킨다는 문제이다." ﹣Ibid, p.347. 여기에서의 정치적 과제를 다음의 세 가
지 항목으로 요약한다. 첫째, 소비와 사치의 진행을 공급하기 위하여 존재
하는 사람의 손에 비례하여 조절한다. 둘째, 토지의 비옥도에 따라 주민의
증가를 조절할 것, 셋째, 정치인은 그 나라의 정치적 상황에 따라 그 국민
의 여러 계급에 대한 배분을 조절할 것 등이다. ﹣Ibid, p.347-348.

사회'에 중대한 결과를 가져오고, 수요를 격감시켜 '수요와 공급의 균형'은 파괴되고 근면한 노동자는 일자리를 잃게 된다. 실업자의 증가로 생산은 축소되지 않을 수 없다. 이러한 상황에서 어떠한 대책이 강구되어야 하는가? 따라서 스튜어트는 일자리와 고용의 문제를 정치적 우선과제로 들고 있다. 그는 파괴된 '수요와 공급의 균형'의 문제를 다시 회복시키기 위하여 기본적인 정책으로서 다음과 같이 언급하고 있다.

> "무거운 쪽에서 아무것도 제거하지 않고 이를 다시 균형시켜 이 나라를 부유하게 하여 온 사람들을 유지, 그들에게 빵을 제공하기 위해서는 외국수요의 소멸에 비례하여 국내소비가 추가적으로 증가되지 않으면 아니 된다."[77]

국내상업단계에서는 국내의 소비가 배제된 외국무역단계와는 달리 그 구체적 정책도 달라진다. 배격된 사치, 여분의 소비가 이 단계에서는 적극적으로 장려되지 않으면 아니 된다.

물론 외국무역단계에서도 사치의 경향은 있다. 특히 지주계급의 사치스러운 소비수요가 중시된다. 이들에 의하여 소멸되는 외국수요가 보완 될 때, '일과 욕구의 균형'은 회복되어 상업사회는 국내상업단계에서도 발전해 갈 수 있다.

외국무역 소멸의 시점에서 스튜어트가 주목하고 있는 수요로 전환해야 할 화폐는 외국무역에서 벌어들인 상인계급의 손안에 잠자고 있는 화폐이다. 외국무역의 소멸로 '일과 욕구의 균형'이 파괴, 거기에서 수요의 부족을 타개할 수 있는 첫 번째 요인은 상업계급의 손안에 잠자고 있는 화폐와 지주계급의 사치스러운 소비욕망이다. 바꾸어 말하면 '이자부 대부'의 도입에 의한 사치의 실현이다. 이에 의하여 추가적인 소비수요가 형성되고 '일과 욕구의 균형'이 회복될

---

77) Ibid, p.263.

때, 상업사회의 새로운 전개는 가능하게 된다.

### (다) 소비신용의 도입

국내상업단계에서 상업사회의 전개 여하는 기본적으로 소멸하는 외국무역을 보완해야 할 계급, 특히 지주계급의 사치적인 소비수요를 어떻게 실천할 것인가에 달려 있다. 소비수요의 증가에 따라 '일과 욕구의 균형'이 회복됨으로써 상업사회는 과잉인구를 유지할 수 있다. 상인계급의 손안에 있는 화폐가 지주계급에 대부되고 지주계급은 다시 소비수요를 창출해 가는 과정을 간단하게 그리고 자연스럽게 일어날 수 있는 것은 아니다. 따라서 유효수요의 창출, 상업·공업의 번영을 실현하기 위한 유력한 수단으로서 '이자부 대부'를 도입하지 않으면 아니 된다. 이때 정부는 대부에 대한 보수, 즉 대부이자율을 결정하여야 한다. 대부에 의하여 새로 추가적인 소비수요가 창출될 때, '일과 욕구의 균형'은 회복·유지되어 상업·공업의 번영도 기대할 수 있다. 여기에 상업사회의 전개과정에서 중요한 역할은 공신용이다.[78] 스튜어트는 공채를 '논의의 여지없이 명백하고 파멸적인 관행'으로 퇴장시킨 흄과는 반대되는, 그 뒤의 아담 스미스와는 정반대로 상업사회에서 공채의 생산적 의의를 강조하고 있다.

### (라) 부(富)의 균형의 진동(振動)

여기서 '부의 균형의 진동'이 최대의 정치적 관심사이다. "국민의 모든 계급 사이의 부단한 부의 균형의 진동(vibration of the balance of wealth)"[79]이야말로 결국 "국민의 부의 기초에 있는 것"[80]이다.

---

78) 스튜어트는 "은행의 원리에 따르는 경우, 은행은 사적신용(private credit), 상업신용(commercial credit) 및 공적신용(public credit)의 어느 하나에 기초하여 설립된다."라는 데에서 알 수 있는 바와 같이, 신용을 ① 사적신용, ② 상업신용, ③ 공적신용의 세 가지로 분류하고 있다. -Ibid, p.142.
79) "만약 내가 나 자신의 용도를 위하여 소비할 수 있는 상품에 대하여 나의

여기에 스튜어트의 상업사회론, 나아가 신용이론의 하나의 중요한 결론을 찾아볼 수 있다.

그러나 영속하는 평등을 유통 면에서 계속 유지한다는 것은 불가능하다. 차선책으로서 국민의 평등이 실현되는 빈부의 교체, 부의 균형의 부단한 진동의 통과야말로 결국 상업사회가 현실로 발전해 가는 과정, 즉 국민의 부의 기초에 있는 것이다.

스튜어트는 소비를 영위하기 위하여 보다 많은 화폐가 필요하게 되면 될수록 조세를 부과하는 것이 보다 용이하게 된다고 하였다. 다시 말하자면 그는 근대적인 조세의 형태로서 내국소비세를 중시하고 이것을 적절하게 도입함으로써 부자로부터 국가의 용역을 위하여 유능한 사람들과 가난한 사람들을 고용하는 데 충분한 자금을 도출하여 국내산업의 보호·육성, 기타 근면의 유지·발전에 충당하여야 한다는 것이다. 또한 국가의 재정도 이 목적을 위하여 동원되지 않으면 아니 된다는 것이다. 외국수요 소멸의 결과로서 근면의 파괴, 따라서 근면한 생산자들의 궁핍, 빈곤 그리고 소멸이라는 최악의 사태도 또한 그것과 더불어 피할 수 있게 된다.

다시 스튜어트는 다음과 같이 강조한다.

> "근면이 생명을 유지하고 있는 한, 희망이 사라질 수는 없다. 생활양식은 변화한다. 그리하여…… 외국무역을 소멸시킨 사치가 그 뒤에는 국내의 근면을 활발하게 유지하고 또 훌륭한 정부의 손안으로 [내국소비세를 통하여] 충분한 힘을 부여함으로써 외국무역의 회복을 조금도

---

주화(coin)를 사용한다면, 내가 구입한 것이 소비되자마자 나는 보다 가난하게 된다. 왜냐하면 이 작용은 나에 관하여 말하자면 어느 의미에서는 내가 가지고 있는 주화를 모두 사용하는 것이기 때문이다. 이것을 나는 부(富)의 균형의 진동이라고 한다. 즉 나는 보다 가난하게 되어, 나의 용도를 위하여 소비할 수 있는 상품을 구입한 사람은 보다 부자가 된다. 따라서 균형은 나와는 반대로 그에게는 유리하게 전환한다. -Ibid, p.510.

80) Ibid, p.352

곤란하지 않게 할 것이다."[81]

자립할 수 없는 상업사회는 국가에 의한 보호·간섭을 불가피하게 요구한다. 그런데 보호정책의 필요성은 한도 끝도 없다. 보호정책과 더불어 상업사회는 존립하고 발전해 갈 수 있게 된다. 여기에 스튜어트의 상업사회론의, 그리고 보호주의의 중요한 특질과 그 귀결이 존재한다 해도 좋다. 이러한 '상업사회' 파악과 결부시켜 그의 소위 상업사회의 번영과 쇠퇴의 논리를 의미하는 '단계론적 사고'도 이와 더불어 전개된 것이다. 이와 같은 '상업사회'의 내실·순서 가운데 그는 인구감소, 국가쇠퇴의 위기에서 많은 사람의 눈에 비친 당시 유럽의 '정치적 위기'의 근원을 파악한 것이다. 여기에는 흄의 자유무역론, 즉 자유주의적인 사고나 주장을 받아들일 여지는 전혀 없다.

'상업사회'의 존립을 위해서는 자유주의적인 주장은 끝까지 부정되고, 거부되지 않으면 아니 된다, 그것은 오히려 상업사회의 말하자면 내면으로부터 발생하는 필연적이고 본질적인 요구라 하지 않을 수 없다. 스튜어트는 고전학파의 자유무역주의에로의 길을 당당하게 걷고 있던 흄의 사고(思考)와 대담하게 대립하면서, 그를 비판하는 문자 그대로 정부에 의한 국내산업의 보호·육성의 필요성을 강조하는 보호주의의 주창자로서 등장하게 된 것이다.


## 4. 보호주의적 통제의 원리

영국은 18세기 후반부터 산업혁명이 전개되기 시작하였다. 이런 시기를 앞둔 18세기 전반에 이미 산업혁명의 도래를 예시하는 분업

---

81) Ibid, p.393.

에 의한 협업, 매뉴팩처, 산업자본의 형성이 착실하게 발전하기 시작
하였다. 이 시기에 상업자본적 자유무역론과의 투쟁에서 승리하여
지배적 지위를 확립한 보호주의적 정책체계에도 새로운 의문이나 비
판이 대두되기 시작하였다.

이와 같이 흄의 자유무역론을 격렬하게 비판한 스튜어트의 보호주
의의 이론체계가 등장하자, 9년 뒤, 이를 비판이라도 하듯 아담 스미
스의 <국부론>이 출판되었다. 말하자면 자율적인 예정조화로 발전하
는 생산자본의 순환을 기본으로 하는 자유방임적인 이론체계가 수립
된 것이다.

그러나 스튜어트가 이러한 상황에서 문제의 소재를 파악, 정치적
위기를 실감한 유럽대륙에 있어서 정치·경제의 발전은 반드시 영국
과 같이 순조롭게 진행되지 않았으며 진행될 수도 없었다. 독일에서
도 프랑스에서도 매뉴팩처 산업자본이 싹트기 시작하였다고는 하지
만, 여전히 낡은 봉건적 여러 관계가 정치나 경제를 지배하고 있었
다. 센(S.R. Sen)[82]이 지적한 바와 같이 "대륙의 상태를 오히려 일반
적인 경우로, 영국의 상태를 특수한 경우로 생각하였다."는 것이다.
여기에 흄이나, 그 뒤의 아담 스미스와는 본질적으로 다른 스튜어트
의 고유한 역사적인 경우에 규정된 독자적인 문제의식이 존재한다.
그는 흄의 자유무역론을 용인할 수가 없었다. 여기서부터 근대 '상
업사회'의 존립에 관한 위기의식으로 일관된, 그리고 흄의 자유무역
론을 비판하는 그는 독자적인 상업사회 파악＝보호주의의 이론체계
를 수립하였다 하여도 좋을 것이다. 스튜어트에 의하면 국민경제의
최종목표는 보통 중상주의의 목표가 되는 국가권력 자체의 존속과
확충이 아니라, 일반적으로 "국민을 행복하게 하는 것"[83] 이며, 이것

---

82) S.R.Sen, The Economics of Sir Jamess Steuart(The London School of Economics
    and Political Science, London, 1957, p.9.
83) Jamess Steuart, op.cit, (Ⅰ), p.10.

을 정치경제학의 목표로서 말하자면 "사회의 각자에게 식료와 필수품과 고용을 마련하는 것"[84]이다. 따라서 그는 흄의 자유무역론을 용인하지 않았다. 그러나 자유무역을 신봉한 흄도 보호무역을 전적으로 배제한 것은 아니었다. 즉, 흄은 다음과 같이 주장하였다.

> "외국상품에 부과되는 관세의 전부가 유해무익(有害無益)하다고 보아서는 아니 된다…… 독일의 아마(linnen)에 대한 관세는 국내 제조업을 장려하고, 이에 의하여 우리나라의 국민과 산업활동을 증가시킨다. 브랜디에 대한 관세는 램주의 매상을 증가시켜, 우리나라의 남방식민지를 유지하게 한다. 또한 관세는 정부를 유지하기 위하여 징수할 필요가 있기 때문에 무역항에서 쉽게 파악하여 과세할 수 있는 외국상품에 관세를 부과하는 것이 비교적 편리하다고 생각할 수 있다."[85]

이와 같이 흄이 보호무역정책을 배격한 것이 아니라 중상주의자들과 같이 관세라는 보호정책수단을 갖고 얻을 수 있는 효과는 국내산업의 보호는 물론 국가재정수입의 확보라는 2중의 효과가 나타난다는 것을 분명히 밝히고 있다. 그러나 자유무역으로 일관된 흄의 경제사상과는 달리 스튜어트는 근대상업사회로의 존립에 관한 위기의식으로 일관된 그리고 흄의 자유무역론을 비판하면서 독자적인 보호주의적 이론체계를 수립하였다고 볼 수 있다.

스튜어트는 이론의 기본명제를 이미 지적한 바와 같이, 인구증가를 위한 ① 고용증대, ② 수급균형, ③ 유효수요의 확보, 그리고 ④ 소득재분배에 두고, 자유사회를 결합시킬 수 있는 최선의 방법은 공동체 구성원 사이의 일반적인 상호의존의 유대가 공고해지도록 하여야 하며, 이러한 목표를 위하여 정부의 보호주의적 통제가 필요하게 된다는 것이다.[86]

---

84) Ibid, p.15.
85) David Hume, op.cit.(田中敏弘譯, 前揭譯書, p.80)

여기서 스튜어트[87)]의 이론체계에 관한 몇 가지 특징을 들 수 있다

첫째, 정치적으로 자유로운 농민은 근대적 노동생산력의 증대로 인구증가와 농업과 공업의 분리를 가능하게 함으로써 근대사회의 상품생산이 실현된다. 이러한 과정은 정부가 '자유의 정신'에 입각하면서도 간접적 통제에 의하여 사회분업, 상품생산, 농업·공업 분리를 추진할 수 있는 소위 원시축적의 일반이론을 수립한 것이다 그러나 농업생산력은 공업의 발달에 대응해서만 실현될 수 있다.

둘째, 이상의 과정에 따른 상업은 초기적, 대외적 및 대내적인 것, 즉, ① 초기상업, ② 외국무역 및 ③ 국내상업으로 발전해 간다. 특히 외국무역단계에서 선진국은 공업부문에 기계의 도입, 교육·훈련 등으로 잉여제품을 생산·수출하며, 인구증가가 극한에 달하면 제품수출의 대가로 식료를 수입하게 된다. 상품생산의 성숙에 수반하는 생산비의 등귀는 곧 그 다음 단계인 외국무역의 단계를 지속할 수 없게 만든다. 다시 최종단계인 국내상업의 단계에 이르면 이미 수출기회의 상실과 수입의 금지를 전제로 하여 국내에서의 유통을 자극하면서 외국무역에 의존하여 왔던 고용을 국내에서 창출하기 위한 정책구상을 하도록 한다. 그러나 상·공업에 숙달되지 못한 후진국에서는 첫 조치로서 수입금지를 단행하여 신규공업과 기존의 농업이 균형 있게 발전할 수 있도록 정부의 계획이 필요하다.[88)] 이렇게 볼 때, 스튜어트의 이론이 리스트이론과 부합되는 보호주의라고 할 수 있는 근거는 주로 초기상업의 단계에 한정된다고 할 수 있다. 바꾸어 말하자면 유치공업육성을 위한 보호정책의 일반적 제언이라고 할 수 있다.

셋째, 케인즈는 스튜어트에 관하여 직접 언급하지는 않았지만, 유

---

86) 鈴木勇, イギリス重商主義와 經濟學說, 學文社, 1985, pp.187-188.
87) Jamess Steuart, op.cit, (Ⅰ), p.41.
88) Ibid, chap.19.

효수요라는 관점에 입각하여 "중상주의 이론에 있어서의 과학적 진리의 요소"[89] 라면서 그가 주장하는 "이익이란 국가이익을 말하는 것이고 전 세계의 이익이 되기는 어렵다는 것을 처음부터 염두에 두어야 한다."[90]고 하였다. 유효수요를 중시하며 수급균형을 확보하기 위하여 정부의 경제통제를 요청한 스튜어트의 <원리>가 케인즈와 같은 이론적 계보를 지닌 선구적 체계로서 상실된 존재가 다시 소생할 수 있었던 것은 어쩌면 자연적 현상일지도 모른다.

이상과 같이 스튜어트의 경우, 보호무역과 관련된 몇 가지 특징을 들 수 있지만, 그는 특히 상업사회발전의 단계에서 각각 상이한 정책체계를 전개하였다. 그가 리스트와는 달리 모든 단계에서 정부의 통제를 요구한 것은 자국이 불리한 상태에 이르게 되면 언제나 단계 여하를 불문하고 정부가 이에 개입하지 않으면 아니 된다는 것을 강조하고 있다. 여기서 스튜어트 이후의 논자들이 주장하는, 말하자면 해밀턴, 리스트 등의 보호무역론과 관련시켜 볼 때 스튜어트의 상업사회의 발전단계설에는 자유무역의 과정은 존재하지 않는다. 그렇지만 리스트의 경제발전단계설에서 보호무역을 주장하는 단계, 즉 '농업상태'에서 '농업·공업·상업상태'로 이행하는 과정은 스튜어트의 단계설에서도 찾아볼 수 있다. 그것은 초기상업단계에 있거나 그 다음 단계인 외국무역단계에서, 소위 비무역국이 무역국으로 부상하기 위한 과정에서 도입되는 정부의 통제라고 할 수 있다.

초기상업단계에서는 외국무역의 생성과정으로서 국민이 필요로 하는 제품의 공급을 목적으로 하고 있기 때문에, 새로운 공업력의 육성을 위하여 정부가 취할 수 있는 모든 수단을 강구하여야 한다. 이 단계에서의 기본적인 문제는 외국상품의 수입차단, 국내시장의 독점

---

89) John M. Keynes, The General Theory of Employment, Interest and Money, 1936 (조순譯, 고용, 이자 및 화폐의 일반이론, 형설출판사, 1985, p.337)
90) 前揭書, p.337.

이 허용되지 않으면 아니 된다는 것이다. 말하자면 수출에 의한 이익이 발생하는 시점까지 그 손실을 국가가 부담하여야 한다. 이렇게 하여 다음 단계인 외국무역단계에서 지배적 원리로서 사치의 추방, 절약의 장려 그리고 가격의 최저수준을 확보하여야 한다. 이와 같이 후진국이 경쟁우위를 확보한 뒤, 또 다시 수출상품의 가격경쟁력이 약화되어 수출이 격감되게 되면 보호정책을 강구하지 않을 수 없게 된다. 그러나 후진국도 수동무역에서 능동무역으로 전환하기까지는 자국공업을 보호·육성해야 할 보호주의적 정책수립이 필요하다. 물론 선진국이 외국무역단계에서 경쟁력을 상실한 그 시점 이후에도 보호가 필요한 것은 국내산업의 조화와 균형에 있다고 보아야 할 것이다. 그러나 이러한 보호정책은 바로 상대국의 희생을 강요하기 때문에 스튜어트의 보호무역론은 중상주의의 범주를 벗어나지 못하는 모순과 한계를 지니고 있는 것이다.

고바야시(小林昇)[91]에 의하면, "통제는 결코 보호와 같지 않으며, 더구나 통제시스템은 보호주의와 같지 않다."면서 "경제통제가 보호주의이기 위해서는, 즉 그것이 리스트가 말하는 '공업주의'의 '전형적인 모습'이기 위해서는, 보호되어야 할 '구체적인' 산업자본의 이익이 거기에 분명하게 지적되지 않으면 아니 되며, 산업자본의 이익이 – 지주의 이익이 아니라 – 거기에 분명하게 주장되어 있지 않으면 아니 된다."고 하였다. 그러나 "스튜어트는 산업자본의 이익을 확실히 주장하고 있지 않다." 따라서 "<원리>에서 국민주의를 보는 것도 보호주의의 일반적인 주장을 보는 것도 다 함께 반쪽에서 지나치게 강조하고 있다고 하지 않으면 아니 되며, 더구나 이 고전(古典)을 리스트의 공업주의 직계조상(直系祖上)으로 보는 데는 큰 무리가 있다고 하지 않으면 아니 된다."면서, "원시축적의 일반이론에 있어서 외

---

91) 小林昇, 原始蓄積のなかの保護主義(杉山忠平譯, 自由貿易과保護主義, 法政大學出版局, 1985, pp.75-76)

국무역의 보호정책은 정부의 광범위한 통제 가운데 스튜어트가 역사적 단계 또는 상황에 따라 국민이 지닌 정신 여하에 따라 취해야 할 수단의 한 측면으로서 권고된 것이지만, 이것은 원리의 저자를 단순히 국민주의적 보호주의자라고 하는 것을 허용하는 것은 아니다."라고 밝히고 있다. 또한 고바야시(小林昇)의 이러한 주장을 뒷받침할 수 있는 것은 존슨(E.A.J.Johnson)[92]이 통제의 원리를 주장한 스튜어트를 "강직한 국민주의자"라고 평가한 데서 찾아볼 수 있다. 그의 이론 가운데에 구체적인 국민적 이익이나 국민적 산업의 보호에 관한 내용을 지니지 못하고 있기 때문에, 뚜렷한 색채를 띠지 못하며 영국의 보호주의적 중상주의자들이 지닌 국민주의로서의 박력도 구비하지 못하고 있다는 것이다. 그것은 스튜어트 자신의 계급적 기반이 결국은 초기산업자본적 입장에 서 있지 않다는 것을 대변해 주고 있다.

이에 대해 바이너(Jacob Viner)는 다음과 같이 이에 관한 견해를 달리하고 있다.

> "우리는…… 리스트에 있어서 중상주의의 중요한 특질로서 지적된 공업주의적 성격과 국민주의적 성격이 말하자면 전형적인 모습으로 나타나 있다는 것을 볼 수 있다고 해도 좋을 것이다. 아니, 오히려 스튜어트의 주장을 하나의 중요한 소재로 하여 리스트의 중상주의론이 전개된 것이다."[93]

바이너가 주장하는 바와 같이 스튜어트는 중상주의자임과 동시에 보호주의자로 이해해야 할 것이다. 이에 관한 근거는 ≪원리≫제2편의 외국무역전개의 이론에서 찾아볼 수 있다. 정부가 국가적인 보호·육성책으로 국내의 유치제조업[94]을 성장시킴으로써 외국무역으

---

92) E.A.J.Johnson, Predecessor of Adam Smith, 1937, p.214.
93) Jacob Viner, Studies in the Theory of International Trade, 1937, pp.117-118.
94) 스튜어트는 '유치산업'을 'infant manufactures라고 하지만,' in the infancy of

로 발전해 갈 가능성이 있다. 스튜어트 체계에 있어서는 이처럼 보호정책 없이는 외국무역의 형성과 전개는 불가능하지만, 이러한 보호정책이 리스트의 '외국무역의 준칙'과 같이 일정단계에 이르러 자유무역으로 그 자리를 양보하는 것으로 예정되어 있는 것은 아니다.

스튜어트의 소위 '상업사회발전의 단계'의 하나인 초기상업단계에서 중상주의의 중요한 특질로서 공업주의적 성격과 국민주의적 성격이 절대적이고 일반적인 유용성과 필요성을 지닌 전형적 모습으로 나타나 있다는 것으로 보아야 할 것이다. 이 두 가지의 성격이야말로 스튜어트의 보호주의를 특징짓는 하나의 중요한 요인이며, 그런 면에서 스튜어트는 바이너가 주장하는 바와 같이 리스트의 선구자임에 틀림없지만, 해밀턴이 더욱 스튜어트에 가깝다는 점이 강조되어야 할 것이다. 예컨대 스튜어트는 인구의 증가가 곡물가격을 등귀시키고, 그것이 드디어 임금을 등귀시켜 공산품의 가격을 등귀시킨 경우, 외국의 저렴한 상품의 경쟁을 방지하기 위해서는 정부의 조세에 의한 재정수입을 장려금으로 당해 공업부문에 지원할 것을 요구하고 있다.[95] 또 "각 나라의 정부는 각 선박의 선장이다."[96] 특히 외국무역에 관한 한, "단일의 법체계에 따라 통치하는 세계정부가 실현되지 않은 한, 국가적 통제를 결여하는 것은 불가능하다."고 주장하고 있다.

이상과 같이 스튜어트는 국민경제의 발전과 관련시켜 보호무역론을 전개하고 있으며, 소위 '상업사회발전의 3단계'에서 각각 상이한 정책체계가 필요하다고 하였다. 초기상업단계에서는 외국무역의 생성과정으로서 국민이 필요로 하는 상품의 공급을 그 목적으로 하고 있기 때문에 새로운 공업력의 육성을 위해 정부가 취해야 할 모든 수단을 강구하지 않으면 아니 된다. 이 단계에서의 기본적인 문제는

---

industry라는 용어도 동시에 사용하고 있다. – Jamess Steuart, op.cit, (Ⅰ), p.228.
95) Jamess Steuart, op.cit, (Ⅰ), p.227.
96) Ibid, p.223.

외국상품의 수입차단, 국내시장의 독점이 허용되지 않으면 아니 된다. 말하자면 수출에 의한 이익이 발생할 때까지 그 손실을 국가의 비용으로 충당하여야 한다는 것이다. 이렇게 하여 다음 단계인 외국무역단계에서는 지배적 원리로서 사치의 추방, 절약의 장려 그리고 가격의 최저수준을 확보해야 하는 것이다. 그러나 상대국의 경쟁우위의 확보로 수출상품의 가격경쟁력이 약화되어 수출이 격감되어 다시 보호무역으로 전환되지 않을 수 없는 국내상업 단계로 발전하게 된다. 이와 같이 수출이 감퇴되는 상황에서 외국상품의 수입을 금지하는 경우 당면한 국민경제의 새로운 현상, 즉 고용의 격감, 부의 균형에 큰 변화를 초래하기 때문에 이 단계에서도 불가피하게 '정부의 역할'을 요구하게 된다.[97]

스튜어트이론의 정책적 귀결의 집약적 표현인 '공급과 수요의 균형'은 성숙한 국민경제에 있어서 그 유효수요는 정부의 지도 아래에 창출되지 않으면 아니 되는 바, 그 구체적 내용으로서, ① 사치적 소비에 의하여, ② 광범한 화폐·신용정책에 의하여, 그리고 ③ 각종의 정부지출에 의하여 국내의 유효수요를 확보하는 것이 필요한 조건이다. 이와 같이 '공급과 수요의 균형'의 유지를 위해서는 각 단계에 있어서 대외적으로 폐쇄된 사회에서는 사치적 소비의 장려로 균형을 도모하고 대외적으로 개방 때에는 무역에 대한 세심한 통제, 즉 무역이익과 고용의 증대를 도모하여야 하는 바, 이것은 바로 다른 여러 국민의 희생을 의미하기 때문에 학설사(學說史)의 구분에 있어서 공업주의와 그 사상을 벗어나지 못한 결정적 결함이라고 할 것이며, 이것이 바로 스튜어트 이론의 모순과 한계를 의미하게 된다.

① 초기상업단계, ② 외국무역단계, 그리고 ③ 국내상업단계라는 스튜어트의 독자적인 가설(假說)도 이러한 위기의식 아래에서 설정

---

97) Ibid, p.425.

된 것이다. 이러한 보호주의를 포함한 중상주의 비판의 경제학 체계로서 아담 스미스의 경제학이 그 뒤에 등장한다. 스튜어트가 아담 스미스의 영광의 그늘에 가려 '잃어버린 경제학'으로서의 운명을 걷지 않으면 아니 되었다고는 하지만 대륙에서, 특히 독일의 역사학파에 의하여 오히려 중시되고 높이 평가받게 되었다. 스튜어트는 18세기 유럽의 '위기적인' 정치적·경제적 현실을 직시하면서 독자적인 이론체계를 수립함으로써 단계론적인 보호주의의 주창자로서, '최후의 중상주의자'로서 평가하지 않을 수 없다.

# 제2절 해밀턴의 보호무역론

## 1. 국민경제건설의 구상

국민경제의 형성과 자립과정을 문제로 하는 스튜어트 이론에는 농업과 공업의 분리를 수반하는 상품경제의 확대, 즉 상업화-농민의 이촌(離農)과 도시의 팽창-라는 이름으로 근대화가 추진된다. 스튜어트는 이러한 과정에서 각 나라의 정치적·경제적 특성과 발전단계에 따라 정부가 독자적인 정책을 수립하여 통제를 가해야 한다고 하였다. 정부의 통제에 의한 수입차단과 공적신용의 창출로 국내산업을 보호·육성하여야 한다는 것이 앞 절에서 검토한 바 있는 스튜어트 이론의 골자이다.

이런 의미에서 앞으로 검토하는 바와 같이, 해밀턴(Alexander Hamilton, 1757~1804)이 신용정책을 주축으로 하고 보호관세를 종축(縱軸)으로 하여 국내공업을 육성하고자 하였다는 점에서 스튜어트→해밀턴의 계승관계는 성립한다고 할 수 있다. 말하자면 스튜어트의 이론이 해밀턴의 정책에 반영된 것으로 보는 것이 올바른 평가가 될 것이다. 해밀턴은 강력한 중앙정부로서 연방정부를 수립하기 위하여 아담 스미스의 자유주의 정책보다도 스튜어트의 이론을 실천하고자 하였다. 물론 해밀턴은 미국의 건국기의 실정에 비추어 스튜어트 이론으로부터 정부의 역할과 광범위한 신용제도, 즉 공신용98)의 기본

---

98) 일반적으로 공적신용이란 국가신용, 즉 국가가 대부자본가로부터 화폐를 차입할 수 있는 능력을 의미한다. 그런데 해밀턴은 <제2차 국립은행에 관한 보고서>에서 공적신용을 국가가 적당한 시기에 적당한 조건으로 화폐를 차입할 수 있는 능력을 가지고 장기간에 걸쳐 부채지불을 분산하는 기술로서 자국민의 총자본능력 및 다른 국민의 일부과잉자본을 가급적 빨리 유입하는 수단이라고 규정하고 있다.-諸田實, 國民經濟の建設における關稅·貿易政策',

개념을 수용한 데 불과하지만, 당시 미국의 독자적인 형태와 방향을 지닌 국민경제의 건설이라는 과제에 중점을 둔 정책을 수립해야 한다는 입장에서 볼 때, 스튜어트의 공적신용과 보호무역의 이론을 도입하고자 한 것은 매우 당연하다고 할 수 있다.[99] 해밀턴 체제가 단순한 중상주의의 반복이 아니라 할지라도 스튜어트 이론으로부터 전수된 중상주의의 내용과 의의를 부정하는 것은 아니다.

건국 초기, 구체적으로 1780년대 중반부터 1790년대 말까지의 시기에 미국경제의 단계와 구도를 정확하게 파악하기란 용이하지 않다. 그렇지만 미국경제에 있어서 지역적인 구조적 특질로서 다음 두 가지를 들 수 있다. 그 하나는 북부지역이며, 다른 하나는 남부지역이다. 전자는 '농업의 후예(後裔)로서의 공업'의 응집점으로서 공업타운이 건설되어 그것을 거점으로 한 국지시장권이 형성되어 있는 바와 같이 균형 있는 산업구조를 기반으로 한, 자유로운 상품경제가 발달한 지역이다. 그러나 후자는 담배, 소금, 면화 등의 특산물을 노예제로 생산하는 모노칼춰적인 산업구조를 기반으로 한 수출농업체제를 가진 지역이다.

이렇게 볼 때, 첫째, 이 시기의 사회경제구조의 특질로서 자유로운 상품경제를 영위하는 북부, 모노칼춰적 노예제인 남부, 그리고 확대하여 가는 변방적인 서부라는 세 지역의 상이한 유형을 가지고 있다. 둘째, 발전단계로서는 기본적으로 국지시장권을 형성하는 단계의 경제이다. 이 시기의 미국은 왕성한 기업심과 활력이 있는 나라임에 틀림없지만 아직 농업단계에 불과하다는 것도 분명하다.

이러한 구조적 특질을 가진 미국경제에 있어서 일반적으로 해밀턴 체제를 논할 때, 이 체제에 관한 분석시각으로서 다음 네 가지를 들

---

(川島武宜·松田智雄編, 國民經濟の諸類型, 岩波書店, 1968, pp.419-420.
99) 小林昇, '原始蓄積のなかの保護主義'(杉山忠平編, 自由貿易と保護主義, 法政大學出版局, 1984, p.66.

수 있다. 즉, ① 미국자본주의의 후발성(後發性)이며, ② 미국자본주의의 발달을 국민경제의 형성과정으로 파악하며, ③ 경제발전에 있어서 경제정책의 역할이고, ④ 국민국가의 건설문제가 그것들이다.

미국은 영국의 식민지 상태에서 1783년에 일단 정치적 독립을 달성하여 헌법의 제정으로 국내체제를 정비하였으나, 그것이 바로 국민국가[100]의 성립을 의미하는 것은 아니었다. 왜냐하면 독립 직후 미국은 대외적으로는 식민지적 종속국(從屬國)으로의 전락, 대내적으로는 여러 이해집단 사이에 대립의 격화로 국내 분열의 위기에 처해 있었기 때문이다. 특히 1793년에 발발한 유럽전쟁(나폴레옹 전쟁)의 장기화는 미국의 대외무역, 특히 중계무역에 활기를 불어넣어 무역·해운업의 황금시대를 맞이하여 미국경제를 점점 식민지적 농업국으로 전락시켰다. 이 전쟁으로 미국은 한편으로는 해외시장의 확대와 중계무역의 발전으로 농업·무역·해운업은 미증유의 번영을 구가하였지만, 다른 한편으로는 국내공업의 발전을 정체시켜 해외시장에 대한 의존을 더욱 강화하게 되었다.

이러한 위기를 타개하기 위하여 연방주의파의 영수(領袖)인 해밀턴은 새로운 국가의 경제적 기반을 공고히 하고 국내통일과 대외적 독립을 달성하고자 웅대한 국민경제건설의 계획을 구상하였다. 이 구상의 기본목표는 대외종속으로부터 탈피하여 국민적 통일에 불가결한 자립적 국민경제를 건설하는 데 있었다. 미국이 국민국가를 형성하기 위해서는 종래의 식민지적 농업국으로부터 벗어나 농업과 공업 사이에 균형 있는 국민경제의 발전을 도모하는 것이 무엇보다도 먼저 필요하다고 해밀턴은 생각하였다. 해밀턴은 이러한 목표를 달성하기 위하여 일련의 경제정책을 입안·실시하고자 하였으며, 특히 국내제조

---

100) 킹(Charles King)은 이를 국민체(Body of the Nation)라고 하였다. ─Charles King, (ed.), British Merchant or Commerce preserved, London, printed in 3volumes, in1721, vol. I, p.1.

업을 보호·육성하고 국내시장을 창출·확대하는 것이 급선무라고 판단하였다. 해밀턴의 이러한 국민경제건설의 구상은 <제조업보고서 (Report on Manufactures, 1791)>(이하 <보고서> 라 함)로 나타났다.[101]

해밀턴이 목표로 한 체제는 후발국인 미국의 원시축적을 위한 경제정책체계이며, 그것의 궁극적 목표는 미국이라는 국민국가의 형성에 있었다. <보고서>에 나타난 해밀턴의 보호주의는 남부의 모노칼취적인 농업의 이익에 대립하지만 어디까지나 농업과 공업이 균형잡힌 국민경제의 수립을 목적으로 하고 있다. 여기에는 후발국 미국경제의 자립을 위한 독자적 정책론인 보호무역론이 구축되어 있다. 이 <보고서>의 특징은 중농주의에 대한 중공주의의 우위라는, 말하자면 형식적으로는 준(準) 스미스적이며 내용 면에서는 리스트적인 형태를 취하고 있다고 할 수 있다.[102] 해밀턴은 이 <보고서>에서 미국공업의 발전가능성을 검토하면서 당시 미국에 존재했던 여러 가지 견해, 즉 ① 농업주의 ② 자유방임주의 ③ 노동력 및 자본부족론과,

---

101) 해밀턴의 의회보고서는 다음 네 가지가 있으며, 그 가운데의 하나가 <제조업에 관한 보고서>이다.
① First Report on the Public Credit(Jan.9, 1790)
② Report on a National Bank(Dec.13, 1790)
③ Report on the Subject of Manufactures(Dec.5, 1791)
④ Second Report on the Public Credit(Jan.16, 1791)

102) 해밀턴의 <보고서>의 사상적 기조는 제조업의 보호·육성에 의한 국내시장의 형성에 있다고 볼 수 있다. 이 사상은 해밀턴 자신이 처음으로 제안한 독창적 정책은 아니라는 것은 분명하다. 왜냐하면 <보고서>의 초고를 작성한 콕스(Tench Coxe)가 이미 여러 정치집회에서 한 연설, 즉 1787년 5월 '정치문제연구집회'와 같은 해 8월 '펜실바니아 제조업·유용기술장려협회'에서 보호주의에 관한 정책과 수단, 그리고 강력한 정부의 수립을 강조하였기 때문에, 콕스는 농업이 모든 공업에 우월하며 제조업의 어머니이고 상업은 그 시녀에 지나지 않으나, 상업과 제조공업의 장려가 농업을 촉진하고 국민적 이익을 보장하며 이를 위해서는 먼저 강력한 정부의 수립이 필요하다고 역설하였다. 또한 그는 제조업의 장려수단을 제시함으로써 성장하는 제조업의 의의를 국내시장론의 입장에서 설명하는, 말하자면 해밀턴 보호체제의 형성에 보다 획기적으로 중요한 역할을 담당하였다. -田島惠兒, 前揭書, pp.393-394.

④ 특정계급우대론에 의한 공업반대론 등을 비판한 뒤, 제조공업에 대한 보호·육성의 여러 가지 대책을 제안하였다. 특히 해밀턴은 ① 농업·공업의 상호의존성, ② 외국시장보다 중요하고 광대한 국내시장의 형성, ③ 공업보호주의 등의 당위성을 강조하면서, 농업·공업의 이익조화로 국내분업체제를 확립하고자 하였다.

해밀턴은 이 ≪보고서≫에서 공업을 다음 두 가지 의미로 해석하고 있다. 즉, 그것은 사회적 분업과 기술적 분업이며, 사회적 분업을 다시 국제분업, 여러 산업 사이의 분업, 지역분업 등 세 가지로 세분화하고 있다. 여기서 국제분업이란 농업국과 농업·공업국 내지 농업·공업·상업국 사이의 분업을 의미하며, 따라서 해밀턴의 분업론에는 선·후진국이라는 단계적인 인식이 강하다는 것을 볼 수 있다. 따라서 농업국은 미국이며 농업·공업국 내지 농업·공업·상업국은 영국으로서, 전자가 후자의 생산력의 경쟁을 받을 경우에는 전자는 보호정책을 수립할 필요가 있다고 해밀턴은 주창하고 있다.

한 나라의 독립과 안전은 제조공업의 번영과 밀접한 관계가 있기 때문에 농업의 다양화와 공업의 다양화가 결합된 경우에만 한 나라의 독립과 안전이 보장된다. 그것은 면화경작↔SUM(New Jersey Society for Establishing Useful Manufactures)[103]이라는 한정된 특정의 농업·공업 결합상태만을 지칭한 것이 아니라, 다양하고 광범위한 공업의 결합을 상정하고 있다고 할 수 있다. 또한 해밀턴은 독자적인 재정금융정책[104]과 임금노동창출정책[105]을 수립하여 통일된 국민국가형성의

---

103) SUM, 즉 New Jersey Society for Establishing Useful Manufactures의 약칭으로서 해밀턴이 일시적으로 발족시키고자 한 모델공장을 말한다. 1791년 11월 SUM은 자본금 100만달러로 당시로서는 큰 회사로서 면세나 병역면제 등의 혜택이 부여되었다. 그리고 뉴저지주의회는 Paterson에 면방공장 등 여러 공장을 중심으로 하는 공업타운의 건설을 추진하였다.

104) 독립전쟁을 수행하기 위하여 필요한 채무(내·외채, 대륙통화)의 상환과 공적신용의 안정, 화폐제도의 안정과 산업자본이 필요로 하는 저리자금을 의도하여, ① 공채처리(1970년의 공채차환법)와 조세제도의 정비(1789년의

필요성을 강조하면서 하나의 미국 체제를 수립[106]하고자 하였다. 이와 같이 해밀턴체제란 주로 ≪보고서≫에서 제기한 제조업의 보호·육성이라는 보호주의적 사상과 그 이론의 구축, 그리고 현실적인 정책의 실천에 있다고 할 수 있다.

그리고 공업에 대한 보호장려의 정책수단으로서 해밀턴은 보호관세, 수입금지, 장려금 등 11개 항목[107]을 들고 있지만, 스튜어트는 단 한 가지 수입금지뿐이었다. 즉, 스튜어트는 "최초의 조치는 그러한 (경쟁국) 국민과의 무역관계를 전부 차단하는 것이다. 그리고 외국인에 의지하지 않고 국내의 모든 부족을 충당하도록 노력하는 것"[108]이라고 하였다. 이러한 보호주의정책은 독점의 탄생과 일시적 가격상승을 초래하겠지만 국내공업의 발전과 국내의 자유경쟁을 통하여 결국 가격은 적정한 수준으로 하락하게 될 것이다. 보호의 결과로 농민에게 외국제품보다 저렴하게 국내공산품을 제공할 수 있게 될 것이기 때문에 농민의 이익도 증진시키게 된다고 해밀턴은 주장하였다.[109] 해밀턴은 스튜어트가 그러하였던 것과 같이 관세보다 공적신용에 더 큰 관심을 가지고 있었다. 그렇다고 해밀턴이 보호관세의 실시에 전적으로 무관심한 것은 아니었다.[110] 다만 관세에 크게 의존할

---

직접세), ② 제일합중국은행의 설립(1791년), ③ 화폐법(1792년) 등이 제정되었다.

105) 노동인구의 부족을, 한편으로는 노동생산력의 증진과 다른 한편으로는 임금노동자의 자유로운 토지에로의 정착(＝농민화)을 저지하기 위한 기본정책으로서 이를 극복하고자 하였다. 즉 ① 공유지정책, ② 미국에로의 이민의 촉진, ③ 기계화에 의한 노동절약의 정책 등이 바로 그것이다.－楠井敏郎, 前揭論文, p.396.

106) John Wells(ed), The Works of Alexander Hamilton, in 3vols, 1810, Vol.2, p.75.

107) Herald C.Syrett(ed.), The Paper of Alexander Hamilton(Vol.X), Columbia Univ. Press, 1966, pp.285-287.

108) James Steuart, op.cit., p.298.

109) Herald C.Syrett(ed.), op.cit., pp.285-287.

110) 연방정부의 수입의 목적을 위하여서는 직접세보다는 간접세 쪽이, 소비세보다는 관세 쪽이 편리하다. 다른 형태의 관세보다도 수입세가 무난한 것

수 없었던 것은 해밀턴의 보호주의에 대한 의회 내의 저항이 컸기 때문이며, 또한 1783년 유럽전쟁 이후 국제분업의 확대로 국내공업을 육성하고자 하는 국민들의 관심조차 희박해졌기 때문이다.

그러나 장래 미국경제의 비전을 실현하기 위하여 해밀턴이 주장한 보호·장려의 대상으로 삼은 산업은 국민적 공업, 즉 철·면방·양모공업 등 장래 미국산업 자본의 근간이 될 수 있는 제조업이다.[111] 이러한 제조업부문을 해밀턴은 그의 《보고서》 제1초안에서 성장제조업(growing manufactures)[112]이라 하였으며, 최종안에서는 신제조업(new manufactures)[113]이라는 용어를 사용하였다.

해밀턴은 기간산업을 국내산업활동의 중심으로 편성할 것을 제안하였고, 이를 통하여 미국경제의 국민적 통일을 달성할 수 있을 뿐만 아니라 점점 강화되어 가는 영국의 경제적 공세를 저지할 수 있다고 보았다. 건국 이후 19세기 전반까지 영국으로부터 미국에 이식된 면방공업이 미국공업화의 중심이 된 사실은 전적으로 우연한 일이 아니다. 산업혁명 뒤, 저렴하고 양질의 면제품의 수출을 중심으로 발전해 온 영국의 경제공세에 미국이 대항하기 위해서는 국내시장으로 유입되는 영국면제품을 실력으로 저지할 수 있는 면방공업의 빠른 성장이 가장 긴급한 과제였다.

해밀턴의 보호주의 정책은 공업발전을 원동력으로 하여 농업·공

---

은 헌법에 의하여 관세부과권이 연방의 전권이 부여되어 있으므로 그것이 주세(州稅)와 경합하지 않는다는 것과 그 징수가 다른 세금보다도 적은 비용으로 계속할 수가 있기 때문이다. 여기서 합중국 최초의 수입세(收入稅)로서 1789년 7월 미국선박에 유리한 톤세를 포함한 관세법이 제정되었다. 그러나 이 법은 단순한 수입법(收入法)은 아니었다. 이 법에서 정한 세율이 매우 낮다고는 하지만, 이 법의 전문(前文)에 "…… 제조업의 보호·장려를 위하여"라고 되어 있는 바와 같이 미국산업보호의 목적도 병행하고 있었다. - アメリカ學會編, 原典史(第2卷), 岩波書店, 1951, p.52.

111) Herald C.Syrett(ed.), op.cit., pp.251-252.
112) Ibid,. p.39.
113) Ibid,. p.268.

업의 상호의존적 국내공업 체제를 창출하는 데 있으며, 그 정책수단은 《보고서》에서는 보호관세이지만, 기타 《보고서》에서는 국내소비세와, 특히 은행설립과 공채발행을 통한 보조금의 지급 등 공적 신용도 강조되고 있다.


## 2. 공업보호주의 사상


해밀턴의 보호주의는 아담 스미스의 이론을 비판하면서도 그의 영향을 받은 영국경제 제도의 수용, 미국으로의 이식, 이를 소화하고자 하는 한편, 영국의 경제적 공세로부터 미국경제를 방어하기 위하여 스튜어트 보호주의의 이념을 전면적으로 채택한 것으로 보인다. 스튜어트의 보호주의는 영국이 산업자본주의를 태동시키는 시기에 후발국인 독일 등 유럽제국에 있어서 '상업사회발전의 3단계'에서 정부의 통제를 역설한 것이다. 그러나 해밀턴의 보호주의는 미국의 산업이 영국의 지배를 받던 시기에 영국의 공업과 미국의 농업이 수직적 국제분업을 형성하고 있었던 사실에 대응하여 나타났다. 영국과 미국 사이의 이와 같은 종속적 국제분업을 탈피하고 자립적인 국내시장을 형성하기 위해서는, 농업국의 항구화를 지양하고 공업보호를 통해서 농업과 공업의 균형 있는 발전을 도모하는 것이 필수적이었다. 따라서 해밀턴의 보호주의는 본질적으로 영국의 산업혁명 전기의 중상주의적 보호주의와 일치하며, 자유무역의 이념적·이론적 타당성을 대등한 경쟁조건 아래에서 인정하고 있다는 점에서 고유의 중상주의와 다른 이념적 측면을 내포하고 있다.

일반적으로 스튜어트가 주장하는 보호정책의 대상산업은 외국과 경합관계에 있는 제조업이지만 해밀턴의 경우는 반드시 그렇지 않다. 공업의 보호·장려의 조건으로서 해밀턴은 원료공급능력을 중시하였으며, 따라서 제조업의 장려정책을 실시한다는 것은 농업에도 이익이 되어야 한다는 것을 의미한다. 이와 같은 정책 제안이 의미하는 것은 남부의 모노칼춰적 농업을 북부의 공업과 결합시켜 국민경제를 자립적으로 재편성하고자 한 것으로 추론할 수 있다. 이 추론은 제조업의 장려정책을 둘러싼 남·북 사이의 이익의 조화라는 해밀턴의 낙관론과 일치하는 것이며, 이것이 18세기 말에 성립한 초창기 미국의 보호주의의 특정이라 할 수 있다.

이러한 해밀턴 체제가 초기 미국 자본주의 성립에 중요한 역할을 담당하였다는 것은 부인할 수 없다. 그 이유는 다음과 같이 제시할 수 있다.

첫째, 해밀턴 체제 아래에서 미국의 국민경제건설의 기초가 형성되었다는 것이다. 위기에 직면하였던 미국이 국가통일에 불가결한 조세, 통화, 금융제도를 불충분하나마 정비하고 누적된 공채를 산업자본으로 전환시킬 수 있는 조건을 마련하는 등 국민경제건설의 궤도를 해밀턴에 의해 일단 설정할 수 있었다.114)

둘째, 해밀턴의 보호주의 사상, 즉 산업자본의 보호·육성에 의한 국내시장의 창출과 통일은 자신의 시대에는 실현되지 못하였지만 19세기 전반 미국 체제로 계승·발전되었다. 여기서 미국 체제(american system)란 19세기 전반 미국산업 자본의 보호·육성에 의한 국내시장의 개발을 주장한 이론과 정책을 의미한다. 그것은 보호관세에 의한 미국공업의 육성을 당면의 과제로 요구한 것이었지만, 그의 궁극적 목표는 미국 국민경제의 자립, 말하자면 산업자본에 의한 국내시장의 통일이었다.115)

해밀턴의 여러 <보고서>에 관하여 레이먼드는 그 의의를 높게 평가

---

114) 田島惠兒, 前揭書, 第1章.
115) 해밀턴체제의 정치적 대변자는 크레이(Henry Cray)였다. - 久保房和, ｱﾒﾘｶ 經濟學史硏究, 有斐閣, 1961, 第1章.

하면서 "정치경제학의 논설다운 체제를 갖춘 유일한 미국민의 책은 해밀턴의 여러 보고서"116)라고 극찬하였으며, 또한 리스트도 "모든 시대에 있어서 가장 진보한 두뇌"117)의 한 사람으로 해밀턴을 들고 있다.

해밀턴이 <보고서>에서 전개한 제조업의 보호·육성론은 아담 스미스의 자유방임론에 대한 최초의 반박이며, 또한 그 이후 리스트에게도 상당한 영향을 미쳤다. 당시 영국은 공업국으로서 우위를 점하여 식민지 내지 후진국들을 원료공급국으로 고착시키고자 하였다. 그러나 식민지 내지 후진국은 토지의 잉여생산물의 시장을 공업국에서 찾지 않으면 아니 된다는 사정에 따라, 매우 불리하고 불안정한 지위에 있었다. 때문에 이들 나라는 공업국의 지배를 탈피하고 불안정을 극복하기 위해서는 단순한 농업국에서 농·공업국으로까지 전진하지 않으면 아니 되었다. 따라서 농업과 공업 사이의 국민적 조화는 공업국에의 의존으로부터 탈피하고자 하는 소극적 의미로 끝나는 것이 아니라, 적극적으로 농업과 공업의 결합 위에 국내시장을 창출하고자 하는 '국민적 분업과 생산력의 국민적 결합'을 의미한다.

이렇게 볼 때 해밀턴은 아담 스미스 경제학의 정책적 귀결인 자유방임주의, 즉 번영하는 농업기반 위에 공업의 번영, 다시 말하자면 근대농업의 기반 위에 근대공업이라는 경제구조를 목표로 한 점에서는 아담 스미스 계보에 속한다고 할 수 있으나, 그가 영국의 지배에서 벗어나기 위해 자유무역체제보다 보호주의체제의 확립을 그 정책의 목표로 삼고 있다는 점에서 아담 스미스의 계보에서 이탈하고 있다. 건국 초기 미국은 정치적으로는 이미 독립을 획득하였으나 경제적으로는 영국산업자본에 종속되어 있었기 때문에 한편으로는 보호

---

116) 레이먼드(Daniel Raymond)는 자신의 저서 서문에서 미국인의 손에 의하여 집필된 경제학이 없다는 것을 유감이라고 생각하면서 해밀턴을 극찬하였다. - Daniel Raymond, Thoughts on Political Economy, 1820.
117) Friedrich List, Outlines of American Political, 1827(正木一夫譯, アメリカ 經濟學槪要, 未來社, 1966, p.30).

관세의 설정에 의하여, 다른 한편으로는 국내시장의 개발에 의하여 미국산업자본을 확대·발전시키는 데 최대의 정책과제를 두고 있었다. 이러한 사실로부터 해밀턴은 미국이 영국의 경제적 종속으로부터 탈피하여 미국의 국내시장을 형성하여야 한다는 비전을 구상하게 되었으며, 이러한 체제를 정치적으로 적극 추진한 사람은 크레이(Henry Cray)였다.[118]

## 3. 해밀턴체제의 평가와 한계

이상과 같은 해밀턴 체제는 크게 두 가지로 평가될 수 있다.

첫째, 해밀턴 이후의 레이먼드, 케어리 부자(父子), 리스트 등은 해밀턴의 보호주의를 후진국인 미국산업자본의 보호·육성론으로 파악, 소위 미국체제파 경제학자로 평가하는 견해이다. 미국체제파 경제학자들은 해밀턴의 경제정책을 불충분하지만 미국산업자본의 육성정책으로 파악하고자 하였다. 이와 같은 입장에서 보면 해밀턴은 기본적으로 미국산업자본의 이데올로기였다고 평가할 수 있다. 그런데도 이 해밀턴체제가 실현되지 못한 원인은 당시의 반연방주의파 등에 의한 반대와 기타 여러 제약에 있었다. 사실상 해밀턴 체제의 경제정책의 기조가 되는 농업과 공업의 분업과 협업은 결국 정부의 강력한 보호 아래 육성되는 제조업을 미국경제의 중심에 두고 국민경제를 형성하기 위한 하나의 비전이었다고 할 수 있다. 당시의 세계경제의 상황에

---

118) 크레이(Henry Cray)는 해밀턴주의의 이론적 계보에 서서, 1833년 Whig당을 결성, 그 실력자가 되어 미국체제라는 정치·경제·문화 등 여러 분야에서 국민주의운동의 기수가 되어 해밀턴이 구상한 비전을 철저하게 수행하고자 하였다. 그의 경제정책의 중심이 유명한 보호주의이며 고율의 관세수입을 국내개발자금으로 투입하여 통일적인 국민경제를 형성하고자 하였다. ─ 楠井敏郎, 前揭論文, p.397.

서 볼 때 미국이 유리한 위치에 있었던 것이 아니다. 즉, 세계경제는 영국의 산업혁명의 진전과 이에 따른 공산품의 대량수출, 세계시장의 재편성, 그리고 프랑스혁명과 이어 계속되는 '봉건제로부터 자본주의로의 이행'이 활발하게 전개되고 있었다. 이러한 시기에 미국이 어렵게 성취한 정치적 독립을 유지하고 강력한 통일된 국민국가를 건설하기 위한 처방책은 해밀턴의 <보고서>라고 하지 않을 수 없다.[119] <보고서>는 어떤 의미에서 아담 스미스의 분업론에 영향을 받은 국내분업체제를 전개하는 데 중점을 두고 있다. 국제분업에 앞서 국내분업을 위한 경제정책이란 선진자본주의국의 압력 아래에서 공업화를 추진하고자 하는 후진국-엄밀한 의미로 고유의 중상주의기를 결여한 나라-이 채택해야 할 경제정책이라고 할 수 있다.

둘째, 해밀턴 체제를 전기적 자본(상업자본)의 이익을 추진하기 위한 정책으로 보는 견해이다. 쿠퍼(Thomas Cooper, 1759~1840), 튜커(Georage Tucker) 등 반연방주의파에 의하면 해밀턴은 연방주의파의 계급인 대지주, 전기적 대상인, 금융업자 및 대경작자 등을 대변하였다고 야마다(山田信滿)[120]는 주장하고 있다. 해밀턴은 본래 산업자본의 보호·육성을 목표로 한 것이 아니라, SUM 등 특권적 공장에 대한 원조정책에서 알 수 있는 바와 같이, 전기적 자본의 공업자본으로의 전환을 '위로부터'[121] 조성하자는 데 있었다. 오히려 해밀턴

---

119) 楠井敏郎, 前揭論文, p.394.

120) 해밀턴의 경제정책이 이론적으로는 산업자본의 보호·육성정책에 의한 국내시장형성론에 서 있지만, 실제적으로는 그것이 투기적 상인이나 대부자본가에게 의존하여 이들의 이익을 촉진한 것은 사실이라고 한다. -山田信滿, ハミルトンにおける保護主義の性格, 西南製作所, 1979.

121) 해밀턴은 영국의 잉글랜드은행에 상당하는 은행을 미국에 설립·운영하고자 하였다. 해밀턴은 19세기 초 설립된 많은 주립은행의 규제자로서 중앙은행의 기능을 담당하고, 또한 조세징수를 위임하고자 한 것이다. 여기서 그는 조세수입을 담보로 하여 발행되는 공채의 기초를 확립하게 하고 자본금총액의 불입을 용이하게 함으로써, '위로부터'의 원시축적에 필요한 재정자금창출에 중요한 역할을 담당시키고자 하였다. -楠井敏郎, 前揭論文, p.400.

체제는 '밑에서부터' 성장되어야 할 자본의 형성을 저해하는, 말하자면 전기자본적, 절대왕정적 정책(콜베르주의)에 가까운 것이라고 평가하는 입장이다.

이상과 같이 해밀턴 체제에 관하여 두 가지로 상이하게 평가되는 것은 그 체제가 상당히 복잡한 문제를 안고 있다는 증거이기도 하다. 해밀턴이 주장하는 보호주의에 의한 상업자본 형성론과 SUM 보호정책과의 괴리, 즉 이론과 정책의 갭[122]을 어떻게 파악해야 할 것인가? 이러한 문제는 독립 초기 미국경제의 전반적인 구조를 정책체계와 관련시켜 규명할 필요가 있지만, 해밀턴 이론의 내용이나 계보, 연방주의파의 사회적·계급적 기반 등을 감안해 볼 때 전자의 평가, 즉 해밀턴 체제가 공업보호주의에 의한 농업과 공업의 균형발전과 국내시장의 형성에 있다는 것은 부인할 수 없다.

한편, 해밀턴의 웅대한 국민경제건설의 구상은 해밀턴의 시대에는 실현되지 못하였다. 그 이유는 다음과 같다.

첫째, 당시 미국은 산업자본을 형성하기 위한 조건이 결여되어 있었다. 즉, 서부에는 광대하고 저렴한 자유지(自由地)가 무한히 존재함으로써, 마르크스가 "자본가를 위해서가 아니라 자기 자신을 위해 노동하며, 독립자본자가 아니라 자기 자신을 부유하게 하는 독립생산자의 임금노동자들의 끊임없는 전화(轉化)"[123]가 진행되고 있었기 때문이라고 한 바와 같이, 자유로운 식민지로서의 조건은 농민층의 분해를 일정한도로 억제, 독립소생산자를 끊임없이 재생산하였다. 미국 내에 있어서 자유지에 의한 농업의 번영이야말로 미국의 자본주의 발전을 저해, 지연시키게 된 당시의 객관적 조건이다. 해밀턴 자

---

122) 山田信滿, ハミルトンにおける保護主義の性格, 西南製作所, 1979.

123) Karl Marx, Das Kapital: Kritik der politischen Oeconomie, Hamburg: Meiner, 3Bde., 1867-94: in(17)Bde., 23-24(資本論(全12冊), 岩波書店, 第4分冊, pp.1167-1168.

신도 광대한 서부에 대한 식민지 정책이 한 나라의 활동적인 부(富)의 축적을 감소 또는 저해하여 공업발전을 지연시킨다는 것을 인식하고 있었다.124) 이 조건은 해밀턴 시대 때만 특유한 것이 아니라 19세기의 일반적 경향으로 볼 수 있지만, 건국기(建國期)의 미국에 있어서 산업자본이 형성되어 있지 않는 시기에 중요한 요인이 되었다. 해밀턴은 그 대책으로서 노동절약적인 기계의 도입, 부인·아동 노동력의 활용을 주장하였지만 스레이더 공장 등의 예외를 제외하면, 그가 한때 모델공장으로 기대했던 SUM공장의 실패로 제조업에 대한 보호주의는 좌절되었다.

건국 초기의 미국은 아직 소농민의 나라에 불과하여 농민층은 끊임없이 확대·재생산되는 조건 아래에 있었다. 제퍼슨(Thomas Jefferson, 1743~1826)을 맹주(盟主)로 하는 농업주의가 해밀턴의 공업주의를 저지하고 있어 해밀턴의 공채·금융·조세정책에서 볼 수 있는 본원적 축적정책도 소 생산자 층의 몰락을 촉진하고 화폐적 부의 창출과 집중을 가속화시키면서 양자를 결합하는 방향으로 충분한 작용을 하지 못하였다. 영국의 경제적 침투로 몰락하게 된 소 생산자 측은 다시 서부의 소농민이 되고 이들에 의하여 창출된 부는 상업자본이나 투기적 자본으로 유출되었다. 또한 나폴레옹 전쟁 발발 뒤, 미국 농산물의 해외시장확대와 중계무역의 발전은 농산물의 수요를 확대시키고 무역·해운업의 번영을 초래하였다. 이 전쟁에 의한 농업과 무역의 번영은 해밀턴의 공업주의에 대한 관심을 냉각시켰다. 따라서 "통일국가건설의 청사진"125) 또는 "미국 공업주의의 헌장"126)이라 일컬어지던 <보고서>는 이 시기에 사실상 사문화(死文化)되어 버렸다.

---

124) S.Mee(ed.), A Hamilton's Papers on Public Credit, Commerce and Finance, New York, 1957, p.71.

125) J.S.Miller, A Hamilton and the Growth of the New Nation, New York, 1957.

126) C.P.Nettls, The Emergence of a National Economy, New York, 1962.

둘째, 해밀턴 체제의 사회적·계급적 기반의 문제이다. 해밀턴이 영도(領導)한 연방주의파는 북부의 대상인, 금융업자, 남부의 농업자 등의 동맹을 기반으로 하였지만, 헌법제정 뒤에는 북부의 상업·금융의 이익과 남부의 농업의 이익이 서로 대립하게 되었다. 남부농업자들은 서부소농민층과 동맹을 결성하여 해밀턴의 경제정책을 북부의 상업·금융업자들의 이익만을 보호하는 정책이라면서 공격을 가하기 시작하였다. 해밀턴이 당시 구상하고자 했던 내용은 국내분업 체제를 구축하는 것이었다. 즉, 그 구상이란 북부공업과 남부농업의 결합을 의미한다. 이러한 상호의존적 공업형성이야말로 정치적으로 국민을 결합시킬 수 있었음에도 불구하고 남부의 강한 반발로 그 구상은 실현되지 못하였다.

결국 해밀턴 체제는 산업자본이 성숙하지 못한 상태에서 북부의 산업자본을 중심으로 한 상업·금융적 이익에 그 지지기반을 모색하지 않으면 아니 되었다. 즉, 상업자본의 이익을 옹호하면서 그것을 서서히 산업자본으로 전환시키는 방법을 선택하였다. 말하자면 공채정책(公債政策)을 기본으로 한, '위로부터'의 산업자본을 보호·육성하자는 것이 바로 그것이다. 여기에 해밀턴 체제의 모순과 한계가 나타난다. 해밀턴이 의도한 자본의 창출정책이, 말하자면 상업자본을 공업자본으로 전환하기 위한 방안이 실현되지 못하고, 결과적으로 토지와 공채의 투기자금으로 유출되었다. 또한 모델공장의 실패, 무역·해운업의 번영으로 공업부문에 대한 투자심리는 위축되어 갔다. 그리고 소 생산자의 축적을 거의 무시한 해밀턴의 정책은 '위로부터'의 산업자본육성 그 자체도 실현시키지 못하였다.

이렇게 볼 때 해밀턴의 상업적·금융적 이익의 옹호라는 반연방주의파의 비난은 결코 사실무근이 아니었다. 왜냐하면 해밀턴의 의도와는 달리 그의 정책은 객관적으로 볼 때, 상업적·금융적 이익의 옹호에 귀결되어 버렸기 때문이다.

그러나 해밀턴[127]이 구상한 국내제조업(산업자본)의 보호·육성을 통한 자립적 국민경제의 건설이란 경제적으로는 자립적 국민경제의, 정치적으로는 통일적 국민국가의 형성이 그의 <보고서>에 일관된 원리이다. 그는 당면한 식민지적 종속화와 국내분열의 위기를 타개하여 위대한 미국체제를 건설할 수 있는 길은 농업·공업·상업의 조화 있는 발전에 의한 자립적 국민경제의 건설에 있다고 확신하였다. 특히 해밀턴이 <보고서> 가운데 구상한 국내제조업 (산업자본)의 보호·육성을 통한 자립적 국민경제를 건설하고자 한 자신의 주장은 아담 스미스의 자유방임론에 대한 최초의 반박이며, 또한 리스트에게 큰 영향을 주었다. 해밀턴 체제는 제조업 보호가 중심적 지위를 점하고, 다른 정책은 제조업 보호에 의한 산업자본육성을 보완하지 않을 수 없는 관계에 있었다는 것으로 평가된다.

---

127) 해밀턴은 같은 시대의 사람이며 그의 협력자였던 콕스(Tench Coxe)의 균형 있는 국민경제(balanced national economy)의 이론과 기본적으로 그 맥을 같이 하고 있다. -Tench Coxe, A view of United States of America, 1794(アメリカ學會譯編, 原典アメリカ史(第2卷), 岩波書店, 1951, p.430에서 인용).

## 제3절 미국체제파와 보호무역론

### 1. 국내산업의 파행적 발전

정치적 독립을 달성한 미국은 1783년에 헌법을 제정함으로써 일단 국내체제를 정비하였으나, 그 이후에도 경제는 여전히 영국의 식민지적 구조를 지속하지 않을 수 없었다. 따라서 해밀턴의 웅대한 경제자립의 구상도 정치적·경제적 이익의 대립으로 실현되지 못하였으며, 특히 1793년 유럽전쟁, 즉 나폴레옹(Napoleon, 1768~1821) 전쟁의 발발로 이 구상은 좌절되고 말았다. 장기간에 걸친 전쟁으로 인하여 영국과 유럽대륙 사이의 무역이 차단됨으로써 이들 무역의 방향이 미국으로 향하게 되어 결과적으로 미국의 해외무역, 특히 중계무역은 활기를 띠게 됨으로써, 무역·해운업의 황금시대를 구가하게 되었다. 이렇게 됨으로써 미국경제는 점점 식민지적 농업국으로 전락하게 되었다.

먼저 문제가 되는 것은 건국 초기-1780년대 중반부터 1790년대 말까지의 시기-미국의 공업이 어떠한 발전단계에 도달해 있었는가, 그리고 지배적인 경제형태는 어떤 것이었던가, 하는 점이다. 이 점에 관해서는 식민지적 종속으로부터 정치적으로 이탈하였다고는 하지만, 경제적으로는 영국에 비하여 후진적이며, 또한 영국의 산업혁명의 강한 영향을 받고 있었기 때문에 각종의 경영형태나 생산양식이 동시적으로 존재하는 상태에 있었으므로 정설이 없다고 할 것이다.

여기에 크라크(V.S. Clark)는 종래의 여러 주장들을 다음과 같이 정리하고 있다.128)

---

128) V.S.Clark, The History of Manufactures in the United States, vol. Ⅰ(Biblio-

공업경제의 분류에 관하여, ① 가내생산(homespun manufactures), ② 가내공업(household manufactures and shop manufactures), ③ 작업장생산(mill and furnace industry), 및 ④ 공장제도(factory system) 등의 네 가지 형태를 들 수 있다. 이들 형태가 동시적으로 존재하고 있었다는 것이 건국 초기 미국공업의 특징 중의 하나이다.

1790년대 후반 미국의 공업, 특히 직물공업의 발전과정은 한편으로는 가내공업, 즉 자생적인 농촌공업의 발달과 번영을 볼 수 있었던 반면, 다른 한편으로는 본업(本業)으로서의 제조공장(manufactory), 특히 정책적으로 육성하여 성장한 제조공장이 쇠퇴하였다는 것은 너무나 대조적이었다. 제조공장이 쇠퇴한 원인으로서 ① 선진국 영국의 압박 아래에 새로운 공업을 성장시키기 위한 기술과 경영 확보의 어려움 그리고 ② 정책의 전환을 들 수 있다. 특히 중요한 것은 1793년 이후, 이 정책을 공업으로부터 무역으로 전환하였다는 데 있다. 그 이유는 유럽전쟁이 재발하여 미국상인들은 외국무역, 특히 중계무역에 관심이 커 결국 정책의 전환을 초래한 데 있었다.

이와 같이 이 시기에 미국공업을 특징짓는 구조의 이중성으로 육성부분은 쇠퇴한 반면, 자생적인 부분은 보다 발전해 갔다. 이러한 구조의 이중성이 결정적으로 타파되기까지는 19세기 중반까지 긴 역사적 발달을 기다리지 않으면 아니 되었다.

나폴레옹 전쟁에 의한 무역의 급속한 발전으로 농업, 무역·해운업은 가장 유리한 부문이 되었으며, 이들 부문에 있어서 미증유의 번영은 상대적으로 국내공업의 발전을 저해시켜 공산품의 해외의존을 보다 심화시켰다. 그러나 유럽전쟁의 격화는 상반된 이익의 대립으로 농업과 무역·해운업의 번영을 영속시키지 못하였다. 왜냐하면 미국의 중립정책에 대한 영국과 프랑스의 간섭은 미국에 대한 대항

---

graphy), pp.438-457.

조치로서 출항정지(出航停止令, Embargo Act, 1807), 영·불통상금지령(Non-Intercourse Act, 1809)을 공포함으로써 제2차 영·미 전쟁(The War of 1812, 1812~1814)으로까지 비화되었기 때문이다. 따라서 유럽전쟁에 의한 이들 나라의 무역제한으로 번영을 구가해 왔던 미국의 무역·해운업은 제2차 영·미 전쟁으로 급속도로 쇠퇴하고, 정체했던 공업이 오히려 급격하게 발전하는 계기가 되었다. 즉, 이 전쟁에 의한 무역제한은 공업에 대한 강력한 보호관세적 역할을 담당하게 되었다. 그 결과, 공산품의 부족은 가격을 등귀시킴과 동시에 무역·해운업의 상업자본이 유리한 공업으로 유입되기 시작, 공업은 서서히 활기를 띠게 되었다. 공업의 발전은 특히 뉴잉글랜드를 중심으로 한 면방공업에서 현저하게 진행되어, 면업을 기축으로 한 산업혁명이 태동되기 시작하였다. 면방공업이 주도하는 산업혁명의 개시는 다른 여러 공업부문의 발전을 촉진하게 되었으며, 이러한 시기에 공업발전의 기반이 조성되어 그 이후, 보호주의의 담당자로서 산업자본가층이 양성되게 되었다.

이와 같이 순조롭게 발전하여 왔던 공업부문은 1814년 종전(終戰)으로 격심한 타격을 받게 되었다. 평화의 회복은 다시 국내시장을 대외적으로 개방함으로써, 잉여농산물의 수출을 격증시키고 그동안 쇠퇴했던 무역·해운업을 회생시킴과 동시에 영국의 저렴한 공산품이 미국시장을 침투, 취약한 상태에 있는 미국공업을 파괴하기 시작하였다. 그동안 자립기반을 구축해 가고자 했던 미국경제는 이러한 사태로 다시 원래의 식민지적 경제구조로 역전하게 되었다. 한 예로 1816년 무역량은 1814년의 그것에 비하여 10배 이상 증가하였으나 무역수지(貿易收支)는 더욱 악화하였다. 특히 영국공산품의 홍수와 같은 수입증가는 취약한 미국공업을 파괴시키는 데 충분하였다.

이러한 시기에 영국의 미국시장 침투에 대한 대책으로서 성립한 1816년의 관세법은 면업의 보호를 제외하면 유효한 보호효과는 없었으며, 농업과 무역업은 여전히 전후 붐을 타고 번영하였다. 따라서 1789년의 관세법으로부터 1816년의 관세법에 이르기까지는 기본적으로 재정관세의 시기이며, 무역정책도 원칙적으로 자유무역주의로 일관되어 왔다고 할 수 있다.

미국경제가 식민지적 경제구조로부터 자립적 국민경제구조로 급속하게 전환하여 소위 미국체제의 기반을 조성하게 된 것은 1820년대였다.[129] 물론 경제적 기반이 조성된 것은 무역제한시대－1807년의 출항정지령, 1809년의 영·불 무역금지령－부터 북부를 중심으로 급속하게 성장해 온 공업부문이며 그 정책적 표현이 보호무역론이었다. 사실상 미국의 보호무역론은 독립 직후 '위기의 시대'에 이미 출현하였지만, 그 뒤, 무역·해운업의 황금시대에 소멸하였다가 다시 제2차 영·미 전쟁 이후 강력하게 대두하였다. 이처럼 보호관세에 의한 공업의 육성과 국내시장의 확보가 긴요하게 요구되었다.

보호무역운동이 본격적으로 전개되기 시작한 것은 1820년대이다.[130] 타우식(Frank W. Taussig, 1859～1940)은 다음과 같이 이 시기 이전의 보호무역운동에 관한 정도를 증명할 수 없다고 하였다.

> "1818～1819년의 경제적 위기 이전에 강력한 보호관세운동을 추적할 수 없다…… 1819년의 타격 이후에 보호관세를 요구하는 운동이 개시되었다. 그리하여 이 운동은 그 이전의 시기에 볼 수 없었던 강력한 국민적 감정에 의하여 지원되었다."[131]

---

129) 久保芳和, アメリカ經濟學史研究, 有斐閣, 1961, p.3-5.

130) 슈미트(L.B.Schmidt)는 1815년 이후 급속한 국내공업의 발전을 미국의 '식민지경제로부터 국민경제에로의 이행기'로 보고 있다.－L.B.Schmidt, "Internal Commerce and Development of National Economy before 1860", Journal of Political Economy, vol.LⅦ, No.6.

131) Frank W.Taussig, The Tariff History of the United States,8th ed., New York, 1964, pp.68-69.

제2차 영·미 전쟁 이후에 내습한 1819년의 공황은, ① 전후 번영의 지주였던 해외농산물시장이 축소되어 농산물 가격이 폭락하고, ② 공업도 타격을 받았으며, ③ 금융공황적 성격을 수반하게 되어, 미국경제에 심각한 타격을 입혔다. 이와 같이 심각한 타격을 받은 당시의 미국경제는 독립 직후 '제1차 위기'에 이어 '제2차 위기'에 직면하게 되었다. 이 공황으로 번영을 구가하던 농업과 무역업은 쇠퇴하고 보호무역운동은 일부의 이익을 초월한 국민운동으로까지 확대하였다. 이러한 위기를 계기로 종래 미미했던 보호무역운동이 일거에 여론화되어 자유무역 대 보호무역의 대결양상[132]을 띠게 되었으며 급기야는 대외무역정책에 관한 국론이 양분되기에 이르렀다. 이미 해밀턴이 주장했던 소위 미국체제가 그 이후 헨리 크레이에 의하여 강력하게 추진되었다. 헨리 크레이는 미국체제라는 해밀턴의 비전을 철저하게 수행하고자 경제정책의 중심을 보호주의에 두고 고율의 관세부과로 징수된 수입재원(收入財源)을 개발자금으로 투입하여 통일적인 국민경제를 형성하고자 노력하였다.

당시 중·동부 지역을 지지기반으로 한 보호주의와 남·서부 지역을 지지기반으로 한 반보호주의 사이의 대립이 첨예한 가운데 "초기 보호무역운동의 시작이자 가장 직접적인 효과"[133]였던 1824년의 관세법이 제정되었다. 이 법은 재정관세에서 보호관세로 전환된, 말하자면 보호무역운동의 일단의 승리였다. 이러한 여건에서 다시 모직물공업을 중심으로 전개된 관세인상운동은 1828년의 관세법을 성립시켰다. 이 관세법은 반대파에 의하여 혐오(嫌惡)해야 할 관세(tariff of abomination)라는 비판을 받을 정도로 남북전쟁 이전까지 미국관세사

---

132) 1820년대부터 1830년대 초반에 걸쳐 관세법제정에 관한 논쟁은 그 대표적인 예이다. 관세는 단지 무역정책에 국한된 문제가 아니라 광범위한 미국경제정책의 구조와 동향이라는 중요한 문제로까지 확대되지 않을 수 없었다.

133) Frank W.Taussig, op.cit, p.74.

에 그 유례를 찾아볼 수 없는 최고의 세율을 가진 보호관세였다. 이 법의 통과를 계기로 남부의 격렬한 보호관세 반대운동이 일어나 중대한 문제로 등장하였다. 남부에서는 보호관세를 남부의 희생으로 하고 일부의 이익을 옹호하는 것이라 공격하면서 위헌(違憲)이라고 반대하였다. 더욱이 주권론(州權論)을 근거로 하는 보호관세의 무효론(nullification)까지 발전해갔다. 격화된 반대운동은 사우스캐롤라이나 의회에서 유명한 무효선언(1832년)으로 나타나, 이 주(州) 내에서 보호관세의 무효를 결의하고 이를 강제하면 연방으로부터 이탈하겠다는 강경자세를 견지하기에 이르렀다. 이러한 상황에서 볼 수 있는 바와 같이 미국이 연방해체의 위기에 직면하게 되자 잭슨(Antrew Jackson, 1767~1845)대통령은 농업·공업·상업이 항쟁하는 이익의 조화를 위해 관세인하를 권고하지 않을 수 없었다. 결국 1832년의 관세법은 그 첫 걸음이며, 이어 1833년의 관세법 - 통칭 타협관세법(Compromise Act)134) - 이 '미국체제'의 거장 헨리 크레이와 남부의 반보호주의의 투사인 칼폰의 타협으로 성립되었다. 이 법을 한편으로는 '대립하는 지역 및 이해의 평화조약'135)이라고도 한다. 이 관세법은 종가세율 20% 이상의 관세를 점차 인하할 것을 규정한 법으로 보호관세에서 다시 재정관세로의 이행(역행)을 의미한다. 이 법의 제정으로 연방해체의 위기는 일단 모면할 수 있었지만 그것은 남부와 북부 사이의 일시적인 휴전에 불과하였다. 미국체제파와 반보호주의파 사이의 대립과 모순은 보다 확대·심화되어 결국 남북전쟁으로 비화되는 원인의 하나가 되었다.

그러나 해밀턴의 보호무역주의는 그의 <보고서>의 간행 이후, 거의 30년 동안 학문적인 어떤 방향을 보이지 않았다. 그동안 프랭크린

---

134) 이 법은 미국체제파와 남부의 반보호주의파와의 타협으로 성립된 것으로 지역적으로 대립하는 일종의 이해의 평화조약이라고 할 수 있다.

135) V.S.Clark, op.cit, p.281.

(Benjamin Franklin, 1706~1790)에 의하여 자유무역이 유지되어 왔었지만, 무역제한시대와 1812년 전쟁기간 동안 일반적으로 보호무역주의운동에 괄목할 만한 영향이 있었으며, 이 기간에 자유무역론자였던 제퍼슨 대통령의 태도에 변화가 일어나기 시작하였다. 이러한 역사적 과정에서 1820년대의 자유무역 대 보호무역의 논쟁의 절정기에 나일즈(Hezekiah Niles), 레이먼드(Daniel Raymond), 케어리(Mathew Carey), 리스트 등의 국민주의적 보호무역론자들이 등장하였다.

이들 밖에도 1820년대부터 1860년대까지 약 50년 동안에 미국에 레이먼드, 스티렛(David Stirrat), 에버렛(Alexander Everret), 리스트, 제니슨(William Jennison), 필립스(Williad Phillips), 레(John Roe), 웨어(Nothaniel A. Ware), 케어리(Henry C. Carey), 콜튼(Calvin Colton), 스미스(E. Peshine Smith), 콜웰(Stephen Colwell) 등에 의하여 주창된 일련의 국민주의 경제학이 있다.

여기서 말하는 미국체제파 경제학이란 1820년경부터 1860년경까지 약 50년 동안에 걸쳐 레이먼드 등에 의하여 주창된 일련의 국민주의 경제학을 의미한다. 다시 말하자면 미국체제[136)의 확립이라는 공통적인 비전을 근거로 하면서, 그 위에 국민주의적 경제학을 구축하여 정책론으로 주장하여 보호주의를 주장한 일파의 경제학을 뜻한다.

그러나 미국체제파 경제학을 논할 때, 대표적인 두 가지 견해가 있다.

첫째는, 미국체제를 영국체제에 대항하는 학파로 보는 견해이고[137)

둘째는, 미국체제파 경제학 그 자체를 고찰대상으로 하여 미국 내에 있는 이 학파와 다른 학파와의 대항관계로 보는 견해이다.[138)

---

136) 미국체제(American System)라는 용어는 최초로 나일즈(Hezekiah Niles)에 의하여 그리고 크레이(Henry Cray)에 의하여 사용되었다. -Frank W.Taussig(ed), State papers and speeches on the Tariff(1893), p.289.p.313.

137) 大道安次郎, "アメリカ體制とイギリス體制"(東北大學, 經濟學(第30, 31號), 1954年 3月)

138) Joseph Dorfman, The Economic Mind in American Civilization, NewYork:

　전자는 미국체제를 4기로 나누어, ① 제1기의 대표로 해밀턴, ② 제2기의 대표로 다니엘 레이먼드, ③ 제3기의 대표로 M. 케어리, 리스트, ④ 제4기의 대표로 H. C. 케어리 등으로 분류하는 방법이다.

　후자는 1789년부터 1829년까지의 시기를 '체제적 경제학의 출현'의 시기로 규정하여 이 시기의 경제학을 세 개의 그룹으로 분류하는 방법이다. 여기서 세 개의 그룹이란, ① 북부의 상업자본을 기반으로 하여 고전학파류의 자유주의 경제학을 신봉하는 맥빅커(John McVicker), 토마스 제퍼슨 등의 자유방임론, ② 북부에 비판적 태도를 취하면서 남부 프랜터를 대변하고 경제학적으로는 고전학파류의 자유주의 경제학을 신봉하는 토마스 쿠퍼 등의 자유방임론, 그리고 ③ 보호주의적 국민주의 경제학을 주장한 다니엘 레이먼드, M.케어리 등의 미국체제론이다.

　이상 두 가지 분류방법에는 미국체제와 관련시켜 일관적으로 파악하느냐 아니면 미국체제의 비전과 그 경제학을 구분하여 고찰하느냐에 따라 상당한 차이가 있겠지만, 여기서는 국민경제형성과 보호무역의 연관성에 관한 연구에 그 목적이 있으므로 앞 절에서 고찰한 바와 같이 해밀턴은 미국체제의 비전을 제시한 미국 내의 보호무역론의 원류로서 리스트에 상당한 영향을 미쳤다는 것은 부인할 수 없을 것이다. 따라서 미국체제파 경제학을 구축한 레이먼드와 M.케어리의 이론 가운데 먼저 레이먼드의 국민경제론을 고찰하고자 한다. 왜냐하면 여기서 검토하고자 하는 내용은 리스트의 국민주의가 미국체제파 국민경제학의 발전으로부터 어떤 영향을 받았는가에 있기 때문에 당연히 리스트가 미국에 체재한 시기에 체계화된 리스트이론에 선행하는 이론이 무엇인가를 규명하지 않으면 아니 되기 때문이다.

---

The Viking Press, 1946.

## 2. 레이먼드(Daniel Raymond)의 국민경제론

레이먼드(Daniel Raymond, 1786∼1849)는 보호무역의 이론을 주창한 미국체제파 경제학의 제1인자이다. 돌프만(Joseph Dorfman)은 다니엘 레이먼드(이하, 레이먼드라 함)를 "미국에 있어서 최초의 포괄적인 체제론자"[139]라고 하면서, 미국 체제는 레이먼드로부터 출발하여 건설되었다고 하였다. 그는 또한 해밀턴에 의하여 주창된 미국체제를 'Imperial Design'[140]으로 파악, 그 이후의 레이먼드, 리스트 등을 "미국체제의 추종자"라면서 이들을 "체계적 경제학의 출현"이라고 하였다.[141]

레이먼드는 아담 스미스가 사익(individual interest)과 국익(national interest)을 구별하지 않았다고 비판하였으며, 또한 그의 주장은 해밀턴 견해의 반향이며, 리스트사상의 예견을 제시하였다. 레이먼드는 통일체로서의 국민은 단순한 집합이 아닐 뿐만 아니라 개인과 같이 단명(短命)하는 것도 아니며, 불사적(不死的)인 것이며, 영구히 존속하는 것이며 또한 하나의 불가분적인 것이라고 하였다.[142]

> "국민은 하나의 통일체이며, 통일체로서 모든 성질을 가지고 있다. 그것은 통일적인 권리, 통일적인 이익, 통일적인 소유물을 가지고 있다."[143]

따라서 국민을 구성하는 모든 개인은 국민 그 자체와 같지 않다. 레이먼드는 리스트에 앞서 국민을 하나의 통일체로서 개념화하여 국민경제학을 하나의 과학적 학문으로서 등장시켰다. 레이먼드는 부(富)란

---


139) Ibid., p.566.
140) Ibid., p.404.
141) Ibid., chp.2, sec.2.
142) Daniel Raymond, Thoughts on Political Economy, lst ed., 1820, p.34, p.131.
143) Ibid., p.27.

개인에게는 일정량의 재산을 의미하지만, 국민적 부(national wealth)란 "생활필수품 및 편의품을 획득하는 능력(a capacity for acquiring the necessaries and comforts of life)"[144]이라고 하였다. 또한 "능력은 노동을 제외하고서는 존재할 수 없다. 그러나 그 크기는 다른 여러 사정에 달려있다. 그것은 정부의 성질에 의하여 크게 영향을 받는다."[145]고 한 바와 같이, 능력으로서 국민적 부의 개념은 리스트의 유명한 국민생산력(productive powers of a nation)에 관하여 인상적인 하나의 상(像)을 제시하였다. 레이먼드가 강조하는 "국민의 부나 힘을 증진시키는 모든 것을 조장하는 것은 정부의 권한일 뿐만 아니라 의무이다."[146]라는 것은 결국 정부의 성질 여하에 따라 국민생산력이 좌우된다는 것을 의미한다.

그러면 국민생산력을 규정하는 요인은 무엇인가.

레이먼드는 이들 요인으로서 ① 노동, ② 여러 자연조건, ③ 여러 인위적 조건 등 세 가지를 들고 있다. 그는 이 세 가지 요인 가운데서도 노동이야말로 생산력을 규정하는 본질적인 요인이라고 주장하였다. 노동을 국민생산력의 견지에서 추상적인 논의를 배제하여 국민이 처해있는 역사적 상황에 주목해야 하며, 그렇지 않고 도덕적 견지나 한나라의 독립과 안전이라는 견지에서 본다면 농업이 공업보다 우월하다는 주장도 할 수 있다.

"국민의 부에 있어서 어떤 종류의 노동이 다른 종류의 노동보다도 생산적인지 어떤지는 전적으로 각 특정국민의 사정에 달려있다."[147]

"어느 시기에는 농업노동이 가장 생산적이며, 다른 시기에는 공업노

---

144) Ibid., p.37.
145) Ibid., p.37.
146) 前揭譯書, pp.23-24.
147) Ibid., p.114.

동이 가장 생산적일 수 있다. 어느 것이 가장 생산적인가를 확정하는 규칙을 미리 정할 수는 없다."[148]

국민적 생산력의 입장에서 본다면 농업노동이나 공업노동을 막론하고 모두 필요하지만 양자가 조화를 이루는 것이 가장 바람직하기 때문에 그는 두 부문에 노동을 균형 있게 배분하는 것이 정부의 의무라고 하였다.

"일반적 경험에 의하면 두 노동은 상호 이익이며, 두 노동 사이에 적당한 중용(中庸)이 유지되고 있는 국민이 가장 번영하고 융성한다…… 전적으로 농업국에서는 농업과 공업이 함께 번영하는 국가에 있어서만큼 완전한 정도까지 농업이 번영하지 않는다."[149]

"농업노동과 공업노동이 상호 적당한 비율을 가지고 있는 사회가 가장 잘 조정된 사회이다. 가끔 일어나는 일이지만, 만약 한쪽이 지나칠 정도로 우세한 경우에는 다른 쪽을 장려·보호하여 균형을 도입해 이것을 회복하는 것이 정부의 의무이다."[150]

이상의 내용으로 볼 때 앞으로 검토할 리스트의 '생산력의 조화와 균형'의 사상과 너무나 현저한 일치점, 즉 농업·공업의 조화론 뿐만 아니라 국민생산력론 전반에 관해서도 리스트에 앞서 레이먼드가 주장했다는 것을 알 수 있을 것이다.

또한 레이먼드는 정부의 임무란 공익과 사익의 조화를 도모하는데 있으며, 모든 제도나 시책은 국민적 부=국민생산력을 증진시키는 데 그 목적을 두어야 하며, 정부는 국민이 완전고용상태에 있는지의 여부를 확인할 필요가 있다고 하였다. 그는 또한 국민생산력을

---

148) Ibid., p.114.
149) Ibid., p.121.
150) Ibid., p.123.

증진시키는 수단으로서 공공사업, 전쟁, 은행, 공채, 공적독점, 관세, 노동을 절약하는 기계 등을 들고 있다. 국민생산력을 증진시키는 수단 가운데 보호관세는 항구성을 획득하는 주된 수단[151]이라고 리스트가 주장한 바 있다. 그러나 레이먼드는 국내시장의 독점과 완전고용이라는 문제와 결부시켜 이 제도를 추천하지만, 그것은 어디까지나 국민의 역사적 현실에 따라 적용 여부를 결정해야 하며, 또한 보호관세는 국민의 산업활동을 자극한다면서 수입세(收入稅), 장려금, 주세(酒稅), 곡물법을 여기에 포함시키고 있다.[152] 그에 의하면 또한 기계의 도입은 당시 노동력의 부족이라는 조건과 결부되므로 기계의 도입은 비교적 과감하게 수행되어 공업의 급속한 성장에 기여한 바 있다고 하였다.

레이먼드의 사상은 비록 고전학파적 사고방식이라고 하여도 그것은 대외적으로는 영국의 고전학파와 국내적으로는 영국고전학파의 전통을 계승하는 자유주의와 대결하는 미국산업자본에 그 기반을 두고 있다. 또한 그의 기본적 시각은 일관되게 국민적 부＝국민생산력이라는 기본개념을 중심으로 그 이론을 전개하고 있으며, 이것을 어떻게 증진시킬 것인가라는 것이 그의 변함없는 기본적 지향이었다. 따라서 레이먼드의 주장은 당시 미국산업자본의 요청을 이론적으로 표현한 것으로 보아야 할 것이다.

레이먼드의 이론이 리스트에 어떤 영향을 미쳤는가는 의문이지만 네일(C.P.Neill)은 양자의 주장이 다음과 같은 여섯 가지 내용에서 유사점을 지니고 있다고 주장하였다.[153]

그 내용은 다음과 같다.

---

151) Ibid., p.343.
152) 正木一夫譯, アメリカ經濟學槪要, 未來社, p, 83.
153) C.P.Neill, Daniel Raymond, Johns Hopkins Univ.Studies(15 series Ⅵ), 1897, pp.47-57.

첫째, 스미스 학파는 사경제와 공경제를 구별하지 않고, 따라서 정치경제학이나 국민경제학이 아니라 오히려 개인경제학을 취급하였다.

둘째, 스미스 학파는 인류의 일반적 이익과 한 국민의 이익을 구별하는 데 실패하였다. 때문에 그 이론은 지나치게 민주주의적이며, 현실에 적용할 수 없다.

셋째, 스미스 학파는 개인의 이익과 사회의 이익이 일치한다고 가정한다. 그러나 이러한 가정을 보증할 근거는 없다.

넷째, 정치경제학의 실질적인 체계는 각 국민의 존재를 무시할 수 없다. 각 국민은 개인적 이익이나 다른 국민의 이익과는 대립하는 국민적 이익을 가진 하나의 유기적 통일체로 간주된다.

다섯째, 각 국민은 사경제학 또는 개인경제학, 만민경제학 또는 인류경제학과는 달리 상황에 따라 특수한 국민경제학의 체계를 갖는다.

여섯째, 스미스 학파의 체계는 교환가치의 이론이다. 국민적 부는 교환할 수 있는 상품에 있는 것이 아니라 생산력에 있다.

그러면 여기서 보호무역에 관한 해밀턴과 레이먼드의 주장에 있어 그 공통점과 상이점은 무엇인가.

물론 보호무역에 관한 이론을 해밀턴은 정치적 방향에 기초를 두고 있는 반면, 레이먼드는 경제적 방향에 두고 있다는 것이 특징적이며, 나아가 레이먼드는 자신의 보호주의에 관한 주장을 경제적 기반과 연관시키면서 그것은 바로 사적 이익, 국민적 이익 그리고 국제적 이익으로 구분한 점에 있다.

이러한 기본적 시각의 차이에서도 양자가 보호주의에 관한 공통점은 정책이라는 용어를 사용하는데 공정하다는 점이다. 즉, 국내시장을 확보하고 유치산업을 지원하기 위해 부과되는 보호관세는 고용을 촉진하고 덤핑을 방지한다. 물론 국내에서 생산되지 않는 상품에 관한 관세는 가장 낮아야 하며 높은 관세율을 갑작스럽게 인하하는 것은 국내산업에 피해를 주므로 이러한 조치는 가급적 피해야 한다는 점이다. 그리고 무역수지를 유리하게 해야 한다는 점이다.

그리고 양자의 보호주의에 관한 견해에 있어서 차이점은 특이하다. 해밀턴의 이론은 보다 논리적으로 발전시킨 반면, 레이먼드의 그것은 스미스 체계의 모순점을 하나씩 지적하면서 자신의 보호주의 체계를 명확하게 체계화하였다. 보호정책의 수단으로서 해밀턴은 보조금을, 레이먼드는 기본적으로 일시적인 관세를 우선시키고 있다. 레이먼드는 해밀턴 이후 30여년이 지난 뒤, 미국체제파 경제학의 제1인자로서 해밀턴의 이론을 추진하였으며, 국민이라는 개념에 있어서는 리스트의 눈부신 선구자였다.

그러나 레이먼드는 리스트가 주장하는 국민경제학이라는 용어를 사용치 않았다. 또한 그는 경제학을 세 가지 유형으로 분류하지도 않았다. 그러나 레이먼드는 국민경제학과 동일한 의미의 정치경제학(political economy)이라는 용어로써 이를 사경제학(private economy)과 구별하면서 자신의 이론을 전개하였다. 레이먼드에 의하면 "정치경제학이란 공공의 부(富) 또는 국민적 부의 성질과 여러 원인을 가르치는 과학"154)이라고 정의하면서 과학의 임무는 "국민의 부와 행복을 증진시키는 가장 유효한 수단을 가르치는 데에"155)있다고 하였다. 중상주의자나 중농주의자들이 국민의 구성 부분인 특정계급을 국민과 동일시하거나, 아담 스미스가 국민과 그것을 구성하는 모든 개인을 동일시하는 것과는 달리 레이먼드는 국민을 하나의 통일체로서 규정하였는 바, 국민이란 리스트가 주장한 바와 같이 개인과 인류의 중간물(中間物)이며 그 국민의 경제가 바로 국민경제인 것이다.

---

154) Daniel Raymond, op.cit., p.9.
155) Ibid., p.9.

## 3. 케어리(Mathew Carey)의 보호무역론

당시 미국경제는 제2차 영·미 전쟁(1812~1814) 이후에 발생한 1819
년의 공황으로 큰 타격을 받아 독립 직후의 위기에 이어 '제2의 위
기'에 직면하였다. 이러한 시기에 종래 맹아적(萌芽的)으로 밖에 존재
하지 않았던 보호무역운동이 일어나 보호무역이냐 아니면 자유무역
이냐, 라는 문제가 국민적 관심사가 되고, 따라서 국론이 양분되기에
이르렀다. 종래의 식민지적 경제구조로부터 자립적 국민경제구조로
급속히 전환하는 경제적 기초를 창출한 것은 무역제한시대로부터 북
부를 중심으로 성장해 온 산업자본이며 그 정책적 표현이 보호무역
론의 대두였다.

"케어리를 공업의 확고한 옹호자로서 등장시킨 것은 1819년의 국
민적 위기"였기 때문이라고 로우(K.W.Rowe)[156]가 지적한 바와 같이,
실로 이 국민적 위기야말로 케어리(Mathew Carey, 1760~1839)[157]를
14년간 미국체제의 가장 강력한 창도자(唱導者)로 만들었다. 그의
이론은 이 위기의 현상인식으로부터 출발하여 현상의 구제=개혁이
라는 실천적인 형태로 전개되어 있다. 따라서 그는 1819년의 공황을
어떻게 파악하였는가. 말하자면 국민경제 전체를 마비시킨 공황의
원인은 무엇인가. 그는 이 공황의 근본원인을 단적으로 "국내에서

---

156) K.W.Rowe, Mathew Carey, A Study in American Economic Development,
    pp.37-38.
157) 케어리(Mathew Carey)의 주요 저서 및 논문은 다음과 같다.
    ① National Interests and Domestic Manufactures, 1819.
    ② The New Olive Branch, or an Attempt to establish on Interest between
    Agriculture, Manufactures, and Commerce, 1820.
    ③ A View of the Ruinous Consequences on Foreign Market, 1820.
    ④ Essays on Plitical Economy, 1822.
    ⑤ Essays tending to prove the Ruinous Effects of the Policy of the U.S.
    on the Three Classes, Farmer, Planters, and Merchants, 1826.

생산할 수 있는 것을 외국로부터 수입하도록 유도한 우리 자신의 잘못된 정책"에 있다고 결론짓고 있다.[158]

메듀 케어리(이하 '케어리'라 함)에 의하면 독립 이후 1820년까지 미국의 무역정책은 일관되게 국내시장을 무시하고 오로지 해외시장에 의존하는 정책을 취해왔다.[159] 이러한 부당한 정책의 결과, 국내공업의 발전은 정체하여 국내시장은 점점 협소화하고 결과적으로 그것이 외국시장에 대한 의존을 보다 강화하게 되었다. 그렇지만 본래 불안정한 해외시장은 전후의 일시적 붐을 경과하여 그 이후 축소하기 시작, 농산물의 과잉생산이 격화되어 그 가격을 폭락시켰다. 이 때문에 공업만이 아니라 농업도 심각한 불황에 직면하고 다시 그것은 상업·금융업에까지 파급되어 미국경제 전체가 마비상태에 이르게 되었다. 따라서 이 시기의 위기는 결코 일시적이고 과도적인 원인에 의한 것이 아니라 종래 미국 무역정책 그 자체에 기인하는 미국경제 전체의 구조적인 결함에서 발생한 것이다. 이러한 공황은 '모래 위에 축조된 번영 – 농산물의 해외시장의존에 의한 번영 – '의 파탄을 극적으로 표현한 것이다.

케어리는 이러한 시대의 보호무역론자, 즉 나일즈, 레이먼드, 리스트 등과 함께 당시의 가장 대표적인 보호주의자였다. 케어리는 당면했던 경제위기의 원인이 "공업에 대한 적절한 보호의 부족"[160]에 있다면서 이를 다음과 같이 설명하고 있다.

> "농업·공업·상업 사이에는 완전한 이익의 공통성이 있다. 만약 그 가운데 하나가 중대한 피해를 입게 되면 나머지도 큰 피해를 공유하게 된다."[161]

---

158) Mathew Carey, op.cit., ①, p.iv.
159) 단, 무역제한과 전쟁의 시대에는 정부의 원조 없이도 국내공업이 눈부신 발전을 이룩하였지만 평화회복 이후 다시 원상태로 복귀하였다.
160) Mathew Carey, op.cit., ①, p.42.

즉, 공업의 파괴는 가장 귀중한 시장인 국내시장을 축소시킴으로써 농업 등에 심대한 피해를 준다는 것이다. 공업의 폐해가 특히 농업에 미치는 영향에 관하여 케어리는, ① 귀농화(歸農化)의 촉진, ② 외국으로부터의 공업이민의 저지, ③ 원료공장의 파괴, ④ 농가자녀의 공업고용저해 등을 지적한다. 바꿔 말하자면 국내공업의 보호·육성정책을 태만히 하게 되면 결과적으로 산업구조의 왜곡, 즉 국내분업 체제의 파행적 발전이 일어나, 결국 파국의 근원으로 발전하게 된다는 것이다. 이상의 네 가지 내용을 구체적으로 설명하면 다음과 같다.

첫째, 귀농화의 촉진작용이다. 공업의 파괴는 다수의 공업인구를 토지의 경작자로, 따라서 농민의 고객 대신에 경쟁자로 전환하였다는 것이다. 이 시기의 불황으로 공업인구가 가족과 함께 내륙부(內陸部)로 귀농화(to go back and cultivate the soil)하였으며, 그들의 식량소비로 농산물시장을 상실하였을 뿐만 아니라 그들이 농산물을 과잉생산함으로써 귀농화는 농민에게 이중의 손실을 주었다.

둘째, 공업이민의 저지작용이다. 한 나라의 경제발전에 있어서 공업이민(숙련공)의 역할은 미국에 있어서 무엇보다도 중요하다. 그러나 당시 공업부진 때문에 이민자의 수는 격감하였다. 그들은 공업부문에 고용은 찾을 수 없어 귀농하든지 아니면 귀국하는 수밖에 없었다. 이들의 이민 가운데는 다수의 유용한 숙련공이 포함되어 있으며, 그들은 공업발전에 공헌할 뿐만 아니라 농산물의 고객이기도 하다.

셋째, 원료공장의 파괴 작용이다. 공업의 침체는 그 이웃의 농민에게 시장을 제공하는 바와 같은 가장 귀중한 원료시장을 파괴한다. 당시의 면방공업의 부진 때문에 국내소비량이 격감하여 국내시장의 주요부문을 치명적으로 파괴시킴으로써 영국으로 수출량을 증가시켜 가격을 하락시키는 결과를 초래하였다.

---

161) Mathew Carey, op.cit., ②, p.Ⅷ.

넷째, 농가자녀의 공업고용의 저지작용이다. 농업에 부존되어 있는 부녀자들이 공장에 고용되는 것을 방해한다. 이들 부녀자들이 공업부문으로부터 이탈한다는 것은 농민에게 있어서도 중대한 손실을 초래한다는 것을 의미한다.[162]

이상과 같이 공업의 파괴는 가장 귀중한 시장인 국내시장을 축소시킴으로써 농업 기타 산업에 심대한 피해를 준다고 케어리는 지적하고 있다.

그는 미국이 당면한 경제위기를 탈피하기 위해서는 왜곡된 산업구조의 시정, 즉 농업·공업·상업의 균형 있는 발전을 회복시키지 않으면 아니 된다고 주장한다.

> "이와 같은 사태의 유일한 근본적 구제책은 혼란된 각종 산업부문 사이의 균형상태를 회복하기 위하여 국내공업을 전면적으로 장려하는 정책이다. 즉, 그것은 인구에 비하여 지나치게 과잉된 농업으로 공업노동자가 귀농하는 것을 저지할 뿐만 아니라 이미 귀농한 공업노동자를 원상태로 복귀토록 하여 면화의 생산을 줄이고 가장 중요한 원료의 국내소비를 늘리는 것이다. ……제조업이 적절한 장려를 받게 되면 원료의 가장 중요한 시장을 농민들에게 제공할 수 있다."[163]

이상과 같이 케어리는 농업·공업·상업이 균형 있는 국민경제(balanced national economy)의 발전을 위해서는 파행적 발전을 거듭해 온 국내의 생산구조를 시정하여야 하며 그 시정책으로서 무엇보다 국내공업을 장려하여야 한다고 주장하였다.

따라서 케어리는 농업·공업·상업의 균형 있는 국민경제의 발전을 위하여 국내공업의 보호·육성을 당면의 가장 중요한 정책의 목표로 하였다. 그렇다면 케어리의 공업보호·장려론이 기본적으로 콕스(Tench Coxe)를 비롯하여 해밀턴의 공업보호주의의 사상을 계승하

---

162) Mathew Carey, op.cit., ④, pp.439-443.
163) Ibid., p.509.

고 있다는 사실에 의심의 여지가 없다. 다만 해밀턴의 사상과 차이점이 있다면 그것은 보다 발전된 경제적 기반, 즉 산업자본이 어느 정도 축적된 상태에서 현실적이고 실천적인 이론을 전개하고 있다는 점이다. 왜냐하면 해밀턴 시대에는 불분명했던 산업자본가층이 케어리 시대에는 그 이론의 실현을 위한 주요한 담당자로서 상당히 분명하게 등장하였기 때문이다.

케어리는 자신이 주장하는 국민경제라는 문제를 다음과 같이 명쾌하게 제기하고 있다. 문제는 "스미스의 기치(旗幟) 아래에 파멸로의 길(road to ruin)로 우리나라를 인도할 것인가, 아니면 해밀턴의 기치 아래에 참된 독립으로의 길(road to true independence)을 걸을 것인가"[164]라는 양자택일을 하여야 하는 것이다. 바꾸어 말하면 미국경제가 나아가야 할 길은 '파멸에로의 길', 즉 자유무역론에 기초한 국제분업체제 – 구체적으로는 영구적인 산업자본으로의 편성 – 로 편입된 종속적이고 식민지적인 경제구조를 선택할 것인가, 아니면 '참된 독립으로의 길,' 즉 보호무역론에 기초한 균형 있는 자립적 국민경제구조를 선택할 것인가라는 방향을 제시하였다. 또한 그는 "참된 독립에로의 길은 어떻게 달성될 수 있는가"[165]라고 자문하면서 이 문제에 관하여 유럽제국의 무역정책을 검토하면서 다음과 같은 역사적 교훈을 도출하였다.

당시 유럽제국에는 두 가지의 대조적인 무역정책이 있었다. 그 하나는 영국·프랑스의 국내공업의 보호정책, 즉 국내시장의 보호이며, 다른 하나는 스페인·포르투갈의 자유무역정책, 즉 선진국에 대한 국내시장의 개방이다. 그 결과 전자는 확실히 국부(國富)를 증진시킨 데 반하여, 후자는 국력이 쇠퇴하여 파멸의 길로 돌진하였다. 후자의 비참한 말로는 바로 메슈엔 조약(1703년)에 의하여 영국공업에 국내

---

164) Mathew Carey, op.cit., ①, p.57.
165) Ibid., p.44.

시장을 개방하였기 때문에 국내공업은 쇠퇴하여 영국에로의 종속화를 걷게 된 포르투갈의 운명을 상기하지 않으면 아니 된다.

여기서 케어리는 미국과 포르투갈의 상태를 비교한 결과, 미국은 포르투갈과 매우 유사하다는 것이다. 미국의 남부는 영국경제에 종속화하여 영국경제와 국제분업 체제의 일환으로서 편입되어 있었지만, 북부는 광대한 내부시장을 창출하면서 공업의 급속한 성장을 볼 수 있었다. 때문에 남부와 북부의 합성물인 미국경제는 영국·프랑스의 모델(자립형)의 길이 아니라 스페인·포르투갈의 모델(종속형)로의 위험한 길을 걷고 있다면서 이를 케어리는 경고하였다. 그리고 이러한 역사적 경험으로부터 국가의 번영은 국내공업에 대한 장려에 정비례한다는 교훈을 얻게 된 것이다.

케어리에 의하면 그것은 "우리나라에서 생산할 수 있는 공업제품의 수입을 제한하여 국내공업을 육성한다."[166]는 것이다. 이렇게 함으로써 해밀턴이 구상했던 국민국가를 형성할 수 있다. 때문에 그에게 있어서 가장 현명한 구제책은 대외시장을 축소하고 국내시장을 육성·확대하는 데 있다. 그러자면 제조업자의 수를 증가시켜 국내시장, 즉 토지의 미가공생산물을 위한 최상의 시장을 확대시키지 않으면 아니 된다. 결국 보호관세에 의한 무역의 차단으로 국내공업을 육성하고 국내시장을 확대하는 것이야말로 "참된 독립에로의 길"[167]이다. 이렇게 볼 때 해밀턴의 공업육성정책에는 공신용(pubic credit)의 창출을 주(主)로 하고 보호관세를 종(從)으로 한 데 비하여, 케어리는 철두철미하게 보호관세에 의존하고 있다는 점에서 양자의 차이점을 발견할 수 있다.

국내공업의 육성에 의한 국내시장형성의 중요성에 관하여 케어리는 "농산물 및 공산품을 위한 국내시장은 모든 외국시장보다 훨씬

---

166) Ibid., p.44.
167) Ibid., p.57.

중요하다. 예를 들어 광범하게 외국무역을 영위하고 있는 나라에서 조차 그러하다."[168]라고 하였다. 이와 같은 주장은 이미 스튜어트, 스미스 그리고 해밀턴에 의해서도 일관되게 주창된 것이지만, 케어리는 국내시장우위론을 다음과 같이 더욱 확실하게 표명하고 있다. 즉, 첫째, 국내시장이 외국시장보다 그 규모가 크다. 둘째, 농산물수출과 공산품수입이라는 형태의 무역은 농산물수출국에 불리하다. 셋째, 외국시장이란 원래 불안정하고 가격변동이 심하기 때문에 수송비나 유사시에 국가의 안전과 독립유지라는 점에서 볼 때 국내시장이 보다 더 중요하다.

아담 스미스가 공업의 발전을 농업의 후예(後裔)로 보고 있는 것이나, 해밀턴이 번영하는 농업 위에 공업의 발전을 기대하는 것과 같이 케어리는 농산물을 위해서도 국내시장의 확대는 필요불가결하며 국내시장의 확대는 "국내공업의 보호에 의하여 달성되어야 한다."[169]고 결론짓고 있다. 그러나 농업·공업·상업의 이익의 상호의존성이라는 측면에서 당시 미국산업구조의 왜곡을 시정하자는 입장을 고려할 때, 케어리의 주장은 지나치게 공업보호에 치중하고 있다고 단정하기는 어렵다. 그런데도 케어리를 국민적 보호주의자라고 단언할 수 있는 것은 앞에서도 인용한 바 있는 로우(K.W.Rowe)가 "케어리를 공업의 확고한 옹호자로서 등장케 한 것은 1819년의 국민적 위기였다."[170]고 한 바와 같이, 실로 케어리의 보호무역론이 이 위기라는 현상의 인식에서 출발, 현상의 구제·개혁이라는 실천적 형태로 전개된 데 그 배경을 찾아볼 수 있다. 농산물의 국내시장확대를 위한 국내공업의 보호라는 관점에서 볼 때, 리스트가 "국민의 농업력이 계속 위축되는 것을 저지하기 위해서는…… 국내에 공업력

---

168) Ibid., p.14.
169) Mathew Carey, op.cit., ④, p.Ⅳ.
170) K.W.Rowe, op.cit., pp.37-38.

을 수립하는 것보다 더 좋은 수단은 없다."171)고 주장하기에 앞서 이와 비슷한 내용이 이미 케어리의 이론에 보다 선명하게 나타나 있다.

이러한 역사적 판단으로부터 케어리는 "국가의 번영은 국내공업에 대한 장려에 정비례한다."172)고 강조하면서 국내공업의 보호·육성을 당면의 정책목표로 삼아야 하는 몇 가지 이유를 다음과 같이 들고 있다.173)

첫째, 농업과 상업은 이미 충분한 보호를 받아온 데 비하여 공업은 지나치게 무시당해 왔다. 그 결과 여러 산업 사이에 적절한 분업의 균형이 파괴되어 경제위기를 초래하였다. 농업과 상업은 경제규모에 비하여 이미 비대하므로 과잉인구의 유일한 배출구는 공업이어야 하며 공업의 육성을 통하여 여러 산업 사이의 균형을 회복할 필요가 있다.

둘째, 공업이야말로 국내시장을 확대하는 원동력이다.

셋째, 공업생산 그 자체가 유리하다. 말하자면 공업생산성은 농업생산성보다 더 높다.

이상 세 가지 논점에 관한 케어리의 견해는 해밀턴의 <보고서>와 더불어 앤더슨(J. Anderson)의 저서174)를 통해서 보완되고 있다. 앤더슨은 스코틀랜드에 모직물 공업을 육성함으로써 내부시장을 창출하고자 했다. 그는 "농민만이 살고 있는 나라는 태만하고 비참한 지역"175)이라면서 농업을 발전시키기 위해서는 공업을 도입·육성시킬 필요가 있다고 강조하였다. 또한 "이웃에 제조업자를 두어야 한다. 제조업자는 농민이 시장에 가져오는 모든 농산물을 구입할 것이다.

---

171) 小林昇譯, 經濟學の國民的體系, 岩波書店, 1970, p.220.
172) Mathew Carey, op.cit., ①, p.Ⅲ.
173) Mathew Carey, op.cit., ⑤.
174) J.Anderson, Observations on the Means of exciting a Sprit of National Industry, 1777, p.61.
175) Ibid., p.61.

그러므로 농민은 드디어 근면하게 될 것이다."176)라고 하였다. 이와 같은 내부시장의 존재가 항상 농업을 진흥시킬 수 있다.

케어리는 그 한 예로 펜실바니아 주의 서부에 위치한 한 마을인 하머니(harmony)177)를 들고 있다. 이 마을은 1804년에 한 내륙에 형성되었지만, 거기에는 "처음부터 농업과 공업이 함께 손을 잡고 추진되었기 때문에 부와 번영에로의 진보는 어떤 선례보다 훨씬 능가하여 왔다."178)고 케어리는 설명하고 있다. 그래서 "이 작은 사회(common wealth)는 전면적으로 그 공급을 자기 자신에 의존"179)하여 왔기 때문에 어느 다른 지역보다도 부의 증진과 번영을 향유할 수 있었다고 케어리는 부가하여 설명한다.

이 마을은 식민(植民) 이후, 겨우 7년(1811년)만에 인구는 800명으로 증가하였으며, 취업인구 244명 가운데 농민은 103명(42%), 각종 수공업이 136명(56%)을 점하고 있었다. 다종다양한 각종 수공업자의 대부분은 소 생산자였다고 생각되지만 모직물업과 같이 이미 메뉴팩쳐 내지 초기공장으로까지 발전한 것도 파악할 수 있었다. 이 하머니 마을의 사회적 분업의 구조는 이전에 덴치 콕스가 공업마을의 모델로서 묘사한 전형적인 실현형태로 볼 수 있다. 말하자면 여기에는 국지시장권이 형성된 것이다. 케어리는 이 하머니 마을의 예를 다음과 같이 결론짓고 있다.

"하머니는 인류의 행복을 촉진하고 여러 국민의 부와 힘 그리고 자원을 증진하기 위한 참된 정책에 관하여 가장 유익한 교훈을 나타내고 있다. 하머니의 사람들은 참된 실천적 경제학자였다. 그들은 미국의 나

---

176) Ibid., p.62.
177) 하머니마을은 1804년에 유럽이민자들에 의하여 형성된 마을로서 7년 뒤인 1811년에는 인구가 800여명으로 증가하였다.
178) Mathew Carey, op.cit., ②, p.178.
179) Mathew Carey, op.cit., ①, p.v.

머지 대부분의 사람들과 같이 그들의 부를 원거리의 반구(半球)의 공업을 위하여 낭비하지 않았으며 또한 국내에서 생산할 수 있는 제품을 값싸게 외국으로부터 구입하지 않았다. 제퍼슨의 건전하고 힘 있는 말을 사용하자면 그들은 농민 쪽에 제조업자를 두어라(place a manufacturer in the neighbourhood)는 것이다."180)

여기서 명백하게 나타나 있는 바와 같이 케어리의 국내시장론의 원형은 이 하머니 마을에서 전형적으로 찾아볼 수 있다. 이 마을은 전면적으로 그 공급을 자기 자신에 의존하는 사회적 분업구조, 즉 국지분업이었다. 그리고 국지분업을 거점으로 하여 다른 국지분업과 결합된 것이 지역분업이, 이것이 다시 국민적 규모로까지 확대된 것이 국내시장이다. 그 때문에 하머니 마을이란 말하자면 그가 목표로 하는 자립적 국민경제 건설의 축소판이라고 할 수 있다.

또 다른 한 가지 예는 리스트가 미국체제 때, 국민경제의 모델로서 다루었던 저먼타운(German town)에서 발견할 수 있다. 저먼타운은 건국 이전인 1748년에 펜실바니아 주의 한 공업마을로 발전하여 독자적인 공업권을 형성하며 그들이 필요한 모든 것을 생산할 수 있어 영국과의 거래를 필요로 하지 않는 국지시장권을 형성할 수 있었다.181) 또 다른 예로서는 독립 직후, 1786년에 역시 펜실베니아 주의 랑카스타에서 그리고 1802년에는 핏츠버그 등에서 자급자족적인 국지시장권을 형성하고 있었을 뿐만 아니라 각각의 국지시장에 섬유나 금속제품 등 지역의 특수공산품을 생산, 상호 교환함으로써 드디어 분업이 지역적 규모로 진행할 수 있었다. 물론 건국 시기의 미국 경제상태를 이러한 사정만으로 해석할 수는 없으며, 오히려 이와는 반대되는 국제분업상태(＝국제시장관계)나 이에 결부된 경제적 이해

---

180) Mathew Carey, op.cit., ②, p.179.
181) 宮野啓二, "局地的市場圈の形成"(大塚·高橋·松田編著, 西洋經濟史講座 (第2卷), 岩波書店, 1966.

도 과소평가할 수 없다. 그러나 국지시장권의 형성과 이 시장권을 지역시장권으로 다시 이를 국민적 규모로 통일하고자 하는 경향은 미국이 독일에 앞서 이루어진 현저한 국민경제 형성과정의 기본선을 이루고 있었다.[182]

케어리의 국내시장론은 그 전형적인 모델인 하머니라는 마을에서 볼 수 있는 바와 같이 전적으로 그 공급을 자체 내에서 해결하고자 하는 사회적 분업구조, 즉 국지분업이다. 이러한 형태를 공동체(Gemeinde) 혹은 공동조직(Gemeinwesen)이라는 사회관계로 설명하는 경우[183]도 있지만, 케어리에 있어서 이 문제는 자립적 국민경제건설의 축소판으로서 이해되고 있다. 케어리의 국내시장, 즉 국민경제론은 이와 같은 국지분업으로부터 출발하여 지역적 규모, 다시 국민적 규모의 공동체로까지 확대된다.

이처럼 국민경제가 어떻게 형성되어야 하는가, 하는 방법론에 있어서 농업·공업·상업의 조화에 관한 한, 레이먼드, 케어리와 리스트의 견해는 일치한다. 그러나 국민경제의 형성과정이 국지분업으로부터 출발한다는 점에서 레이먼드와 리스트가 감히 구상해보지 못했던 케어리 고유의 학문적 기여의 하나라고 할 수 있다.

사실상 미국의 건국 시기나 초기의 무역제한시대에는 국내공업이 호황을 맞이하고 있었다. 그러나 그 이후의 시기에는 영국 상품의 홍수와 같은 수입으로 유약(幼弱)한 국내면업이 파괴적인 타격을 받았지만, 영국 상품에 영향을 받지 않는 내륙의 농촌지역의 공업은 식민지 시대 말 이후 비교적 균형 있는 사회적 분업이 발전하고 있었으며, 국지분업＝시장으로부터 지역분업＝시장으로의 전개과정에서 특정의 공업의 거점으로서 공업마을이 형성·발전되고 있었다.[184]

---

182) 大塚久雄, 國民經濟, 岩波書店, 1980, pp.77-79.
183) 大塚久雄, 共同體の基礎理論, 岩波書店, 1955.
184) 中村勝己, アメリカ資本主義論, 未來社, 1971, p.21.

　물론 케어리의 장점은 예리한 현실적 감각을 가지고 시대의 방향을 통찰하여, 그 방향을 뒷받침하는 풍부한 자료를 구사하면서 설득력 있는 주장을 전개한 데 있지만, 그의 이론 및 정책의 기본적인 골격은 독창적이라기보다 오히려 해밀턴의 계승이라고 보아야 한다. 그렇지만 그가 목표로 한 것은 무엇보다도 미국의 참된 독립의 완성, 즉 자립적 국민경제의 확립이며, 그 달성의 수단으로서 보호관세에 의한 국내공업의 육성과 국내시장의 보호·확대에 있었다. 특히 그가 공업에 대한 보호관세의 필요성을 공업이 '농업의 벗'으로서 농산물을 위한 국내시장의 공급역할을 담당하여야 한다고 주장한 것은 그의 탁월한 견해라 하지 않을 수 없다. 그는 단순히 당시 형성되기 시작한 남부·북부·서부라는 기존의 지역간분업을 그대로 안이하게 결합시켜야 한다고만 주장한 것이 아니라, 농업지역의 내부에서 공업을 창출시키고자 의도하였다.

# 제 3 장
## 국민경제와 보호무역론의 이론구조

# 제1절 리스트이론체계의 발전과정

## 1. 자유무역에 관한 논쟁

리스트는 19세기 초반 후진자본주의국이었던 독일의 국민경제학자로서 그가 처한 당시 독일의 정치적·경제적 상황은 어떠하였으며, 그가 타파하지 않으면 아니 되었던 대항세력은 무엇이며, 또한 보호무역을 어떻게 전개하고자 하였는가, 라는 문제에 집착하였다. 이러한 문제 가운데서도 자유무역에 관한 스미스와 리스트와의 논쟁을 먼저 해명하고자 한다.

### (1) 아담 스미스의 자유무역론

리스트가 줄기차게 지향하고자 한 것은 그의 유서로 알려져 있는 <독일인의 정치적·경제적 국민통일>의 제목이 암시하는 바와 같이, 그의 국민경제학은 독일이 어떻게 하면 정치적·경제적으로 통일을 할 수 있는가라는 것에 두고, 이러한 목적의 실현을 저지하는 적수로서 가장 먼저 영국의 고전학파인 아담 스미스의 경제학체계를 들고 있다. 리스트가 독일이 국민적 통일을 달성하기 위해서는 공업부문을 육성하지 않을 수 없으며, 공업을 육성하기 위해서는 홍수처럼 밀려오는 영국의 공산품 수입을 저지하기 위하여 불가피하게 독일의 보호관세를 긴급히 설정하여야 한다고 주장하면서 아담 스미스의 자유무역론에 초점을 맞추어 비판하게 된 것이다. 리스트가 <경제학의 국민적 체계>를 주요 저서의 제목으로 하면서도 그 부차적인 제목을 <제1권: 국제무역, 무역정책, 독일관세동맹>이라고 붙인 것은 바로 이 때문이었을 것이다.

그러면 아담 스미스의 자유무역론이란 무엇이며, 리스트는 그것을 어떻게 수용하였는가, 라는 내용을 개략적으로 검토할 필요가 있다.

아담 스미스는 <국부론>[1]에서 상품생산의 확대에 의한 분업, 즉 사회적 분업 내지 기술적 분업의 발달이 각 국민과 그 구성원을 동시에 부유하게 한다는 인식을 전제로 하고 있으며, 따라서 부(富)에로의 길에 있어서는 인간의 물적 행복을 배려하는 신(神)의 '보이지 않는 손'이 '자연적 자유라는 제도'아래에서 가장 완전하게 작동한다면서, 경제적 자유를 구속하는 통제나 간섭 그리고 독점은 자유경쟁을 위하여 반드시 배제되지 않으면 아니 된다고 설명하고 있다.

그러나 이러한 주장에는 몇 가지 유의하여야 할 점이 있다고 생각한다.

첫째, 아담 스미스가 각종의 독점과 정책적 간섭을 비판하였다 하여도 그 시대의 영국에 있어서는 일찍이 뿌리를 내리기 시작한 정치적 자유가 명예혁명 이후 대개 확립되었으며, 또 경제적 자유는 무역이나 식민지에 관한 정책을 제외하고서는 이미 대폭적으로 실현되었다. 물론 아담 스미스는 이러한 사실을 알고 있었을 것이며, 따라서 영국의 정책에 관한 그의 비판, 소위 중상주의에 대한 비판은 실질적으로 중상주의의 보호무역체제와 그것을 뒷받침하는 여러 관념에 두고 있었다. 때문에 아담 스미스의 경제적 자유주의에 있어서 자유무역주의가 차지하는 비중은 컸을 뿐만 아니라 사실상 당시 영국 사람들은 점점 자유무역주의를 이해해 가고 있었다.

둘째, 아담 스미스는 보호무역에도 독점의 원리가 일관되게 지배하고 있다고 생각하였다. 영국의 대외무역에 있어서 소수의 특권사회가 배타적으로 독점하고 있기 때문에 관세라는 벽으로 둘러싼 국내시장을 확보하여 그 내부에서 자국민들에게 자유경쟁을 부여한다 하여도

---

1) Adam Smith, The Wealth of Nations(1776).

특권회사의 무역독점이라는 점에서는 변화가 있을 수 없다. 영국시장이 사실상 독점적이기 때문에 아담 스미스는 각국이 세계의 어느 시장에서도 자유롭게 경쟁을 하지 않는 한, 말하자면 특정국의 국내시장에서 다른 국가의 상품이 배제되고 있는 한 소비자로서는 가장 값싼 상품을 구매하고자 하여도 선택의 자유가 없다고 생각하였다.

셋째, 아담 스미스의 이러한 사고는 자유무역을 하면 국제분업의 이익을 전적으로 향유할 수 있다는 판단을 내리게 된 것은 당시 모직물을 수출하고 포도주를 수입하는 것이 이익이라는 생각과 일치한다. 이러한 판단에는 두 가지의 전제가 있다. 하나는 아담 스미스는 자신이 말하는 바와 같이, 국민경제를 가계와 동일한 눈으로 보고 교환가치에서의 잔고(殘高)만을 문제로 삼았지 무역의 내용에는 관심이 없었다. 다른 하나는 이와 같이 교환가치의 이득에 무역의 관심을 집중한 것은 원래 아담 스미스가 <국부론>에서 수립한 경제학이라는 자체의 본질에 기초하고 있다. 따라서 품질과 필요도와 상이한 무한정하게 많은 종류의 모든 상품을 경제적 분석의 대상으로 하기 위해서는 또 이렇게 하여 거기에 자연과학적 법칙성을 발견하기 위해서는, 상품을 양으로만 상호 상이한 교환가치 → 가격이라는 것으로 환원시켜 그것을 분석의 대상으로 한다는 것이 아담 스미스의 자각적 방법이었다. 경제학은 적어도 그 주류에 관한 한, 아담 스미스가 수립한 이 방법에 따라 그 이후 교환가치의 이론을 전개시켜 왔다.

## (2) 이데올로기로서의 자유무역주의

분업의 발달은 어떤 경우라 할지라도 자본의 축적을 전제조건으로 한다. 그러므로 아담 스미스는 자본의 축적을 위해서는 노동자가 그 노동으로 자본가에게 이윤을 안겨주거나, 자본가가 그 이윤을 절약하거나 상품을 만들지 않는 근로자가 상품을 만드는 노동자가 되게 하거나, 하는 등이 필요하다고 하지만, 이와 동시에 자본이 어떠한 생산부문에 투하되는가, 라는 점에서 적어도 축적속도의 대소에 관한 주의를 기울여야 한다고 하였다. 말하자면 아담 스미스에 있어서는－그가 이를 근거로 한 이론이 모순 된다는 것은 여기서는 재론하지 않지만－자본은 그것이 축적되어 있지 않는 경우에는 '농업 → 공업 → 국내상업 → 외국무역'이라는 순서로 투하되는 것이 축적을 위하여 가장 효과적이며, 따라서 최대의 축적을 가능하게 할 것이다. 아담 스미스는 이러한 투자순서를 '자본투하의 자연적 순서'[2]라고 하였다. 여기에도 자연의 섭리가 작동하고 있는 것이다. 그런데도 자본의 축적이 분업의 발달을 가능하게 하고 생산력을 증대시켜 인류의 행복을 증대시키기 위한 전제가 되는 한, 경제적 자유는 이 '자연적 순서'의 실현을 위해서 요구되지 않으면 아니 되게 된다.

스미스는 이 이론을 기초로 하여 당시 영국의 중상주의적 보호무역정책과 식민지 무역체제를 비판하였다. 말하자면 이들의 정책과 제도는 정부가 바라는 부문에 대한 자본투하를 유리하게 하도록 하였다. 예를 들어 인도 면포(綿布)의 수입금지는 국내에서의 섬유공업에 대한 투자를, 설탕무역의 독점은 이 무역부문에 대한 투자를 영국자본에 우선적으로 선택하게 한다는 것이다. 따라서 이들 정책과 제도는 '자본투하의 자연적 순서'의 실현을, 나아가 자본축적의 최대한의 실현을 방해하는 것이다. 아담 스미스의 자유무역론은 이러한 각도에서도 자신의 이론이 필연적으로 요구되었던 것이다.

그러나 우리와 같은 후진국민의 입장에서 아담 스미스의 자유무역론을 수용하였다고 하자. 그 결과는 어떻게 될 것인가.

당시의 영국은 다른 국가에 비해 훨씬 앞서 산업혁명을 완성시켜가고 있었기 때문에 당연히 공산품의 가격은 저렴하게 됨으로써 결

---

2) Ibid., p.360.

과적으로 후진국은 영국으로부터 공산품을 수입하고 그 대가로 영국에 원료와 식료를 수출하게 될 것이다. 이것이 국제분업이 가져오는 교환가치 위의 이익이며 또한 어떠한 국가에 속하는 개인에 있어서도 확실히 가계의 이익이 된다. 그렇지만 국민적 예속을 바라지 않는 후진국민의 입장에서 말하면 위와 같은 형태로 국제분업에 편입된다는 것은 아담 스미스가 말하는 '자본투하의 자연적 순서'의 실현이 저지되게 될 것이다. 왜냐하면 이러한 국제분업 시스템 아래에서는 후진국 내의 투자순서는 '농업 → 외국무역'이 되며, '공업 → 국내산업'에 대한 투자는 보잘것없는 정도로 밖에 실현될 수 없을 것이기 때문이다.

　이러한 사태는 단지 후진국에서 자본축적의 속도가 지연된다는 것만을 뜻하는 것이 아니다. 그것은 후진국에서 근대산업자본의 발달을 방해하고 있다는 것을 의미하며, 봉건제도가 계속 유지된다는 것을 의미하며, 또한 농업·공업 두 부문이 국민적 규모로의 분업＝국민경제의 성립이 저지된다는 것을 의미하게 된다. <국부론>이 간행되기 이전부터 영국의 산업자본은 이미 이러한 사실을 인식하고 있었으며, 이러한 사실은 많은 경제학적 문헌에도 찾아볼 수 있다. 이러한 인식 아래에 영국 산업자본의 이익을 위해서는 어떠한 독점도 배재하여야 한다는 신조 아래에 서술된 <국부론>을 영국인들은 후진국으로 수출해야 할 사상의 상품으로 사용하였던 것이다. 이렇게 하여 자유무역주의는 영국의 대외무역에 있어서 하나의 이데올로기가 되었다.


## (3) 스미스이론에 대한 리스트의 반론

　이데올로기로서의 자유무역주의는 선진국의 이론으로서 세계 도처에서 존중되고, 특히 지식인들에 의하여 신봉되었다. 어느 후진국을 막론하고 영국에서 이미 실현된 바와 같은 정치적 자유를, 혹은 국내거래 위의 자유를 갈망하고 있었기 때문에 경제적 자유주의에 내포된 무역이론의 마이너스 효과를 충분히 간파하기가 어려웠던 것이다. 한편으로는 후진국이 전근대적 지주 내지 농업자본과, 농산물의 수출 및 공산품의 수입에 의한 이익을 향유하는 낡은 체질의 대상업자본은 <국부론>의 체계로부터 분리시켜 추출한 자유무역론을 스스로 가장 좋은 이론으로 간주한 것이 당연하였다. 즉, 후진국에서 자유무역론이 전근대적인 이익과 결합한 것이다. 미국에서, 프랑스에서 그리고 독일에서 이러한 자유무역론과 일관성 있게 투쟁하였다. 그것은 지배적인 힘과 이데올로기에 대한 투쟁이었으며, 동시에 전통적인 경제이론에 대한 솔직한 의문의 제시였으며, 그리고 국민에 대한 헌신과 권위에 거역하는 용기에 바탕을 둔 투쟁이었다.

리스트에 의하면 후진국이 선진국으로부터 수입한 자유무역의 사상이 위험한 선물이라는 것은 독일만이 경험한 것이 아니라, 포르투갈, 프랑스, 북미 및 러시아에 있어서도 각각의 특정한 시기에 이미 경험했던 것이다. 때문에 자유무역이라는 정책을 이론의 필연적 귀결이라는 주장은 먼저 역사가 암시하는 바에 따라 반성하지 않으면 아니 된다. 그러나 이것은 정책의 요청이 이론과 무관하다는 것을 의미하는 것은 아니다. 따라서 역사는 철학(이론)과 정책이 요구하는 양면의 중간의 길을 암시한다.

국제분업과 자유무역이 여러 국민의 존립과 발전의 부정을 전제로 하지 않는 한, 초대국의 지배의 해소와 세계연합이 성립될 때까지 국민국가는 자국의 경제적 발전의 정도와 국제경제의 상황에 따라 독자적인 무역정책을 채택하여야 하며, 이의 근거로서 중개자로서의 역사를 제시한다. 리스트는 이러한 역사적 발전과정에서 여러 국민의 운명과 정치적 발달에 관하여 다음과 같은 주요발전단계(Hauptentwicklungsgrade)를 상정할 수 있다. 말하자면 ① 미개상태(Wilder Zustand), ② 목축상태(Hirtenstand), ③ 농업상태(Agrikulturstand), ④ 농업·공업상태(Agrikultur-Manufakturstand), ⑤ 농업·공업·상업상태 (Agrikulter- Manufatur-Handelsstand)가 그것이다. 이러한 다섯 수단= 상태 가운데 첫째의 상태에서 둘째의 상태로, 또 둘째의 상태에서 셋째·넷째의 상태로의 이행에 있어서는 당해 국민에 있어서는 선진공업국과의 자유무역이 유리하지만 셋째의 상태에 도달하여 마지막 다섯째의 최고 상태를 희망하는 국민, 즉 스스로 발달한 공업과 상업 (외국무역)을 바라는 국민은 선진국에 대하여 일정기간 동안 보호무역을 실시하여 여러 국가에 의한 평화로 평등한 세계연합 아래에서 자유무역이 이루어지는 날을 기대할 수밖에 없다. 리스트는 이것을 '경제발전단계설'이라고 하였다.

## 2. 통일관세운동기의 국내시장과 농지문제

자유무역에 관한 논쟁을 이상에서 개략적으로 검토한 바와 같이, 리스트는 당시 독일이 국내·외적으로 처한 정치적·경제적 상황 아래에서 자유무역주의를 지향하는 영국과 대항하지 않으면 아니 되었다. 따라서 리스트는 경제발전단계 위에서 볼 때, 영국보다 뒤처져있는 독일은 보호무역주의를 선택하지 않는 한, 국민경제의 형성이란 불가능하다고 본 것이다. 이러한 문제와 관련시켜 그가 집요하게 추진했던 통일관세운동기의 국내시장과 농지문제를 먼저 해명하고자 한다.

리스트도 미국의 해밀턴과 마찬가지로 당시 독일이 당면하고 있었던 문제로서 국민적 분열과 공업발전의 지연을 들고 있다. 이러한 문제는 물론 비교적 장기간에 걸쳐 작용했던 영국과의 경쟁이라는 대외적인 요인에도 기인하지만, 대내적으로 새로운 생산력의 도입에 관한 성장속도와 신기술을 기초로 한 불변고정자본의 대량투하를 지연시킨 기타의 구체적인 역사의 여러 요인도 있었다.[3)]

나폴레옹의 대륙봉쇄, 즉 대륙제도(continental system)는 프랑스 및 서부독일의 공업을 육성하는 데 결정적 계기가 됨으로써 공업은 미증유의 호황을 누렸다. 그러나 나폴레옹 통치의 붕괴로 대륙제도가 와해됨으로써 공업이 심각한 불황 국면으로 접어들자, 독일의 각 영방(領邦)은 외국과의 경쟁으로부터 공업생산자를 구제하기 위해 보호관세를 설정함과 아울러 국내시장을 확보하지 않을 수 없었다.

역사를 거슬러 올라가 볼 때, 스튜어트에 의하면 18세기 중엽의 독일은 봉건적·군사적 사회로부터 자유로운 상업사회로 이행하려는 정치적 변혁을 경험하고 있었으며, 또한 옛날부터 내려온 봉건적 억압이나 종속으로부터 해방되어 자유롭게 독립된 개인이 형성되는 변화를 경험하고 있었다. 새롭게 생성되어 가는 자유사회는 인간의 해방이 실현되고 생산력의 자유로운 발전과 국민의 일반적 부가 축적되는 영원한 이상사회도 정의사회도 아니었다. 봉건제도로부터 정치상의 자유를 요구하는 역사적 현실의 변화를 출발점으로 한 것이 스튜어트가 연구하고자 한 역사적 기반이다. 때문에 당시의 최대의 정치적 과제는 이러한 역사적 현실을 극복하지 않으면 아니 될 올바른 정치가 요구되었다.

그러나 리스트의 과제는 '봉건제로부터 자본주의로의 전화'를 촉진시키는 문제였다. 리스트는 이러한 전화는 국가에 의하여 달성되어야 하며, 이 경우에 무엇보다도 먼저 외국과의 경쟁으로부터 발생하는 저해의 영향을 국가가 결정한 보호관세로 차단하여 공업을 육성하지 않으면 아니 된다고 보았다.

19세기 초기, 독일은 정치적으로 다수의 영방4)으로 분열되어 있었

---

3) Hans Mottek, St udien zur Geschichte der industriellen Revolutio in Deutschland, Akademie Verlag, Berlin, 1960(大道隆雄譯, ドイツ産業革命, 未來社, 1968, pp.17-21.

4) 18세기 독일에서 자유도시를 포함한 300여개의 영방국가(Territorialstaaat)가 존재하였으며, 나폴레옹전쟁 과정에서 독일의 정치구조는 정리·개편되었지

을 뿐만 아니라, 각 영방 내에도 수많은 관세영역5)으로 세분되어 있어 경제적 분열이 극심하였다. 이러한 정치적·경제적 분열상태를 극복할 수 있는 정책수단의 하나가 바로 관세동맹의 결성이었다. 동맹결성의 목적은 먼저 영방 내의 내부관세를 폐지하고 영방 사이의 국경관세를 설정하여 영방적 규모의 통일적인 경제영역을 설정하는 데 있었다. 당시 프로이센영방의 경우 67개의 상이한 관세율표를 가지고 있었으나 통일된 프로이센 경제영역을 확보하기 위하여 프로이센 정부는 1818년에 신관세법을 제정하게 됨으로써 이 법 자체가 하나의 획기적인 의의를 지니게 되었다.

1818년의 신관세법6) 제정 이후, 프로이센의 관세·무역정책의 방향과 독일 국민경제의 구조적 특질을 탐구하기 위하여 다음 두 가지 점을 지적 할 수가 있다.

첫째, 호프만(Walther G. Hoffmann, 1903~?)은 독일의 경제적 이륙단계(take-off)에 있어서 공업을 육성하는 데 필요한 영국의 자본재 수입의 대가로 독일이 자국의 곡물을 수출해야 한다고 하였다. 따라서 그는 두 나라 사이의 무역을 지속할 수 있는 독일농업생산의 증가가 곧 공업화의 속도를 가속화한다면서, 융커경영의 지지와 더불어 점점 증가하는 곡물수출이 1830년대 말 이후 급속한 공업화로 점

---

만, 1815년 반(Wien)회의에서 인정을 받은 영방은 38개(1817년에는 39개)에 이르며 이들 영방이 독일영방(Deutscher Bund)으로 일컬어지는 연합(Bundesstaat가 아니라 Staatenbund)을 형성하였다. 이들 영방은 1866년 독일영방이 해체될 때까지 33개가 그대로 존속하였다.

5) 영방정부뿐만 아니라 지방자치단체로부터 민간에 이르기까지 다양한 방법으로 관세의 징수권을 획득하여 이들 관세를 영방 사이의 국경에서 부과할 뿐만 아니라 영내의 도로·하천·시문·시장 등에서 부과하였다. 1790년에는 1800여개의 관세장벽이 있었으며, 19세기 초반 프로이센에서만도 67개의 상이한 관세율표가 통용되었다.

6) 1818년 5월 26일에 성립한 프로이센의 신관세법의 정식 명칭은 '관세와 외국상품의 소비세 및 국내의 여러 주(州) 사이의 거래에 관한 법(Gesstz uber den Zoll und die Verbrauchssteur von auslandischen Waren und uber der Verkehr zwischen den Provizendes Staat)'이다.

화할 수 있었다는 것을 지적하고 있다. 사실상 나폴레옹 전쟁이 끝난 뒤, 독일을 엄습한 심각한 농업공황으로부터 벗어난 1820년대 후반부터 1850년대에 걸쳐 동엘베로부터의 곡물수출은 그동안 각광을 받았던 마직물의 수출 감소와는 정반대로 현저하게 증가하였다. 그렇지만 곡물수출은 자본재수입을 가능하게 하는 수출수입(輸出收入)의 원천이 되기도 하였으나, 동엘베 지역에 곡물 및 농림산품의 가공에 전념하여 후진국 모델의 특이한 산업구조(정상모델인 영국의 국민경제와는 상이한)가 뿌리박고 있었으며, 또한 융커의 토지소유로 독일 자본주의의 구조를 제약하게 되었다.[7]

　둘째, 곡물수출의 증가를 도모하는 프로이센의 관세·무역정책으로 볼 때, 후진국형의 산업구조를 강화해야 한다는 데 대해서는 리스트도 이미 간파하고 있었다. 리스트는 특히 봉쇄적 경제제국을 형성하여 자급조직을 수립해 왔던 영국이 차별관세제도로 곡물의 수입원을 미국에서 확보하게 되면 동엘베의 곡물은 그 시장을 완전히 상실하게 된다고 하였다. 이러한 사태는 조만간 실현될 가능성이 크므로 독일곡물의 영국에로의 수출이 어떠한 결과를 가져올 것인가는 명약관화하다. 요는 곡물 및 목재수출로 동엘베의 융커층의 이익을 도모하는 관세·무역정책으로 독일경제는 영국을 중심으로 한 국제분업체제에 편입하게 되어 결과적으로 영국경제에 의존하지 않을 수 없다면서 리스트는 이러한 상태를 경고하였다.

　실제로 1818년의 신관세법을 제정할 때부터 1834년 독일관세동맹의 결성에 이르기까지[8], 한편으로는 국내시장형성의 방향을 제시하면서, 다른 한편으로는 중간 정도의 보호관세제도(das gema * sigte Schutzollsystem)를 유지하고자 하였다. 말하자면 자유무역주의에 대한 타협으로[9] 융커는 곡물 등을 영국에 수출함으로서 수출이익을

---

7) 小林昇, フリースリッヒ・リスト研究, 日本評論社, 1950, p.56이하에서 인용.
8) 松田智雄編著, 近代社會の形成, 要書房, 1954.

확보함과 동시에 제조업 보호의 원칙 아래 영국의 저렴하고 양질의 면사나 선철의 수입에 의존한 완성품 제조업(직포업이나 철가공업)의 중·소생산업자의 이익을 지지하고 있었다.

이러한 상황에서 프로이센 관세법은 실시되었다. 리스트는 국내관세를 철폐하여 국내거래의 자유를 도모하였다는 점에서 이 법의 의의를 긍정적으로 평가하면서도, 그것이 다른 영방과 대립하게 되어 오히려 독일 전체의 통일을 저해하게 된 것이라고 비판하였다.[10) 즉, 리스트는 다음과 같이 주장하였다.

> "단 독일내부의 관세·통행세의 철폐와 전 영방을 포함한 통일관세선의 설정만이 독일의 상·공업계급과 농업계급 모두를 구제할 수 있다."[11]

프로이센의 신관세법에 대한 리스트의 비판과 그를 지도자로 한 독일 상·공업자협회의 결성과 그 활동은 당시 서남독일의 산업자본가들의 불만과 주장에 부합되는 것이었다. 또한 1815년에 성립한 독일 연방약관 제19조[12)의 유보에 따라 관세문제에 관한 찬·반 양론의 대결로 착잡한 정치문제로까지 비화하였다. 여러 영방 사이[13)의

---

9) 당시 독일의 대부분의 지역에서는 1818년 및 1821년의 고관세율표의 낮은 관세율이 적용되고 있었다. 이 관세율표에 의하면 제조품에는 평균 10%의 종가세가, 식민지상품에는 약 20%의 종가세가 부과되었으며, 원료는 면세였다. -伊藤勉·豊川卓二共譯, リスト硏究, 未來社, 1958, pp.82-83.

10) 리스트가 관세법이 실시된 직후, 자신의 상업정책적 투쟁기에 제출된 '연방의회청원서'가 당시의 사정을 대변하여 주고 있다. -Friedrich List, "Bikschrift an die Bunesversammlung", in Werk, Bd, Ⅰ, s.491-499.

11) Friedrich List, Werk Ⅱ, s.491.

12) 독일영방(Deutcher Bundesakte)약관 제19조(연방가맹국은 프랑크푸르트의 제1차 의회에서 각 연맹 사이의 상업·교통 및 항운에 관하여 빈의회가 채택한 원칙에 준거하여 논의할 것).

13) 독일 여러 영방 내에는 ① 통일관세에 관하여 주도적인 프로이센, ② 프로이센과 경쟁관계에 있는 바이에른, 뷔르텐베르그, ③ 통일관세에 반대하여 영국에 가까운 중부독일의 작센, 한자자유시, 대시(Messe)도시와 헷센, ④

정치관계를 제도로서의 관세뿐만 아니라 상업·공업 등의 여러 문제가 각각의 입장에서 논의되어 심각한 대립의 양상을 띠게 되었다. 결국 중심논의는 보호관세에 집중되어 감에 따라 대결은 상업국가의 형성이라는 문제로 구체화되었다. 말하자면 공개상업국가(offene Handelsstaat) 아니면 봉쇄상업국가(geschlossene Handelsstaat)라는 계획 아래에 자유무역주의와 공업보호주의가 대립되게 되었다.[14)

여기서 자유무역주의자들의 주장은 중요한 두 근거지, 즉 한자 세 도시와 프랑크푸르트 암 마인(Frankfurt am Main) 및 라이프찌히에 두고 있었다. 특히 한자 세 도시의 자유무역업자들은 보호관세를 혐오하면서, 국가의 간섭을 배재할 수 있는 자유로운 무역을 갈망하였다. 즉, 생산의 국제분업이나 경제생활에 대한 제한을 거부하면서 친영적(親英的) 입장에서 자유무역을 주창하였다.[15) 그러나 서남독일의 산업자본가의 입장에서 보면 자유무역주의는 독일공업의 적이었으며, 한자 측의 입장에서 보면 서남독일의 공업보호주의는 면공업자의 이익을 돕는 폭력으로 간주하였다. 이러한 현실적 역학관계로 볼 때 공업보호주의는 자유무역주의보다도 우위에 있었던 결과, 1834년 독일관세동맹(Deutschen Zollvereins)[16)이 성립되기에 이르렀다.

---

중간적 태도로 전통적·반동적인 오스트리아와 무관심한 바덴 등으로 복잡하게 얽혀있다.

14) 정상국민의 도상(圖像)은 피히테(Johann Gottlieb Fichte, 1762~1814)의 봉쇄상업국가의 사상에 가까운 일종의 유토피아라고 생각할 수 있을 것이다. - Friedrich Lenz, Friedrich List, die'Vulgarokonomie'und Karl Marx, 1930, s.79. 그러나 리스트가 이와 같은 도상을 묘사한 것은 독일산업자본을 위하여 국내시장의 확보를 갈망하였다. - 小林昇, 小林昇經濟學史著作集(Ⅵ), 未來社, 1978, pp.128-129.

15) 한자 3도시, 즉 Hamburg, Lubeck, Bremen은 이러한 내용이 한자도시의 경제정책기조였으며, 그 이후에는 수십 년 동안 한자적·보수적 견해에는 항상 포함되어 있었다.

16) 1834년 1월 1일에 18개의 영방, 2,300만의 인구와 7,717만 평방 마일의 면적을 포함한 독일관세동맹이 8년 동안의 기한으로 발족하게 되었다 - 諸田實, ドイツ關稅同盟の成立, 有斐閣, 1974, pp.26-27.

공업보호주의가 자유무역주의보다 우위에 있다는 이론적 근거는 국민적 공업의 기반에서 찾아야 할 것이다. 그러나 한자적 입장에서는 자신들의 중계적 자유무역을 확보하고 독일영방 내의 분열적 시장을 지배·유지하며 국민적 생산의 결합·통일·발전을 저지하였다. 이와 같은 산업자본의 공업보호주의와 상업자본의 자유무역주의와의 대립이 19세기 초기, 독일에서만 전개된 것이 아니다. 이러한 대립이 광범위한 세계사적 관점에서 파악할 수 있는 유형적 관점이라 할지라도, 산업자본과 자유무역과의 결합이 특수·독일적으로 이해될 필요가 있음과 아울러 장기적으로는 특수·독일적인 산업자본과 보호주의를 결합하지 않으면 아니 되었다. 왜냐하면 사실상 18세기 영국에서 근대산업자본가는 처음으로 근대적 지주와 제휴하여 절대주의를 타도하는 데 성공하였기 때문에, 새로이 수립된 영국의 신정권은 초기산업자본의 축적을 위하여 사회적 분업, 즉 국내시장의 완성을 목적으로 하는 '영업의 자유'를 보장함과 동시에 외국의 경쟁으로부터 국내시장을 보호함으로써 경제적 국민주의가 형성되어 원시축적이 진행되었다. 그 결과가 영국의 산업혁명으로 나타났다. 산업혁명은 영국의 산업자본을 국제적 우위로 끌어 올리는 데 결정적 역할을 담당하였다. 아담 스미스의 자유무역론은 이와 같은 영국의 경제적 현실에 그 기초를 두고 있기 때문에 아담 스미스에 대한 적극적 평가에는 이데올로기적 성격을 결코 간과해서는 아니 될 것이다.

리스트의 <국민적 체계>가 아담 스미스의 비판과 보호주의의 이론으로서 그 활력을 유지할 수 있었던 것은 나름대로의 이유가 있다. 즉, 영국의 초기 자본주의의 발전이 보호주의에 의하여 뒷받침되었다고 할 때, 독일자본주의의 초기단계와 독일이 처한 경제적 상황이 보호주의를 요구하지 않을 수 없었으며, 이 경우 리스트가 주장하는 무역정책은 아담 스미스와는 상반되지 않을 수 없다.[17] 여기에

리스트 이론을 이데올로기로 하는 독일자본주의가 영국의 고도자본
주의에 저항하면서 동시에 절대주의와 전 유럽적 반동체제로부터 해
방을 요구하지 않을 수 없었으며, 독일이 국내·외적으로 처해 있던
당시의 상황은 영국이 경험했던 초기 자본주의와는 판이하였다.

또한 프랑스 혁명의 귀결인 분할지 소유의 성립과 그 결과 발생한
토지 세분화, 그리고 영국의 자본주의적 대농경영의 발전에 필연적
으로 수반하는 프롤레타리아의 대량적 발생이라는 두 가지 문제가
독일에서도 무시할 수 없는 세력으로 등장할 것이라는 정책상의 고
려가 리스트에게 결정적으로 영향을 미치게 되었다.[18] 이러한 사정
은 구조적 왜곡을 안고 있는 독일 자본주의가 세계사에 참여하게 됨
으로써 왜곡된 자본주의의 약체(弱體)와 옛 세력과의 타협 가운데
리스트가 건설하고자 하였던 국민생산력의 구도에서도 파악할 수 있
다. 따라서 보호주의자인 리스트는 <국민적 체계>에 관한 한, 영국
의 압력에 대한 독일산업자본의 이데올로기이며, 전 유럽적 반동체
제와 절대주의에 대한 전사였다. 리스트의 이론은 자신의 의도가 독
일자본주의의 역사적 전개에 제약을 받으면서 거기서 발생하는 여러
가지 모순과 왜곡을 폭로하지 않으면 아니 되었는가를 규명하는 데
그 의의를 두고 있다.

국민생산력을 주장한 리스트가 그 가운데서도 특히 공업력을 중시

---

17) 고전학파경제이론이 전제하는 '생산력과 부' 사이의 인과관계는 반대의 고
장을 겪게 된 리스트의 '시대의 문제'를 거론하고 있다. −住谷一彦, リスト
とウェバ, 未來社, 1969, pp.167-168.

18) 리스트의 <농지제도론>을 농민층 분해라는 문제와 관련시켜 검토하는 것이
매우 중요하다. 왜냐하면 리스트의 사상체계는 특수적·독일적 자본주의를
위한 국내시장형성의 이론으로서 특징지을 수 있기 때문이다. 그러나 시장
문제의 해결은 실로 농민층의 분해라는 사실 가운데 찾지 않으면 아니 된
다 하여도 과언은 아니다. 특히 이 점을 강조한 것은 고바야시(小林昇)이다.
−小林昇, 經濟學史著作集(Ⅵ), 未來社, 1978, 9.硏究序說, 未來社, 1978,
p.250, 256.

한 것은 의심의 여지가 없지만, 그의 최초의 이론적 업적은 뷔르템베르그를 대상으로 한 농업론이었다.[19) 리스트가 '농업은 모든 공업의 기반'이라고 표현한 것은 후기의 이론구조에 이미 농업론의 위치를 예정하고 있었다고 할 수 있다. 리스트의 농업론의 대상은 동독일이 아니라 자신의 고향인 서남독일의 뷔르템베르그였다. 이곳의 농지상속제도는 단독상속제(Anerbenrecht)[20)가 아니었기 때문에 세습농지(Erbgute)는 상속자 사이에 분할되어 시간의 흐름과 함께 이들 농지는 더욱 세분화 되어 자급자족적인 자연경제의 범주에서 생활해야 하는 소농민으로 전락하지 않을 수 없었다. 이러한 결과는 토지를 무제한적으로 분할하게 되었고 이것이 바로 뷔르템베르그에서 공업이 번영하지 못한 이유라고 리스트는 주장하였다.[21)

리스트는 초기의 토지제도론에서 농업에 관한 다음 세 가지 특징을 들고 있다.

첫째, 농업문제가 무엇보다도 공업생산력의 증대에 대한 전망으로 파악할 수 있다. 둘째, 이 경우 영세토지의 소유와 경영이 농업생산력의 향상을 지연시킨다. 셋째, 그것은 농민의 분할상속의 관습에 기인하는 것이며 궁극적으로는 그들의 토지소유욕과 전통주의의 정신에 바탕을 두고 있다.[22) 따라서 이러한 상황 아래에서 발생하는 경제적 빈곤 등은 국가목적이라는 견지에서 어떤 구제책을 강구하지 않을 수 없었다. 이 문제에 관한 구제방법으로서 리스트는, 첫째, 토지의 자유로운 교환, 둘째, 소농민층의 근절 등으로 이를 해결할 수 있다고 보았다. 그래서 국가는 먼저 농민이 어느 정도의 토지가 필요한가를 결정하여 현재 산재되어 있는 토지를 종합·구획하여야 하

---

19) Friedrich List, Wiber die unbegrenzle Teilung der Bauernguter, 1816.
20) Ibid., s.580.
21) Ibid., s.584.
22) Ibid., s.580-584.

며, 토지양도에는 어떠한 간섭도 해서는 아니 된다고 하였다. 다만 농업경영의 적정규모를 한정하여 토지의 영세화에 의한 빈곤을 구제하는 것으로 끝나야 한다. 그는 토지의 재분배, 경영면적의 적정화와 종합구획에 의한 노동생산력의 향상을 도모하고자 하였다. 토지의 재분배, 경영규모의 적정화(=대농경영)라는 농지개혁 안에서 이를 경영하는 것은 대농민(Grossbauernstand)이라면서, 그는 근대적 색채가 농후한 독립자영 농민을 창출하고자 하였다. 리스트가 말하는 대농경영은 60몰겐 정도의 토지를 의미한다. 60몰겐이라는 면적은 역사적으로 주어진 농민층 가운데서도 상층에 속하며 부농(富農)의 규모이다.23)

이와 같은 농업경영이야말로 자연히 시장과 관련되는 상업적 경영으로서 하나의 산업을 형성할 수 있을 뿐만 아니라 공업에 대한 소비와 어느 정도의 생산도구에 대한 구매력이 배양될 수 있을 것이다. 대농경영이 지속됨으로써 농촌의 인구는 필요한 한도 내에서 유지될 뿐만 아니라 과잉인구는 노동력이 부족한 공업으로 이동하여 숙련된 수공업자로서 기여하게 된다. 리스트는 일찍이 단독(한 아들)상속법을 추진, 강력한 국가의 기초임과 동시에 또한 '모든 공업의 기반(Grundsaule aller Industrie)인 건전한 농민층을 유지하기 위하여 최대한의 토지를 소유할 수 있는 국가의 조치가 필요하다고 하였다.24)

리스트에 있어서 농업은 모든 공업의 기반이지만, 공업은 복지를 증진시키는 중요한 산업이다. 공업은 하나의 산업으로서 독립하여 독일사회에서 국민적 산업으로서의 지위를 확보하지 않을 수 없었다. 리스트는 공업에 관하여 ① 기업정신, ② 근면한 노동, ③ 자본, ④ 원료, 및 ⑤ 기계 등의 여러 요인과 이를 성립시키고 그 경영을

---

23) 대농경영은 모든 공업의 기반으로서 그 기능을 발휘할 수 있기 때문에 그것은 결국 국민적 공업과 국내시장의 존립요건이 되는 것이다. - Ibid., s.654.
24) Ibid., s.654.

뒷받침할 수 있는 조건으로서 국민적 시장을 형성하기 위해서는 보호관세의 설정과 내국관세의 철폐를 전제로 하였다.[25] 그러나 이러한 구상은 어디까지나 단편적인 착상에 지나지 않고 리스트 후기의 국민생산력과 같이 구체적으로 이론화 한 것은 아니지만, 생산력이라는 주체적 측면에서 볼 때 이미 이 시기에 이에 관한 개념 구성의 방법이 싹트기 시작하였다는 것을 알 수 있다. 공업이야말로 국민적 부의 생산을 위한 기본적 조건이며 그 경영형태는 위에 열거한 여러 요인을 구비한 공장생산이다. 그리고 그가 국민적 공업을 촉진하고자 한 경우, 그것은 공장생산이라는 역사적·사회적인 형태를 의미한다. 농업에 있어서는 대농경영자의 입장에 그리고 공업에 있어서는 산업자본가의 입장에 있었다.

그런데도 불구하고 리스트는 국민의 부나 복지의 기초가 되는 국민적 공업을 육성하여 여기에서 생산된 상품을 국내에서 소비해야 한다는 이유를 다음과 같이 설명하고 있다.[26]

> "현재 소비 이상으로 생산할 위험과는 아주 거리가 멀다. 그것은 소비량의 3분의 1도 생산하지 못하고 있다…… 거기다가 국민적 공업을 유지하기 위하여 국내소비의 한도 내에서 독일은 투쟁하지 않으면 아니 된다."

> "우리의 잉여는 앞으로 국경 내에서, 그것도 상품을 생산하는 사람들에 의하여 소비되지 않으면 아니 된다."

이와 같이 공산품이 국내소비자에 의하여 전부 소비된다고 볼 때,

---

25) Friedrich List, Werk Ⅰ, s.491, 557, 649, 567.
26) 국민적 공업은 목축·농업 및 국내시장으로 뒷받침되며, 리스트는 공업의 자연적 순환과정을 묘사하면서 그것이 외국무역보다 훨씬 중요하다고 하였다. 그리고 외국무역은 공업을 근절시키는 상업으로서 '공업을 회생시키는 상업'으로 대치시켜 양자를 역사적·사회적 범주로 이해하고 있다. -Friedrich List, Werk Ⅰ, s.53.

리스트는 국내시장과 공업이 밀접한 관계에 있다는 것을 강조하면서 국내시장의 형성을 제기하였다.

이 시기에 리스트의 이론은 후기의 그것과 마찬가지로, ① 자유, ② 국민적 통일의 원리를 전제로 하고 있다. 이 시기에 그가 전개하고 있는 이론체계는 지역적인 시장이 아니라 국민적 생산이며, 또한 그는 국민적 생산과정에서 개인의 행복이 공동체 내에서 실현될 수 있다고 본 것이다. 이와 같은 국민적 생산이라는 리스트 이론의 근본적 원리에 이미 상인·공장주협회 시대에 국내시장 우위의 개념을 도입하였다.27)

국내시장이란 사회적 규모로서의 농업부문과 공업부문의 두 부문에서 생산된 상품의 유통관계를 의미하며, 상품의 생산자는 동시에 소비자가 된다. 물론 리스트도 국민적 생산을 농업과 공업의 두 부문으로 이해하고 있다. '모든 공업의 기반인 농업'은 먼저 적당한 규모로서의 경영이 확립되어야 하지만, 농업의 발전을 위해서는 필연적으로 공업이 존재해야 한다. 또한 공업은 농업의 확립 뒤에 비로소 공장생산으로서 번영한다. 이와 같은 두 부문의 상호관계는 국내시장을 통하여 성립된다.

이러한 관계는 상품유통에 의하여 유지되며 유통이라는 매체야말로 국내공업을 진흥시키는 상업이다. 농업과 공업의 상호관계는 유통을 통하여 결합되며, 이러한 관계는 다음 두 가지로 나타난다. 그 하나는 상품으로서의 특정한 성질, 즉 사용가치에 기초한 두 부문이 상대방에게 필요한 소재를 제공할 때 필연적으로 연관되지 않을 수 없다. 리스트는 농민, 공업생산자와 상인의 각 1명을 각 부문의 경제적 기능으로 대표시키고 있다.

"농민은 곡물을 생산하고, 공업자는 기구 기타를 제조하며, 상인은

---

27) Friedrich Lenz, Friedrich List, s.394.

외국상품을 수입하여 이를 국내에 전달한다." 그리하여 "개개인은 생활의 필수품을 충당하고 생활의 미화에 도움이 되는 상품·가치를 창조하면 행복을 얻을 수 있다."[28] 다른 하나는 두 부문 내의 생산물 유통이 양적으로도 적정한 관계를 유지해야 한다. 농민·공업자·상인은 생산물의 순환을 방해하지 않도록 적정한 양을 생산하여 교환함으로써 각자 행복을 누릴 수가 있다. 이와 같은 질적·양적인 필연적 연관으로 두 부문 사이에 유통되는 것은 잉여생산물이다. 잉여생산물은 앞에서 설명한 바와 같이 경영조건이 확립된 대농경영으로, 또 자본과 노동이 부족하다 하여도 공장생산으로 그 생산이 가능하다. 잉여생산물의 가격은 두 부문이 함께 정상적으로 유지되지 않으면 아니 되며, 이를 유지하는 데는 생산물의 소비자가 확보되지 않으면 아니 된다.

리스트는 이와 같이 ① '공업의 기반으로서의 농업', ② '국민적 공업' 및 ③ '국내시장'을 기본적 구상으로 하고 있다. 그가 국내시장형성의 이론과 국내시장형성의 정책, 즉 관세동맹의 형성을 주장한 동기도 바로 이 점에 있다. 때문에 농민·공업자 및 상인의 복지는 상호 관련되어 있으며, 따라서 국내의 세 경제사회층은 밀접하게 그리고 조화 있게 결합하지 않으면 아니 된다. 이것이야말로 초기 리스트의 정책론 가운데서 찾아볼 수 있는 조화적 태도를 뒷받침하는 논거이다. 때문에 리스트는 처음부터 공업의 기반으로서의 농업의 확립, 국민적 공업의 육성과 국내시장의 형성을 위해 끊임없이 관세동맹을 주장하지 않으면 아니 되었다. 리스트가 초기에 주장한 것은 이와 같은 국내시장형성의 이론이며, 후기의 주장도 여기에 귀결된다. 국내관세의 철폐, 운하·도로·철도 등 운송제도의 확립, 특히 관세동맹의 결성 등은 농업과 공업을 완전히 균형 시킬 수 있는

---

28) Friedrich List, Werk I , s.571,

국내시장의 형성으로 이해하지 않으면 아니 된다.

1834년 관세동맹의 결성은 독일의 정치와 경제를 결합시키는 하나의 계기였다. 그것은 하향적인 독일의 정치권력이 상향적인 국민적 공업을, 즉 전자가 후자의 조건으로서, 또 후자가 전자의 기반으로서 상호 불가분의 관계로 결합하게 되었다. 여기에 독일 자본주의는 '위로부터'의 결성으로 부각되게 되었다. 또한 그것은 국내시장의 형성과정에 관세동맹이라는 특수적·독일적인 강력한 전제조건을 필요로 하게 된 근거가 되었다. 이와 같은 의미에서 좀머(Arthur Sommer, 1889~?)는 리스트를 "시대의 완전한 거울"29)이라고 한 바와 같이, 관세동맹의 결성과정이 거의 왜곡됨이 없이 리스트의 이론과 정책 가운데 표현되어 있다.


## 3. 미국체계와 국민경제형성론


리스트가 미국에 있을 때, 미국체제(American System)를 주장하면서 이론적으로 대결하지 않을 수 없었던 두 상대가 있었는 바, 그 하나는 스미스 경제학 체계인 영국체제이며, 다른 하나는 미국 내에 있는 영국체제의 아류(亞流)였다. 구체적으로, 첫째, 쿠퍼(Thomas Cooper, 1759~1850)로 대표되는 미국남부의 프랜테이션 자본의 실천적 요청인 자유방임론이며30), 둘째, 보스톤 보고서로 나타난 미국북부의 상업자본의 실천적 요청인 자유방임론이다.

이에 반하여 당시 레이먼드, 케어리 등과 같이 리스트의 주장은 북부산업자본의 실천적 요청인 미국체제의 확립이라는 보호무역정책에 기초한 이론적 표현이며, "이 이론이야말로 미국체제의 반대자에

---

29) Arthur Sommer, Friedrich List Sustem der Politischen Oekonomie, 1927, s.72.
30) Thomas Cooper, The Lectures on the Elements of Political Economy, 1826.

대한 학문적 재료를 제공하는 데 있었다.”[31]

　미국체제에 관한 구상은 제2장 제2절 “해밀턴의 보호무역론” 및 제3절 “미국체제파와 보호무역론”에서 검토한 바와 같이, 이미 해밀턴, 케어리 등에 의하여 그 기초가 형성되어 있었다. 리스트는 이를 답습, 동조하면서 스미스 경제학에 대한 본격적 비판에 역점을 두고 있었다. 리스트가 1825년에 도미했을 때, 그곳에서는 무역 면에 있어서 자유와 보호라는 문제를 둘러싸고 세론(世論)이 양분되어 있었다.[32] 당시 필라델피아에서 발행된 일간지 <Daily National Gazette>에 ‘미국체제’라는 표제로 12회에 걸쳐 연재된 것이 리스트의 <미국경제학개요>이다.

　<미국경제학개요>(이하 <개요>라 함)의 구성부분은 이미 레이먼드[33]가 주장한 바 있고, 리스트의 주요 저서인 <국민적 체계>[34]에서 구체화한 ① 개인경제학, ② 국민경제학 그리고 ③ 인류경제학 또는 만민경제학의 세 가지로 분류하고 있다.[35] 리스트는 이 <개요>에서 고전학파는 “한 개인이 다른 개개인과 함께 사회에 있어서 어떤 수단에 의하여 부를 생산・증가・소비하는가.”를 가르치는 개인경제학과, 또한 “인류의 산업 및 부에 어떤 영향을 미치는가.”를 가르치는 만민경제학을 다루고 있을 뿐, “각 국민의 세력, 조직, 결합, 문화의

---

31) 正木一夫譯, アメリカ經濟學槪要, 未來社, 1966, p.11.

32) 리스트는 라파엣(Marqois de Lafayette, 1757~1834)의 권유로 1925년 여름 도미하여 1832년 여름까지(리스트의 나이 35-43세) 체재하여 사업가・문필가 생활을 하였다. 미국체재 때의 <Outlines of American Poliotical Economy>라는 저서는 펜실바니아협회와 깊은 관계가 있으며 당시의 보호관세운동의 사상적 지도자들인 메듀 케어리, 잉거솔, 핏셔 등과 함께 활동하였다. － 前揭譯書, p.140.

33) Daniel Raymond, Thoughts on Political Econopmy, 1829.

34) 小林昇譯, 經濟學の國民的體系, 岩波書店, 1970, 에 구체적으로 설명되어 있다.

35) 레이먼드는 리스트에 앞서 국민경제학과 같은 의미의 정치경제학(political economy)이라는 용어를 사용하면서 개인경제가 만민경제학과 차이점이 있다는 것을 지적하였다. － 이 책의 제2장 제3절 제2호를 참조할 것.

현상의 차이를 무시한 것"이라고 주장하고 있다.[36)]

국민경제학은 외국의 간섭이나 세력을 방지하고 국내생산력을 증가시키기 위해 한 국민이 특수한 지위에서 어떤 수단에 의하여 개인의 경제를 지도·통제하고 또한 인류의 경제를 제한할 것인가를 가르치는 과학이다. 이러한 과학에 있어서 그가 국민을 특히 강조하고 있는 것은 모국인 독일에서 소위 대륙봉쇄의 엄청난 효과와 나폴레옹 몰락 뒤의 무역의 반동이라는 파괴적인 결과를 경험함으로써 얻은 경제적 지식임에 틀림없다. 때문에 그는 이 과학을 완전한 것으로 하기 위해서는 국민경제의 원리를 추가해야 한다면서 고전학파가 간과한 국민경제학 수립의 필요성을 역설하였다.[37)]

리스트는 국민경제의 개념을 "국민의 개념에 수반하여 발생한다."[38)]라고 보았다. 그는 국민을 다음과 같이 규정하고 있다.

> "국민은 개인과 인류 사이의 매개물이며 개인의 독립된 단체이다. 그것은 공통의 정부, 즉 공통의 법률, 권리, 이해, 공통의 역사, 명예, 재산, 생명의 공통의 방위와 안전성으로 다른 독립의 여러 단체에 관하여 자신의 이해의 지시에 따라 행동하는 자유·독립의 하나의 단체를 구성하는 것이며, 또한 그 내부에 있어서는 공통의 복리의 최대량을, 다른 여러 국민에 대해서는 최대의 안전성을 창조하기 위하여 구성원인 개인의 이해를 규제하는 힘을 가진다."[39)]

이와 같은 구조를 가진 국민경제의 목적은 무엇인가. 리스트는 그것을 다음과 같이 들고 있다.

---

36) 正木一夫譯, 前揭譯書, p.14, p.17.
37) 리스트는 "모든 시대에 가장 진보한 두뇌(에드워드3세, 콜베르, ……제퍼슨 해밀턴조차도 참된 경제학의 원리를 이해할 정도로는 진보하지 못하였다." 고 하였다. – 前揭譯書, p.30.
38) 前揭譯書, p.21.
39) 前揭譯書, p.21-22.

"이러한 단체의 경제적 목적은 개인경제 또는 만민경제에 있어서와 같이 단지 부가 아니라 힘과 부이다. 왜냐하면 국민적 힘은 국민적인 부에 의하여 증진·확보되는 바와 같이, 국민적 부는 국민적인 힘에 의하여 증진·확보되기 때문이다."[40]

때문에 그는 아담 스미스류의 만민경제학은 "생산력을 논하는 것이 아니라 주로 부의 교환의 의의를 논하고 있다."[41]라고 하였다. 국민경제의 목적은 생산력의 획득 - 생산력 쇠퇴의 방지 - 이므로 국민경제학의 중심과제는 국민생산력[42]의 배양이라는 데 귀착한다.

"힘이 부를 보증하고 부가 힘을 증대시키는 것과 같이, 부나 힘은 한 나라의 영토 내에 있어서 농업·상업·공업의 조화적 상태(a harmonious state of agriculture, commerce, and manufactures within the limits of the country)에 의하여 평등하게 이익을 향유한다. 이러한 조화가 없으면 국민은 결코 강력하지도 부유해질 수도 없다."[43]

"만약 공업이 농업이나 상업과 조화되지 않는다면 고도의 국력 및 부, 완전한 독립은 얻을 수 없다."[44]

결국 단순한 농업국은 그 상품시장이 외국의 무역에 좌우되어 빈곤을 면치 못하므로 상업도 번영할 수 없다. 때문에 힘과 부의 원천인 예술·과학·기교의 양성자인 공업과 조화되지 않으면 국민생산

---

40) 前揭譯書, p.22.
41) <국민적 체계>에서는 교환가치라는 용어를 사용하고 있다. - 前揭譯書, p.43.
42) 국민생산력을 제약하는 요인으로서, ① 자연적 자본(capital of nature) ② 정신적 자본(capital of mine)(③ 생산적 또는 물질적 자본(capital of productive matter or matter)을 들고 있다. 이 가운데 고전학파는 "한 국민의 생산력이 물질적 자본에 의하여 제약된다는 것은 진실이 아니다."라고 리스트는 비판하였다. - 前揭譯書, p.44.
43) 前揭譯書, p.44.
44) 前揭譯書, p.27.

력은 최고도로 발전시킬 수 없다.

그러면 세 가지 산업을 조화시키기 위해서는 어떤 조치가 필요한가? 개인이 국민의 부나 힘을 증진시키지 못하는 한, 그 임무는 정부의 권리일 뿐만 아니라 그 의무이다.[45] 리스트는 정부가 해야 할 여러 가지 의무 가운데 먼저 보호관세를 들고 있다.

> "외국의 자본이나 기술 때문에 국내의 개인으로 하여금 제조업을 착수할 수 없는 경우에는 그 공업은 보호관세로 진흥시키지 않으면 아니 된다."[46]

미국은 보호관세로 외국의 자본이나 기술을 도입시킬 수 있으며, 국내의 인구나 자본이 광대한 외국으로 유출되는 것을 방지할 수 있다.[47] 정부는 법률이나 제한으로 세 가지 산업을 조화시킬 수 있는 보호수단이 유효한지의 여부는 그 국민의 상태 여하에 달려 있다. 특히 펜실바니아, 동·서부의 여러 주(州)는 모두 인구·기술·문명·부가 증진되었으므로 미국은 단지 공업의 이익을 육성시키기만 하면 강력한 국가가 될 수 있다.[48]

적절한 관세제도로 얻을 수 있는 이익[49]은 다음 두 가지에 달려 있다. 첫째, 미국의 국내시장에서 국민적 공업을 확보함으로써 공업력은 가격변동이나 다른 국민의 정치적·경제적 상황의 변화에 대응할 수 있으며 둘째, 국내공업가가 국내시장을 확보함으로써 자국에서는 다른 국민과의 경쟁에서 우위의 입장에 설 수 있다는 것 등이다. 이렇게 함으로써 국내시장의 확보, 국내 판매로 이미 투자된 시설비 등을 보상받을 수 있고, 그 뒤에는 해외시장에서 저렴한 가격,

---


45) 前揭譯書, p.23-24.
46) 前揭譯書, p.24.
47) 前揭譯書, p.54.
48) 前揭譯書, p.55.
49) 前揭譯書, p.76-77.

경우에 따라서는 덤핑을 하게 되면 외국의 공업은 점차 파괴될 수 있기 때문에 충분한 이익을 올릴 수가 있다. 왜냐하면 아담 스미스도 언급한 바와 같이 국내시장은 외국시장보다 중요하기 때문이다.

리스트는 자신의 세 가지 산업조화론에서 국민생산력을 발전시키기 위하여, 공익적 개념 밖에 시간적 개념인 항구성(恒久性)을 들고 있다. 이러한 항구성을 획득할 수 있는 주요한 수단은 관세이다. 관세라는 수단으로 국민이 시장과 공급 면에 항구성을 유지하면 할수록 발전을 조장하고 후퇴를 저지하여 결국 생산력의 발전이라는 결과를 가져오게 된다.[50] 공장에 있어서 항구성이 상상 이상으로 생산력을 증진시키게 된다.[51] 따라서 국내시장의 확보가 항구성을 가져오며, 항구성의 원리가 대량생산을 가능하게 하며, 대량생산은 코스트 다운을 통하여 외국과의 경쟁력을 강화, 결국에는 이 나라의 생산력을 크게 높이게 된다.[52]

이상에서 본 리스트의 세 가지 산업조화론＝공익적 개념, 항구성의 원리＝시간적 개념의 양자로부터 필연적인 결론은 정부의 산업보호정책이 필요하다는 주장인 바, 그것은 곧 공업의 보호·육성과 결부된다. 그러나 공업보호가 필요하다는 것은 미국의 모든 공업을 같은 정도로 같은 시간에 촉진해야 한다는 것을 의미하는 것은 아니다. "개량은 정부가 서서히 추진하여야 한다."[53]면서 리스트는 기초산업의 육성을 들고 있다.

"미국과 같이 새로운 나라는 다수의 노동자를 고용하고 다량의 농산물이나 원료를 소비하는 공장과, 기계와 국내소비에 의하여 지원받을

---

50) 前揭譯書, p.83-84.
51) 前揭譯書, p.85.
52) 항구성의 원리는 <국민적 체계>의 제24장(공업력과 항구성 및 작업계속의 원리)에 관한 독립의 장에서 구체적으로 설명하고 있다.
53) 前揭譯書, p.58.

> 수 있는 공장(예를 들면 화학제품·모직물·목면·철기류·철·도기 등
> 의 공장), 또한 쉽게 밀수할 수 없는 공장만 육성함으로써 비로소 그
> 생산력은 증진한다."[54]

리스트는 사치품 등을 처음에는 수입하고, 점차 그 소비가 증대하게 되면 적절한 장려로 국내에서도 생산할 시기가 도래할 것이라고 하였다. 또한 그는 미국의 농업상태를 식민지농업이라고 규정하면서, 농산물을 영국으로 대량 수출하는 것은 번영의 원천이라기보다 "국내의 위험 및 약화의 원천"[55]이 된다면서 공업보호를 주장하였다.

리스트가 강력하게 주장하는 것 가운데 하나는 어느 국민이나 그 생산력을 발전시키는 데 있어 독자적인 코스를 걷지 않으면 아니 된다는 것, 즉 각 국민은 각각의 국민경제학이 있다는 것이 그의 명제였다. 그러므로 "미국은 영국으로부터 분리함으로써 정치적 독립을 얻었다. 그리고 프랑스와 결합함으로써 경제적 자립을 얻을 수 있을 것"[56]이라고 하면서 프랑스와의 결합을 강조하였다. 왜냐하면 프랑스는 영국체제와는 상이하므로 영구히 확실한 시장이 될 수 있다고 보았기 때문이다.

이상의 내용으로 볼 때, <개요>는 경제발전단계설을 제외한 개략적 내용이 그대로 <국민적 체계>에 담겨 있다는 것을 알 수 있다. 또한 리첼(Hans Ritschl, 1897~?)[57]에 의하면 리스트는 자유무역주의의 급진적 적용에 반대한다는 뒤펭(Pierre Charles francois Dupin, Baron de, 1784~1873)의 <프랑스의 생산력과 상업력, 파리, 1827>으로부터 영향을 받았으며, 리스트 자신이 이 내용에 관하여 이미

---

54) 前揭譯書, p.58.
55) Friedrich List, Werk Ⅱ, s.146.
56) Friedrich List, Werk Ⅱ, s.110.
57) Hans Ritschl, Friedrich Lists Leben und Lehre, Rainer Wundelich Verlag Hermann Leins, 1947(정도영역, 리스트 – 생애와 학술 –, 박영사, 1983, p.86).

<개요>에서 논한 바 있다고 하였다. 어떻든 리스트가 도미 전에 이미 보호무역의 사상을 바탕으로 한 그의 국민주의 경제학의 구상은 미국 내에 연방주의파인 해밀턴은 물론 그 뒤의 시스몬디, 레이먼드 그리고 같은 시대에 활약했던 케어리의 영향 아래에서 하나의 체계를 형성하게 되었다는 것은 의심의 여지가 없다. 물론 미국체재 때의 리스트 이론은 레이먼드나 케어리와 비교하여 볼 때, 단계적 격차를 발견할 수 없지만, 리스트는 이 체계를 다시 발전시켜 <국민적 체계>로 집대성하였다.

## 4. 국민적 체계와 생산력이론

<국민적 체계>[58]는 국민경제 형성의 이론이며, 또한 역사적 필연으로서 국민경제라는 단위를 가진 산업자본주의 육성의 이론이다. 그것은 초기자본주의의 단계에 도달하여 선진자본주의의 경쟁에 처해 있는 상황에 있는 국민경제가 세계경제 가운데 자신을 선진자본주의의 단계로 향상시키기 위한 무역정책 내지 공업보호체계를 이론화한 것이다. <국민적 체계>가 출간된 1841년의 시점에서 영국만이 산업혁명을 완료하여 세계경제의 지배권을 수립하여 가고 있음에 비하여 프랑스, 미국, 독일 등의 여러 나라가 아직 산업혁명의 태동기에 있었다는 것은 그만큼 이 체계의 타당성을 부여할 뿐만 아니라

---

58) 리스트는 1837년 프랑스의 정신과학·정치학 아카데미의 현상논문으로서 정치경제학의 자연적 체계(Le Systeme natural d'Economie politique)를 제출하여 주목할 만한 논문(overages remarquables)으로서 평가받은 바 있으며, 그 뒤 리스트는 1839년 가을 영국무역정책의 자유무역이론에 대립한 <역사의 법정에 선 정치경제학(L'Economie politique devant le tribunal de I'Historie)>을 Constitutional지에, 그리고 같은 해, <역사적 관점서 본 외국무역의 자유와 제한>을 독일 계간지에 게재하였다. - 정도영역, 전게역서, Ⅵ장.

그 이후에도 이들 나라보다 훨씬 후진적이었던 나라가 점차 공업화로 발전시키는 데 폭넓게 적용될 수 있었다.

이 체계는 궁극적 목표로서의 자유무역과 만민주의를 신중히 추정하면서 아담 스미스의 소비자 이익을 각 발전단계에 구체적으로 적용·검토, 농업·공업·상업의 각각의 이익과의 대립을 분석하여 참된 조화에로의 방향을 제시하였다. 또한 이 체계는 국내공업을 위한 독점정책이라고도 판단할 수 있지만, 사실은 농업과 공업 사이의 교환관계, 즉 국내시장의 형성을 위한 정책이었다.

리스트는 경제발전단계설을 <자연적 체계>에서는 4단계로 구분[59], 농업발전과 공업발전을 각각 제3단계까지 구분하여 제시하고 마지막 제4단계를 공통적으로 제시하고 있다.

> "농업발전의 세 가지 시기는 다음과 같다. ① 농업이 외국무역에 의하여 영향을 받지 않고 고립되어 있는 시기, ② 농업이 외국무역의 영향 아래에 있는 시기, ③ 국내의 공업력과 농업력이 균형을 유지하고 생산물의 대부분이 국내에서 소비되는 시기 등이다. 이와 같은 농업발전의 시기에 대응하여 공업발전의 세 시기가 있다 즉 ① 농업자인 토지소유자가 필요한 공산품의 대부분을 스스로 제조하여 가장 평범한 수공업만이 존재하는 시기, ② 비교적 중요한 공업이 외국의 상품과 경쟁하면서 또는 무역에 의하여 생성하는 시기, 단 그것은 임금의 저렴함으로 지방적인 특수조건에 의해서 외국공업의 경쟁을 유효하게 배제시키기 위해서이다. ③ 국내공업이 국내시장의 전부는 아니라 할지라도 적어도 거의 전부를 공급하는 시기이다. 그러나 경제의 두 부문에 있어서 또한 제4의 발전 시기가 있다. 그것은 즉, 원료의 전부 또는 그 일부와 식료가 외국으로부터 수입되어 이것과 교환으로 국내공업의 생산물이 외국에 수출되는 시기이다."[60]

---

59) Friedrich List, Werk Ⅴ, s.118.
60) Friedrich List, Werk Ⅴ, s.326.

이와 같은 <자연적 체계>의 도식과 <국민적 체계>의 제2의 도식과는 제1의 시기에 관한 설명을 달리 할 뿐, 그 밖은 거의 완전히 일치한다. 리스트의 두 체계는 기본적으로 보호주의를 통하여 스미스적인 경쟁의 모델을 국민적 독점의 모델로 바꾸어 정태적 분석과 아울러 동태적 분석을 하고자 하는 의도를 나타내고 있다.

<국민적 체계>는 주지하는 바와 같이 다음 네 편으로 구성되어 있다. 즉 역사, 이론, 학설과 정책이 그것이며, 이들에 선행하는 서론에는 이 책이 주장하고자 하는 내용이 압축되어 있으며 경제발전단계설의 도식도 여기에 포함되어 있다.

리스트에 있어서 역사란 역사적 자연이라는 사물의 본성(Natur der Dinge)을 나타내는 것으로 거기에 법칙이 내장되어 있다. 그렇기 때문에 역사의 교훈이 요구된다. 리스트에 있어서 역사의 법칙은 실천적 관심으로부터 예리하게 직관적으로 파악되어 있다. 그러나 역사편은 이 책의 테마에 따라 근대 서구제국의 무역정책에 관한 서술이며, 공업발전에 대한 무역정책의 적부(適否)가 여러 국민의 성쇠(盛衰)를 어떻게 좌우하는가, 하는 사실을 거시적으로 통찰하고 있다.

이러한 '역사의 교훈'에 따라 정책면에서는 유럽의 중앙에 위치하여 합리적으로 개편되어야 할 독일은 오스트리아를 포함하여 연해의 여러 자유도시나 네덜란드, 벨기에, 스위스를 민족적 원천의 동일성과 긴밀한 정치적 관계 위에 연방국가로서 관세동맹의 여러 영방을 통합해야 한다고 주장하고 있다.[61] 여기서 리스트의 주장은 <독일의 정치적·경제적 국민통일>에서와 같이 침략주의나 팽창정책의 색채는 찾아볼 수 없으며, 다만 독일을 관세동맹을 통해 참된 국민국가로 완성시키고자 하는 의도가 여기에 제시되어 있을 뿐이다. 왜냐하면 국민국가라는 용어에 부합하기 위해서는 넓고 다종다양한 자연자

---

61) 小林昇譯, 經濟學の國民的體系, 岩波書店, 1970, 第34章.

원을 가진 영토 가운데 많은 인구를 가지고, 농업·공업·해운 및 내·외의 상업을 결합시킬 필요가 있다. 이와는 반대로 광대한 영토를 지니지 못하고, 다양한 자연자원을 생산하지 못하고, 자국의 강의 하구지대(河口地帶)를 소유하지 못하고, 또한 확정된 국경선이 없는 국민은 보호제도를 전혀 취할 수 없거나 아니면 거기에서 충분한 효과를 올릴 수 없기 때문이다. 이와 같이 리스트의 인식은 미국·영국·러시아 등 3개국의 초대국화(超大國化)를 예상하고 있었다는 것은 너무도 자연적인 발상이다.

<국민적 체계>에서 전개하는 리스트의 이론은 이미 <개요>에서 밝힌 바와 같이 국민경제학이며 교환가치의 이론에 대한 생산력의 이론이다.

국민경제학은 결국 무역정책을 통하여 생산력의 국민적 이론 내지 국민생산력의 이론을 전개하고 있다. 리스트는 보호무역의 이론을 수렴하고 있지만, 그 이론의 궁극적인 목적은 국민생산력의 확립과 발전에 있으며 보호무역은 이러한 목적을 달성하기 위하여 보호무역의 정책수단을 들고 있다. 따라서 리스트의 생산력의 이론은 국민국가의 기반 위에서만 논의될 수 있다.

> "본인이 제시하는 체계와 고전학파와의 특징적인 차이로서 국민국가를 든다. 개인과 인류와의 매개체(媒介體)로서의 국민국가의 본질 위에 본인의 모든 건축은 기초를 두고 있다."62)

여기서 리스트가 말하는 국민국가의 요건은 위에서도 인용한 바와 같이, 충분한 자연자원과 많은 인구를 가지고 농업·공업·해운 및 내·외의 상업을 결합시킬 수 있어야 한다. 그것은 물질적·정신적 기반 위에 구성되는 정상국민에 의해서만 성립될 수 있다.

---

62) 前揭譯書, p.35.

"정상국민은 공통의 언어와 학예를 가지고 다양한 자원이 풍부하고 광범하며 정리가 잘된 영토와 많은 인구를 가지고 있다. 농업·공업·상업·해운은 그 가운데서 균등하게 발전한다. 기예(技藝)와 과학·교육시설과 일반인의 교양은 거기에서는 물질적 생산과 같은 수준에 있다. 헌법·법률·제도는 그 구성원에게 고도의 안전과 자유를 부여하고 종교심·도덕심과 행복을 향상시킨다. 한마디로 말하면 시민의 복지를 목적으로 하고 있다. 그것은 자국의 독립과 자주를 방어하고 자국의 외국무역을 보호하는 데 충분한 육지·해양을 보유하고 있다. 거기에는 여러 후진국민의 문화에 작용, 과잉인구와 정신적·물질적 자본으로 식민지를 건설하여 새로운 국가를 창출하는 힘을 구비하고 있다."[63]

이 인용문에서 알 수 있듯이 이미 <농지제도론>에서 주장하고 있는 농지개혁에 의한 과잉인구의 방출, <독일인의 정치적·경제적 국민통일>에서 주장하는 농산물을 수입하고 공산품을 수출하여 최대의 시장을 형성할 수 있는 식민지의 확보를 구상하고 있다. 리스트는 당시 독일을 3류 공업국으로, 미국·프랑스·벨지움을 2류 공업국, 그리고 영국을 1류 공업국으로 분류하고 있다. 1류 공업국민인 영국은 단순한 공업국 또는 정상국민으로 끝나는 것이 아니라, "단순한 국민경제적 규모를 넘어 식민지를 보유하는 수출공업국"[64]이며, 따라서 수출공업국은 제국적 규모(帝國的 規模)로 재생산권을 확보하여 그 중심에 위치하는 제국국민(帝國國民)이었다.

리스트에 부과된 역사적 과제, 독일의 정치적·경제적 통일의 달성, 이를 위한 기초조건인 소위 국민의 공업적 육성(industrielle Erziehung der Nation)이란 단적으로 말해서 독일산업혁명의 수행을 뜻하지만, 이 산업혁명에 부과된 역사적 과제는 2단계로, 즉 "독일을 공업국으로 발전시킴과 동시에 수출공업국으로 발전시키지 않으면

---

63) 前揭譯書, p.238.
64) 小林昇, フリースリッヒ·リスト研究, 日本評論社, 1950, p.85

아니 되며, 또한 정상국민으로 발전시킴과 동시에 제국국민으로 발전시키는 데 있다."[65] 이와 같은 2단계의 발전과정에서 영국산업자본의 정책이념인 자유무역이란 영국산업자본의 무제한적 독일침투를 의미한다. 소위 영국의 경제적 침투에는 독일 국내공업을 파괴하여 독일국민경제의 형성을 저지하게 될 것이다. 리스트의 인식은 이러한 사적 고찰(史的考察)의 귀결임과 동시에 정책제언의 대전제였다.

구체적으로 리스트는 영국산업자본의 무제한적인 전개를 보장하는 자유무역이 후진국의 자립적 재생산구조의 형성을 저지할 뿐만 아니라, 형성도상의 국민경제를 해체시키게 될 것이 분명하다고 본 것이다. 때문에 모리(毛利健三)는 "리스트야말로 오늘날 일컬어지고 있는 자유무역제국주의(Imperialism of Free Trade)의 사실상 최초의 제창자"[66]였다고 강조하였다.

리스트는 <국민적 체계>에서 '국민국가의 물질적 기반을 조성하는 국민적 규모로서의 분업과 생산력의 결합'이란 농업과 공업을 국민적 상업으로 매개하여 국내시장을 성립시켜야 한다고 하였다. 상업자본이 국적 없이 행동하여 자국의 농산물 수출과 외국의 공산품 수입으로 이윤을 획득하거나 그것을 보완하여 국제분업의 이익을 이유로 자유무역을 주창하면서 자국의 공업육성을 고려하지 않는 것은 비판되지 않으면 아니 된다. 왜냐하면 정상국민은 자신의 재생산권 가운데서 농업·공업의 분업을 영위, 그것을 기초로 발달할 공업국민이 되며, 다시 그 재생산권을 확장하여 식민지를 건설하지 않으면 아니 되는 것이기 때문이다.

리스트는 또한 보호제도란 개개의 공업가에게 독점을 허용하는 것이 아니라, 국내에서 자유경쟁을 반드시 보장해야 한다고 지적하고 있다. 영국과 포르투갈 사이의 메슈엔조약(1703), 영국과 프랑스 사

---

65) 前揭譯書, p.107.
66) 毛利健三, 自由貿易帝國主義, 東京大學出版會, 1978, p.186.

이의 이덴조약(1786년)이 영국의 공산품시장을 확대하여 포르투갈과 프랑스의 국민경제를 파멸시킨 사실을 정확하게 묘사하고 있다.[67] 특히 메슈엔의 경우에는 봉건세력이 자유무역의 입장에 서 있었기 때문에, 중상주의 비판의 일환으로써 체결된 이 조약이 영국에 미친 효과를 부정한 아담 스미스의 비판[68]에 리스트는 반비판[69]을 하였다. 아담 스미스의 이러한 역사적 판단의 과오는 그의 자유무역론에 관한 이론적 구조에 결함이 있다는 것을 의미한다. 아담 스미스의 자유무역론은 국제분업과 '자본투하의 자연적 순서'라는 두 가지 내용으로 요약할 수 있다. '자본투하의 자연적 순서'를 영국의 역사적 사실에서 관찰해 볼 때, 그것은 산업자본, 국내시장과 국민경제의 정상적인 생성과정이다. 그러나 후진제국에 국제분업의 이론을 적용시킬 경우, 공업을 포기하고 농업을 특화함으로써 국내상업이 결여된 농업 → 외국무역이라는 자본투하의 순서로 실현될 수밖에 없다. 이것은 리스트에 있어서 역사적 자연에 반하는 관념의 결과이다.

그러나 아담 스미스의 의도는 이미 충분히 성숙한 근대국민국가를 위한 국민경제 형성의 지침을 부여하고 산업자본에 국민공업으로서의 전진적 역할을 수행시키고자 한 것이다. 그리고 자본투하의 자연적 순서의 마지막 단계인 외국무역에는 자유무역이 적용되어야 한다는 것이다. 반면에 리스트의 <국민적 체계>는 초기자본주의 단계에 있는 후진국의 국민경제를 형성하고자 한 것인데, 그 이론의 핵심은 농업력과 공업력 사이에 국민적 규모로의 분업을 형성하는 데 있다.

리스트는 <국민적 체계>에서 자연조건에 따라 수확이 크게 좌우되는 농산물의 경우에는 확실히 자유무역이 바람직한 정책이지만, 보호정책으로 공업을 쉽게 육성할 수 있는 농업국의 경우에는 자체

---

67) 前揭譯書, 第5, 6章.
68) Adam Smith, The Wealth of Nations, 17767, chap.6.
69) 前揭譯書, 第5章.

의 공업으로 국내시장을 형성하여 국민경제의 이익을 획득하여야 한다고 하였다. 때문에 리스트는 국민경제 형성의 이론을 국민생산력의 이론으로서 표현한 것으로 볼 수 있다. 또한 그는 독일산업자본의 입장에서 보호정책을 수립하여 영국산업자본의 압력에 대항하기 위한 생산력론을 주장하였다. 생산력을 실현하고 발전시키는 근원적인 힘은 여전히 자유경쟁의 원리에 있지만, 대외적으로는 보호정책이 반드시 필요하다.

리스트의 생산력론은 국민생산력이라는 개념에 기초하고 있는데 그것은 '국가의 독립과 국민적 통일'과 '국민적 분업과 생산력의 국민적 결합'이라는 두 가지 요인이다. 국가의 독립과 국민적 통일은 이 경우에 국민경제와 국민생산력이 형성되기 위한 단순한 정치적 전제이며, 이 전제조건이 달성된 경우에 성립되어야 할 '국민적 분업과 생산력의 국민적 결합'이야말로 고유한 경제정책적 목표로서 실현시키지 않으면 아니 된다. 국민적 분업과 생산력의 국민적 결합이라는 개념은 정신적 요인과 물질적 요인 사이의 국민적 규모에 있어서 분업이며 협업이라고 생각할 수 있다. "국민적 규모에서의 분업과 생산력의 결합은 국민 가운데 정신적 생산이 물질적 생산과 균형되어 있는 경우에도 국민 가운데 농업·공업과 상업이 균형적·조화적으로 형성되어 있는 경우에 성립한다."[70]면서, 먼저 분업의 원리는 "단지 개개의 공장 또는 농업에 적용될 수 있을 뿐만 아니라 한 국민의 농업력·공업력·상업력의 전반에도 적용될 수 있는 것"[71]이라고 하였다. 이 '국민적 분업과 생산력의 국민적 결합'을 그는 '생산력(생산부문)의 조화와 균형'이라고 달리 표현하고 있다. 이미 <개요>에서 한 나라의 범위 내에 있어서 농업·공업·상업의 조화적 상태가 국력과 부의 근본이라고 말한 바 있고, 그 뒤, <국민적

---

70) 前揭譯書, p.57.
71) 前揭譯書, p.57.

체계>에서는 물론 <농지제도론>과 <독일인의 정치적·경제적 국민통일>에서도 '농업·공업·상업의 조화와 균형'이라는 것을 리스트는 생산력론의 종국적 표현으로서 사용하고 있다.

'생산력의 조화와 균형'이라는 용어는 리스트가 처음으로 사용한 것이 아니라는 것은 이미 언급한 바 있다. 그것은 해밀턴의 <보고서>와 레이먼드, 케어리의 저서에서도 발견할 수가 있다. 그 뿐만 아니라 이 용어는 19세기 전반 프랑스의 보호주의자들 소위 신중상주의자들의 사상이며 용어였다. 리스트의 생산력론의 연원(淵源)을 면밀히 고증한 라덴딘(Ernst Ladenthin)[72]은 페리에(Francois Louis Auguste Ferrier, 1777~1861)의 저서인 <상업과의 관계로 본 정부론, 1805, 파리>에 이 사상이 담겨 있다는 것을 인정하고 있다. 페리에는 "국가의 힘과 복지는 상호의존하고 제약하는 모든 생산력의 균등한 형성 위에 존재한다."고 하였다.

한편, 칼 마르크스에 의하면 리스트의 명제가 페리에의 저서에서 인용한 것인데도 불구하고 페리에의 이론을 거론하지 않았다고 비난하고 있다.[73] 또한 리스트와 같은 시대인인 메비센(G. Mevissen)도 "오늘날 국가의 임무는 개개의 생산력의 우선적 형성이 아니라 한 나라의 모든 생산력의 조화적 형성 (die harmonisSche Ausbildung det gesamter produktivkraft einer Nation)에 있다."[74] 고 지적한 바 있다.

이상과 같이 '생산력의 조화와 균형' 또는 이와 유사한 용어들이 이미 제기되었다 할지라도, 리스트가 주장하는 '생산력의 조화와 균형'이라는 사상은 그것이 정상국민이라는 개념을 내용으로 하고 있다는 점에서 리스트의 독자적인 것이라고 보아야 할 것이다. 왜냐하

---

72) Er nst Landenthin, Zur Entwicklung der nationadlokonomischen Ansichten Fr.List von 1820-18u25, 1912, s.97.
73) 住谷一彦, ドイツ國民經濟の史的研究, お茶の水書房, 1985, p.63 /
74) G.Mevissen, Politische und wirtschaftlich Tagesfrager, 1840, s.150.

면 정상국민은 리스트의 정책이 지닌 궁극적 목표의 구체적 모델이
기 때문이다.


## 5. 농지개혁과 국내시장형성론

리스트는 <농지제도·영세경영 및 국외이주>(이하 <농지제도론>
이라 함)[75]에서 당시 서남독일에는 영세경영이 만연되어 있어 그것
이 공업력의 발달에 상당한 장애가 되고 있다는 사실의 인식 아래에
'위로부터'의 지도에 의한 광범한 토지정리로 중·소규모의 독립자
영농민층을 다수 창출하고자 농업보호를 주장하였다. 앞에서 검토한
바와 같이 <국민적 체계> 에서는,

> "공산품에 부과하는 보호관세는 보호받는 국민 가운데 농업자에게는
> 부담이 되지 않는다. 국내공업력의 진흥으로 부와 인구가 동시에 농산
> 물에 대한 수요를 증가시키고 또 그 결과로서 토지의 지대와 교환가치
> 가 증대할 것이며, 한편으로는 공산품의 가격은 시간의 흐름과 함께 하
> 락 할 것이다."[76]

리스트는 이와 같이 주장하면서 공산품가격의 장기적 하락에 의한
이익은 공산품 가격의 일시적 등귀로 입은 농업자의 손실보다 무려
10배나 크게 된다고 하였다. 리스트는 이처럼 이익과 불이익을 비교
하면서 "국내농업을 보호관세로 발달시키고자 희망하는 것은 바보스
러운 시도"[77]라고 단언하고 있다. 그것은 국내공업에 의해서만 국내

---

75) Friedrich List, DieAckerverfassung, die Zwergwirlschaft und die Auswanderung,
    1842(小林昇譯, 農地制度·零細經營 および 國外移住, 日本評論社, 1949).
76) 小林昇譯, 經濟學の國民的體系, 岩波書店, 1970, p.64.
77) 前揭譯書, p.60.

농업이 비용의 지출 없이 발전될 수 있기 때문이라는 것이다.

리스트는 <국민적 체계>에서 발전하는 독일자본의 이데올로기로서 활약하였으나, <농지제도론>의 발표로 다시 초기 리스트, 즉 미국으로 가기 이전의 부르주아 입장으로 되돌아 간 것인가. 두 저서 사이에 차이점이 있다면 그 내용이 무엇이며, 또한 초기 리스트의 견해가 어떤 점에서 후기 리스트의 견해의 원형일 수 있는가가 의문점이라 할 수 있다. <농지제도론>에는 농업에 관한 초기 리스트의 사상이 그대로 투영되어 있는바 그 주요 내용은 다음과 같다.

공업력을 중시했던 리스트의 고향 뷔르템베르그의 토지제도[78]는 당시 놀랄 정도로 영세한 토지소유와 그 경영, 토지에 대한 강한 집착, 그리고 농지의 분할상속(分割相續)이라는 관습으로 인한 부단한 무제한 분할로 토지는 점점 영세화하였다. 토지의 영세화는 결국 경영의 영세화를 초래하기 때문에 생산력 향상은 도저히 기대할 수 없을 뿐만 아니라, 잉여농산물의 부족은 공업생산력을 압박, 공업생산물의 회생으로 영세토지의 소유와 경영이 만연하는 것을 의미하며, 그것은 국내시장의 형성[79]을 바라는 리스트에게는 간과할 수 없는 중대한 문제였다. 영세화는 결정적으로 분할상속의 관습에 의하여 촉진된 것이지만, 보다 근본적으로는 토지에 대한 집착이라는 막스 베버의 소위 '전통주의의 정신'에 입각한 토지소유에로의 지향성에 기인한 것이었다고 할 수 있다.

이상의 초기 리스트의 농업론은, ① 농업을 공업생산력 증대의 기초로서 파악하고 있다는 것, ② 영세토지소유와 그 경영이 농업생산력의 향상을 지연시킨다는 것, ③ 그것은 분할상속이라는 관습에 연유하면

---

78) 제3장 제2절에 언급한 바와 같이, 초기 리스트의 경제이론적인 최초의 업적은 그의 고향 뷔르템베르그를 대상으로 한 <Wider der unbergrenzte Teilung der Bauernguter, 1816>이라는 농업론이다. 이것은 그의 사상체계를 이해하는 데 상징적인 논문이다.

79) 초기 리스트의 국내시장형성론은 공업과 상업이 전개되지 않으면 아니 된다.

서도 궁극적으로 토지소유욕, 즉 전통주의의 정신에 기인한다는 것, 등으로 요약할 수 있다. 그러면 이러한 뷔르템베르그의 농업상태를 어떻게 해결하여야 하는가. 리스트는 이 문제를, ① 토지의 자유로운 교환과 ② 소농민층의 근절에 두고, 농지개혁의 방향을 ① 토지의 재분배, ② 경영규모의 적정화의 두 가지 내용으로 구상하였다. 그 계획은 나아가 국민적 공업과 국내시장의 형성을 도모할 수 있도록, 어떤 의미에서 농업을 기반으로 한 공업발전을 기하고자 한 것이다.

리스트는 토지개혁에 관한 구상으로서 프랑스의 분할지소유나 영국의 자본주의적 대농경영을 부정하고[80] 당시 미국의 중·소규모적인 독립적 자영농민층을 근간으로 하는 산업사회를 프랑스와 영국의 중간 정도로 간주, 이러한 사회를 독일에 있어서 독자적인 자본주의의 발전경로의 기준으로 삼고자 하였다. 이러한 구상에는 프랑스혁명의 귀결인 분할지 소유의 성립과 그 결과로 발생한 토지세분화, 그리고 영국의 자본주의적 대농경영의 발전에 따른 프롤레타리아의 대량 발생이라는 두 가지 문제에 관한 정책상의 고려가 결정적인 영향을 미쳤다고 볼 수 있다.[81] 리스트는 이러한 새로운 농장제도는 '국가의 손'에 의하여 계속 유지되어야 한다고 주장한다. 즉, 새로이 창출된 중산농민층은 분할지농민으로서 또한 상품생산자로서의 성격

---

80) 프랑스혁명은 일반적으로 '부르주아 민주주의의 혁명'으로서 정형(定型)도 그것이 탄생시킨 토지소유관계는 이미 영국에서 독립자영농민층인 요만리의 분해가 나타내는 바와 같이 부르주아적 국가제도가 보장하는 자유경쟁을 촉진자로서 자본주의적 대소유·대경영으로 전화하여 이런 면에서도 전형적인 자본주의적 생산관계가 발생한 것이다. 즉 분할지소유는 그 자체가 자본주의적 관계로 성숙하지 않으면 아니 되는 것으로 생각하였다. 그리고 결국 프랑스와 영국의 토지제도는 동엘베의 경우와 동질적인 제도이다. ─ 小林昇譯, 農地制度·零細經營 および 國外移住, 日本評論社, 1949, pp.258-259.
81) 근대적 토지제도인 분할지소유가 상이한 두 가지 결과를 가져왔다. 그 하나는 영국에 있어서 자본주의의 정상적 발전이며, 또 하나는 절대주의 이후의 프랑스 및 서남독일에 있어서 기형적인 발전이다. 한편으로는 자본주의적 농장이, 다른 한편으로는 기아적 영세경영이 발생하였다.

을 유지해 가는 한 그들이 자본가와 임금노동자로 양극 분해 되는 것은 하나의 역사적 필연이다. 또 그렇게 분해되어야만 자생적인 산업자본의 형성도 현실적으로 가능하다. 그러므로 리스트는 공업의 발전에 농지제도상의 제약을 제거하고자 한 것이다.

<농지제도론>은 독일자본주의의 구조를 그 저변에서 제약하는 토지제도가 영세토지의 소유와 경영을 만연시키고 결국에는 공업력의 발달을 저지한다고 보았다. 이러한 저지요인을 제거하여 새로운 농지제도를 마련하고 이를 선진제국의 경제적 압력으로부터 방어하지 않으면 아니 되기 때문에, 국가 권력으로 농장제도를 유지해야 한다는 것이다. 이처럼 국가의 역할이 중시되는 이유는 단적으로 독일의 후진성에 있다고 보아야 할 것이다.[82]

"농업생산력은 모든 부문에서 발달한 공업력과 공간적·경제적·정치적으로 농업과 밀접하게 결합되어 있으면 있을수록 점점 커진다. 공업력의 발달에 비례하여 작업분할 및 생산력의 결합도 또한 농업에서 발달하여 농업을 최고도의 발달수준까지 끌어 올릴 것이다. 따라서 모든 부문에 걸친 공업력을 자기의 영토 내에서 발달시켜 최고도로 완성시키는 국민, 그 영토가 아주 넓어 농산물이 충분하게 공업인구가 필요로 하는 식료와 원료의 대부분을 공급할 수가 있는 국민은 최대의 생산력을 소유할 것이며, 또한 가장 풍요로운 국민이라 할 수 있을 것이다."[83]

이와 같이 정상국민에게 볼 수 있는 자연적 균형은 일종의 모델로서 농업과 공업인구의 비율을 1 대 1로 생각할 수 있다.

"농업자의 한 가족은 좋은 조건 아래에서 공업자의 한 가족을 부양할 수 있는 것이 증명되지만, 마찬가지로 1명의 공업자는 자신의 노동

---

82) 小林昇, 經濟學史硏究序說, p.254.
83) 小林昇譯, 經濟學の國民的體系, 岩波書店, 1970, p.216-217.

으로 1명의 농업자에게 필요로 하는 생산품과 도구를 공급할 수 있다. 그리고 국내의 생산과 소비만을 계산한다면 각각의 생산영역에서 일하는 인구의 균형은 한 나라 내에 같은 수의 공업자와 농업자가 일하는 경우에 성립한다."[84]

리스트는 이와 같은 균형적 모형, 즉 가설적 도식을 구상하여 그의 독자적인 시장형성론을 전개한 것이다. 고바야시(小林昇)는 이 모형을 "국내시장의 형성, 즉 외국시장의 차단에 의한 양극분해의 과정을 이론적으로 고찰하고자 한 시도"[85]라고 하였다. 그는 이와 같은 가설적 도식에 양극분해를 야기하는 원동력인 생산력이 불균등하게 발전하는 문제를 개입시킬 수 있는 여지를 전혀 남겨 놓고 있지 않다. 왜냐하면 리스트가 주장하는 국민경제의 유형은 생산력이 조화적·균형적으로 발전하는 국민국가를 상정하고 있기 때문이다.

"공업인구가 필요로 하는 원료와 식료는 반드시 농업인구의 잉여물이어야 하며, 농업인구는 이 잉여생산물에 의해서만 공산품이나 열대산품을 풍부하게 구입할 수 있지만, 이 잉여가 농촌 이외의 지역에서 소비되기 때문에 그 잉여분만큼 농촌인구는 증가하지 않게 되며, 따라서 농촌의 증가인구의 대부분은 결국 공업으로 이동하지 않으면 아니 되게 된다."[86]

이와 같은 리스트의 견해는 미국의 농업사정을 염두에 둔 것임을 쉽게 알 수 있다. 미국에서는 당시 중규모의 농업경영이 지배적이었으며 일용노동자는 상대적으로 부유하였고 농민층의 분해도 상당 정도로 진전되었다는 것이 리스트의 시각이었다. 그리하여 리스트는 미국체재 때, 미국에 관한 농업관을 기초로 하여 독일이 정상적이고

---

84) 小林昇, 經濟學史研究序說, p.237-238.
85) 前揭譯書, p.238.
86) 小林昇譯, 農地制度·零細經營 および 國外移住, 日本評論社, 1949, pp.57.

순조로운 국민적 분업을 실현할 수 있는 사회로 전환할 수 있는 방법으로서 중농경영(中農經營)을 결론으로 도출하였다. 그는 토지의 세분화가 왜곡된 분업구조의 당연한 귀결이라고 보았으며, 그 인과관계를 역전시키고자 하였다. 즉, 세분화된 토지를 농지개혁에 의거 중농경영의 농업구조로 전환시키고, 이것을 기반으로 하여 국민적 분업이 순조롭게 실현될 수 있도록 유도해야 한다는 결론에 도달하였다. 이것이 바로 그의 <농지제도론>의 핵심적 구상이다. 이 구상에는 국가권력에 의한 '위로부터'의 직접적 개입이 전제되어 있다. 이러한 구상을 실현하기 위해서는 농업에서 중농경영을 확보·유지하고, 대농경영이나 영세경영으로 전락하는 것을 방지하지 않으면 아니 된다.

리스트가 주장하는 국민생산력의 건설이 '생산력의 조화와 균형'에 있다는 논의는 여기서도 반복되고 있지만[87], 이들 생산력의 기초는 공업력이 아니라 농업력이라는 점을 새로이 강조하고 있다. 즉, 공업력의 보호와 육성으로 위축된 농업을 구제하고자 하는 것은 불가능하며 또한 무의미하다. 왜냐하면 구매력이 없는 영세농은 공산품을 위한 국내시장을 형성할 수 없기 때문에 공업력의 발달은 무의미하다면서 다음과 같이 반문하고 있다.

> "인구의 90%를 점하는 자의 의류나 도구에 대한 모든 가정 소비가 겨우 몇 그르텐밖에 지니지 못한 나라에 어떻게 대규모적인 설비를 가진 공장이 번영할 수 있다고 할 것인가."[88]

그리고 농업생산력의 합리화 및 부유한 시민으로서의 농민의 형성, 즉 새로운 농정제도의 창설이야말로 전 국민생산력의 근대화·

---

87) 前揭譯書, p.57.
88) 前揭譯書, p.63.

합리화의 출발점이며, 공업보호정책은 그 제2단계이다. 단 그것은 농업보호와 병행하여 실시하지 않으면 아니 된다. 사실상 앞 세기부터 오늘에 이르기까지 사회의 관심과 과학, 재능 및 자본은 주로 공업생산력의 증가에 집중되어 왔지만, 공업력의 기초인 농업력의 증가를 위해 영세소유에 의한 농업의 위축을 구제하고자 한 리스트의 농지개혁론은 단지 그와 같은 목적에 멈추지 않고 더 나아가 국민생산력을 근대화하기 위해 낡은 생산관계를 타파하는 문제까지를 포괄하고 있다고 보아야 할 것이다.

# 제2절 국민생산력의 이론과 국민경제의 균형

## 1. 국민생산력의 이론

국민적 보호주의자인 리스트가 그의 저서인 <국민적 체계>에서 그 중심과제로 부각시키고 있는 생산력의 문제란 본래 국민국가의 기반 위에서만 논의할 수 있는 과제이다. 왜냐하면 여기서의 생산력이란 개인의 생산력이 아니며, 또한 인류의 생산력도 아닌 국민생산력[89]을 의미하기 때문이다.

리스트가 주장하는 생산력의 전개장소, 즉 영국자본과 대항적 관계 속에서 발전시켜야 할 후진국 독일산업자본의 시장은 국민국가의 바탕 위에서 성립할 수 있다. 그러나 그는 인류가 지향하는 궁극적 목표로서 세계주의(만민주의)의 당위성까지 부인한 것은 결코 아니다.[90]

리스트가 관찰한 역사란 우선 국민의 역사이다. 국민이 도달할 수 있는 최종단계는 '농업·공업·상업상태'이며, 이러한 단계에 있는 국민을 리스트는 정상국민이라 하였다. 그는 정상국민의 조건을 문화적·정치적 및 경제적인 여러 측면에서 고찰하고 있지만, 국민의 문명과 정치적 입지의 신장 및 세력은 주로 경제적 상태에 의하여 제약된다고 보고 있기 때문에, 결국 그의 역사인식에 있어서 국민국가의 궁극적 목표는 "생산력의 균형 또는 조화(das Gleichgewicht oder die Harmonie der produktivenkraft)," 즉 농업·공업·상업의 균형과 조화'를 달성하고 정상국민이 향유할 수 있는 최종단계에 도달함으

---

89) 국민생산력을 produktivekraft der Nation이라는 단수를 사용하는 경우도 있지만, 대부분이 Nationalproduktivkrafte라는 복수를 사용하고 있다. - 小林昇 譯, 經濟學の國民的體系, 岩波書店, 1970, p.265.

90) 前揭譯書, p.196.

로써 달성되게 된다. 국민국가의 목표인 생산력의 균형과 조화가 달
성되기 위해서는 필요한 정책수단이 요구되는 바, 그것은 대외적으
로는 보호관세에 의한 공업력의 증진이며, 대내적으로는 당시 여러
영방 사이에 부과되었던 수많은 내국관세의 철폐와 국내철도의 건설
로서 국내시장을 확보하는 것이다.

리스트가 아담 스미스의 교환가치이론[91]에 대립하는 생산력의 이
론을 주장하게 된 것은 "부의 원인은 부 그 자체와는 전혀 별개의
것"[92]이기 때문이며, "부를 창출하는 힘은 부 그 자체보다도 무한히
중요"[93]하다고 본데서 비롯된 것이었다. 이와 같이 리스트가 말하는
생산력이란 '부를 창출하는 힘'으로서 이해되지만, 그는 이 힘의 실
체가 무엇인지에 대해서는 분명하게 설명하고 있지 않다. 그는 부를
상품으로서의 생산물만이 아니라 부가 힘이 되기 위해서는 교환가치
를 지닌 상품에 직접·간접으로 관련되어 있는 모든 요소로 구성되
어야 한다고 하지만 생산력의 구체적 형태가 무엇인지 분명하지 않
다. 교환가치물의 생산에 기여하는 요건에는 두 가지가 있는 것으로
보인다. 그 하나는 아담 스미스가 말하는 물질적인 부의 생산에 직
접·간접으로 관련되어 있는 여러 조건, 즉 자연적 조건, 인간적 조
건, 정신적 조건과 사회적·정치적·문화적 조건이며, 다른 하나는
생산재를 축으로 하여 생산재↔소비재의 순환이 기타의 사회문화적
생활전반을 규정하는 조건이다.

---

91) 리스트가 스미스이론을 교환가치의 이론이라고 하였지만, 사실은 이미 속류
   화된 고전학파(쿠퍼, 세이, 만체스타학파)와 독일의 그 아류(亞流)의 이론이
   다. 따라서 그의 고전학파에 대한 파악은 제약성을 나타내고 있다. 여기서
   그가 사용한 '교환의 과학'이라는 용어도 훼이트리(Richard Whately)가 곡물
   법을 논한 논문에서 이미 사용하였던 것이다. 이것은 원래 스미스→리카도
   도의 이론의 본질을 규정한 용어이다. -Richard Whately, Introductory Lec-
   tures on political Economy, 1831.

92) 前揭譯書, p.197.

93) 前揭譯書, p.197.

아담 스미스는 부와 그 원인을 규명하기 위하여 노동의 생산성과 노동이 참가하는 작업장 내의 분업에만 관심을 집중하였기 때문에 노동을 제약하는 기타의 원인의 탐구에는 태만히 하였다고 리스트는 주장하면서 생산력의 원천을 다음과 같이 설명하고 있다.

> "여러 민족의 생산력은 개인의 근면·절약·도덕·지능에 의하여 혹은 자연자원 및 물질적 자본의 소유에 의하여 제약되고 있을 뿐만 아니라, 사회적·정치적·시민적인 제약과 법률에 의해서도 제약되고 있으며, 그 가운데서도 특히 국민국가의 존속과 독립된 세력에 의하여 제약되고 있다. 개인이 어느 정도 근면·절약하고 발명적·기업적·도덕적·지적이라 할지라도 국민적 통일이 없고 또 국민적 분업과 생산력의 국민적 결합이 없이는 그 국민은 결코 고도의 행복과 세력을 획득할 수 없으며 또 정신적·사회적·물질적 여러 상품의 영속적 소유를 확보할 수 없을 것이다.[94]

생산력을 제약하는 이상의 여러 요인을 요약하면, ① 개인의 정신적 능력, ② 자연자원, ③ 생산자본, ④ 사회제도, ⑤ 국가의 독립과 국민적 통일 및 ⑥ 국민적 분업과 생산력의 국민적 결합이라고 할 수 있다. 이 가운데서도, 특히 리스트는 국민적 통일이나 시민적 자유의 중요성을 지적하면서 이들이 쇠퇴하고 억제되는 곳에서는 생산력도 또한 쇠퇴한다는 것을 역사의 교훈으로 제시하고 있다. 그럼에도 불구하고 국민생산력의 서론은 다음과 같은 문제점을 안고 있다. 즉, 리스트가 열거한 생산력의 원천 가운데는 '사회적·시민적·정치적인 상태 및 제도'라는 조건이 있는데, 이것은 인적 및 자연적 조건 그 자체보다도 더 중요하다고 본다. 그리고 그는 물질적인 부에 우선하여 정신적인 부를 더 강조하면서 후자를 생산력의 생산자 또는 생산력의 궁극적인 원천이라고 본다. 그리하여 그는 이것을 '사

---

94) 前揭譯書, p.56-57. 같은 내용이 제19장에도 언급되어 있다. - 前揭譯書, p.283.

회적·시민적·정신적인 상태 및 제도'를 창출하는 힘, 즉 정신적 자본 그 자체로서 규정하고 있다. 그러나 리스트는 실제의 이론전개에 있어서 물적 생산력을 중심으로 생산력론을 전개하고 있다. 그는 이 물적 생산력의 세 가지 구성요소, 즉 공업생산력, 농업생산력 및 상업생산력 가운데 공업생산력 (또는 공업력)을 가장 기본적인 생산력의 요소로 간주하였다. 따라서 '농업·공업·상업의 균형과 조화'란 <국민적 체계>에 관한 한, 공업력이 주도하여 성립되는 여러 생산부문의 균형과 조화를 말한다. 공업력이 항상 주(主)이며 농업력과 상업력은 종(從)이다. 그러므로 리스트의 생산력론은 공업우위의 사상에 기초한 공업주의의 체계라고 할 수 있다.


## 2. 국민적 분업과 협업

이와 같은 생산력의 개념에 적극적인 의미를 부여할 수 있는 근거는 그 개념의 내용을 파악해 보면 쉽게 알 수 있다.

> "국민적 규모의 분업과 생산력의 결합은 그 국민의 정신적 생산과 물질적 생산이 균형 있는 경우, 또한 그들 국민의 농업·공업·상업이 균형적·조화적으로 형성되어 있는 경우에 성립한다."[95]

이와 같이 리스트가 주장하는 국민적 분업과 생산력의 결합이란 첫째, 정신적 요인[96]과 물질적 요인 사이의 국민적 규모에 있어서 분업과 협업이며, 둘째, 농업·공업·상업 사이의 분업과 협업을 의미한다.

---

95) 前揭譯書, p.57.

96) 리스트는 "여러 국민의 현재상태는 이전에 생존하였던 모든 세대의 모든 발견·발명·개량·완성·효력의 증진의 결과이다. 이들은 현존하는 정신적 자본을 형성한다."고 하였다. ─ 前揭譯書, p.203-204.

"국민에게 최고의 작업분할은 정신적 작업과 물질적 작업의 분할이다. 양자는 상호 제약한다. 정신적인 생산자가 도덕심, 종교심, 계몽 및 지식의 증진에, 또 자유와 정치적 완성의 보급에, 국내에서의 생산과 재산의 보증 및 외부에 대한 국민의 독립과 세력의 촉진에 도움이 많으면 많을수록 물질적 생산은 더욱더 중요하다. 또 물질적 생산자가 상품의 생산을 증가시키면 시킬수록, 그만큼 정신적 생산은 촉진될 수 있다."[97]

따라서 리스트는 분업의 원리가 "단지 개개의 공장 또는 농업에 적용될 수 있을 뿐만 아니라, 한 국민의 농업력·공업력 상업력의 전반에도 적용될 수 있는 것"[98]이라고 하였다 또한 그는 "물질적 생산에서 작업의 최고의 분할 및 생산력의 최고의 결합은 농업과 공업의 결합'[99]이라면서, "이 양자는 상호 제약한다."[100]라고 하였다. 말하자면 이것은 국민적 규모에 있어서 여러 생산부문 사이의 분업과 협업인 것이다. 이 분업과 협업은 공업부문 자체의 내부에서, 또한 농업부문 자체의 내부에서도 이루어진다. 그것은 지방적 전문화, 즉 농산물의 상업화를 실현한다. 그리고 분업과 협업은 한 공장 내부에서도 일어난다.

이와 같은 리스트의 분업＝협업론은 아담 스미스의 분업론에 대한 비판으로서 전개된 것이며, 이것은 생산력 이론의 지주가 되고 있다. 리스트에 의하면 아담 스미스는 분업만을 알고 협업을 모르는, 또한 공장 내에 있어서 분업만을 논하고 한층 고차적인 단계의 분업을 논하지 않았다는 것이다. 물론 존 스튜어트 밀도 분업의 원리의 저변에는 분업을 포함한 보다 근본적인 원리가 있다고 하였다.[101] 그는

---

97) 前揭譯書, p.2223-223.
98) 前揭譯書, p.57.
99) 前揭譯書, p.57.
100) John Stuart Mill, Princioles of Political Economy, 1848, 제1편 제8장(of Coperatio, or the combinatio of Labour)에서 협업에 관하여 리스트의 협업론과 같은 그러한 특징을 발견할 수 없다.
101) Ibid., p.96.

협업의 원리의 중요성을 "웨이크 필드가 처음 지적하였다."면서 노동의 결합이 가져오는 생산력의 증진작용에 의하여 인간의 생산력을 전체적으로 향상시킬 수 있다고 인식하였다.

밀은 협업을 단순협업과 복잡협업으로 나누면서 직업의 분리가 노동생산성에 매우 중요하다는 것과, 도시와 지방 사이의 노동결합이 생산적인 산업을 가져올 수 있다고 주장하였다. 또한 존 스튜어트 밀이 생산력의 발전을 단지 경제적 측면만이 아니라, 인간의 지적·도덕적 진보와 관련시켜 논의[102]하고 있는 것을 볼 때, 이는 리스트의 생산력론과 유사하다.

그러나 리스트는 공간적 개념으로서 생산력의 결합이라는 개념을, 또한 시간적 개념으로서 항구성 및 작업연속의 원리라는 개념을 도입하면서 이 두 가지가 다 같이 국민생산력을 발전시키는 데 기여한다고 보고 있다.


## 3. 공업주의

리스트에 의하면 단순한 농업국민과 농업·공업국민 사이에는 경제적 번영에 현저한 차이가 있다고 주장한다.

> "단순한 농업국민에 있어서는 그들이 공업·상업국민과 자유로운 무역을 하고 있을 때조차 생산력과 자연자원의 대부분이 방치되거나 이용되지 않는다. 그 국민의 지적·정치적 발전이나 방어력은 한정되어 있다. 그 국민은 융성한 항해업도 광범한 무역도 소유할 수가 없다. 그 행복은 모두 그것이 국제무역의 성과인 한 외국의 정책과 전쟁으로 중단되고 방해되며 파괴된다."[103]

---

102) 前揭譯書, p.214.

이와 같이 리스트는 농업국민이 지닌 경제적 취약의 원인을, 첫째로, 자국의 농산물에 대한 외국의 수요가 불안정하며, 둘째로, 토지가격의 변동과 공황이 가끔 발생하며, 셋째로, 국민적 교통의 미발달로 농산물가격의 변동이 현저하기 때문으로 보았다. 나아가 이러한 사정 때문에 국내의 경제상태가 항상 안정을 잃고 공업국의 경제적 지배를 받게 된다[104]라고 보았다. 국민경제의 내부에 공업력을 지니지 못한 단순한 농업국민은, 그에 의하면 타인의 손을 빌리는 "외팔이 인간"[105]에 지나지 않는다.

한편, 농업·공업국민은 "두팔의 자기손"[106] 을 마음대로 사용할 수 있는 인간인 것이다. 공업력은 단지 그 자체로서 중요할 뿐만 아니라 농업의 발전을 위해서도 또한 필요하다. 왜냐하면 "공업력에 의해서만 국내농업은 고도의 발전단계에 도달할 수 있기"[107] 때문이다.

아담 스미스시대의 영국, 프랑스, 독일의 세 나라는 각각 모직물, 견직물과 마직물이라는 국민적 공업에 기술적 우위를 가지고 있었으나, 그것은 한정된 외국시장을 점유하는 데 불과하였다. 각 국민이 소비하는 의류는 대부분 조제(粗製)의 각종 직물이며, 이 부분에 있어서 외국과의 경쟁에는 별 다른 문제가 없었다. 왜냐하면 당시의 매뉴팩처적 공업력, 즉 리스트가 말하는 "중위정도의 공업설치"[108]에 의한 공업력이 다른 나라의 가내공업이나 공업일반을 압도하여 지방시장을 정복할 정도로 우위적인 생산력을 지니고 있지는 아니하였기 때문이다. 독일에 자유경쟁을 할 수 있는 기회가 주어진다면 독일은 모직물과 견직물에 대한 수요의 6분의 5를 자국에서 생산할

---

103) 前揭譯書, p.57.
104) 前揭譯書, 제20, 21장
105) 前揭譯書, p.242.
106) 前揭譯書, p.243.
107) 前揭譯書, p.58.
108) 正木一夫譯, ドイツ人の政治的·經濟的國民統一, 改造社, 1941, p.62.

수 있을 뿐만 아니라, 외국과의 경쟁도 가능한 수준에 이를 수 있었다.[109] 그러나 여러 기계의 발명 등으로 기계적 생산력은 거대한 힘을 발휘하여 국외시장을 정복할 수 있고, 지방시장에서 생존할 수 있었던 매뉴팩처나 가내공업은 단시일 내에 도산이 가능하다. 때문에 각국은 독자적인 공업부문을 기계화하지 않으면 그 유지조차 불가능하다. 여기서 기계력이란 축적된 대자본을 기초로 모든 분야에서 우위에 있는 국민경제를 성립시켜 다른 국민으로부터 모든 공업력을 박탈할 수 있는 힘을 의미한다.

리스트는 면방공업에서 기계력의 역사적·국민경제적 특질의 일면을 찾고 있다. 그리고 그는 또한 면방공업에 필적하는 산업으로서 "독일에서 가장 중요하고 그리고 오랜 옛날부터 존재한 공업부문의 하나"[110] 인 마공업(麻工業)을 들고 있다. 이러한 공업에 특별한 보호가 필요한 이유는 거액의 고정자본, 경영자본과 기계설비가 필요하며 그리고 많은 기술적 지식을 갖춘 훈련되고 숙달된 다수의 노동자가 필요하기 때문이다. 그는 이러한 공업부문이 적절한 보호로 발달하면, 비교적 중요하지 않은 다른 여러 부문을 약간의 보호만 해주면 발달할 수 있다고 하였다.[111] 그러나 공업력은 단순히 경공업인 섬유공업에만 그치지 않고 생산수단의 생산부문도 동시에 리스트의 관심의 대상이었다. "기계공장은 어떤 의미에서는 공장의 공장이다."[112] 그렇다면 이러한 중공업력의 자연적 기초로서 철과 석탄이 국민경제에 있어서 상당한 의의를 지니고 있음에 틀림없다. 특히 선철과 석탄이 부족한 나라는 이것을 수입에 의존하지 않을 수 없지만, [113] 이들 원료가 영국과 같이 인정되어 있지 않을 경우에는 철

---

109) 前揭譯書, p.63.
110) 前揭譯書, p.210.
111) 前揭譯書, p.241.
112) 前揭譯書, p.369.
113) Friedrich List, Wer k Ⅵ, S.382.

도망으로 결합, 산업을 발달시킬 수 있다는 것이다.

리스트의 보호주의는 어느 정도의 공업력을 지닌 후진국이 선진공업국과의 경쟁에서 관세장벽을 설정하여 자국의 유약(幼弱)한 공업을 위한 국내시장을 확보하자는 데 있다. 때문에 리스트는 "보호정책이 국민의 부의 증가에 매우 강력한 효과를 갖는다는 것은 공업력에 의하여 많은 자연자원과 자연력이 생산적 자본으로 전환할 수 있다."114)라는 사정으로 설명하고 있다. 특히 리스트의 주장은 공업보호이며 농업보호가 아니다. 농업에 관해서는 "무역의 자유는…… 모든 국민에 있어서 어떠한 사정 아래에서도 또 모든 발전단계에 있어서도 가장 유리한 원칙"115)이라고 단언하면서, 처음부터 농산물의 판로확대와 농산물의 가치증가에서 얻는 이익이 공산품의 가격등귀에서 오는 불이익보다 클 뿐만 아니라, 이와 같은 유리한 상태는 점점 농업자의 이익을 크게 할 것이다. 왜냐하면 시간의 흐름과 더불어 공업의 번영이 농산물의 가격을 등귀시키고, 공산물의 가격을 하락시키도록 작용하기 때문이라고 리스트는 주장하고 있다.116) 또한 농업에 있어서는 자연적 독점의 지배라는 이유에서 자유무역이 유리하나, 이 독점을 공업에까지 확대시켜 전반적인 자유무역을 주장하는 아담 스미스의 이론에 과오가 있다고 리스트는 주장하면서, <개요>에서부터 <국민적 체계>에 이르기까지 끊임없이 공업보호에 의해서만 생산력의 균형과 조화가 유지될 수 있다고 주장하고 있다. 즉 "한 나라의 범위 내에 농업·공업·상업의 조화적 상태"117) 가 국력과 부력(富力)의 근본이라고 하였다.

---

114) 小林昇譯, 經濟學の國民的體系, 岩波書店, 1970, p.396.
115) 前揭譯書, p.57.
116) 前揭譯書, p.259.
117) 前揭譯書, p.258.

　　"국민은 자국의 공산품을 수출하고 외국의 원료 및 식료를 수입함으로써 부와 세력에 도달할 수 있다는 것은 확실하다."[118]

　　리스트는 영국이 이러한 국시(國是)를 고수해 옴으로써 이 나라가 풍요하고 부강하게 되었다는 것이다. "그러나 이 국시는 농업이 이미 높은 발전단계에 있는 전통 있는 국민에게만 타당하다."[119] 그리고 "공업의 성질은 농업의 성질과는 근본적으로 다르다."[120]고 리스트는 주장하면서, "농민이 상대하는 것은 인간보다도 오히려 생명이 없는 자연"[121]이기 때문에 많은 숙련을 필요로 하지 않을 뿐만 아니라 정신적 능력도 많이 요구되지 않는다.

　　그리고 시간의 가치가 공업에 비하여 비교할 수 없을 만큼 농업에 있어서는 저하된다. 이와 같이 리스트는 생산력의 균형과 조화를 강조하면서도 공업보호만을 주장한 것은 아마 동독일의 융커계급이 영국으로의 곡물수출을 국내교환으로 전환시켜 얻어지는 이익을 그의 정책구상에 포함하고자 한 데 있다. 이와 같은 사고는 미국 체재 때의 경험에서 온 것으로 판단된다. 즉, "만약 공업이 농업이나 상업과 조화되지 않는다면 고도의 국력 및 부, 완전한 독립은 얻을 수 없을 것"[122]이라고 하였다. 왜냐하면 단순한 농업국은 외국과의 무역으로 빈곤을 면치 못할 뿐만 아니라 결국에는 상업도 번영할 수 없기 때문에, 힘과 부의 원천인 공업과 조화 되지 않으면 국민생산력을 최고도로 발전시킬 수 없게 될 것이다.

　　그러면 세 가지 산업을 조화시키기 위해서는 어떤 조치가 필요한가. 그것은 "국민의 부나 힘을 증진시키는 모든 것을 조장하고자 하는 목

---

118) 前揭譯書, p.279.
119) Friedrich List, Werk Ⅵ, S.106.
120) 前揭譯書, p.301.
121) 正木一夫譯, アメリカ經濟學槪要, 未來社, p.23.
122) 前揭譯書, p.27.

적이 개인에 의하여 달성될 수 없는 한, 정부의 권리이자 의무"123)를
수행하여야 하는 바, 리스트는 정부의 의무로 보호관세를 들고 있다.

> "외국의 자본이나 기술 때문에 국내의 개인으로서 제조업을 착수할
> 수 없는 경우에는 그 공업은 보호관세에 의해서 진흥시키지 않으면 아
> 니 된다."124)

구체적으로 미국은 공산품 수입에는 관세를 부과하면서 외국의 자
본이나 기술을 도입하는 한편, 국내의 인구나 자본의 유출을 방지해
야 한다는 것이다. 정부의 간섭으로 세 가지 산업이 조화될 수 있는
보호수단이 유효한지의 여부는 그 국민의 상태 여하에 달려 있다면
서 미국의 여러 주(州)를 그 예로 들고 있다.

> "특히 미국의 펜실바니아 동서부의 여러 주는 모두 인구·기술·운
> 영·부의 증진으로 보아 미국은 단지 공업의 이익을 육성시키기만 하
> 면 강력한 나라가 될 수 있다."125)

리스트의 이와 같은 주장은 독일뿐만이 아니라 미국체재 때에 얻
은 경험이기 때문에 그의 보호주의를 공업주의로 파악하는 것은 당
연한 귀결이라고 할 수 있다. 그러나 리스트의 공업주의는 중상주의
시대에 주장했던 킹의 공업주의와 그 보호주의, 즉 18세기 초 영국
의 대외무역관계에서 국내공업의 옹호를 주장한 내용과는 상이한 것
으로서, 농업의 기반 위에서 공업을 육성하여 국내시장을 확보하자
는 데 그 목적을 두고 있다.126)

---

123) 前揭譯書, p.24.
124) 前揭譯書, p.24.
125) 前揭譯書, p.55.
126) 小林昇, リストと重商主義(小林昇, 小林昇經濟學史著作集(Ⅵ), 未來社, 1978,
    pp.386-387.

# 제3절 경제발전단계설과 보호무역정책

## 1. 경제발전단계와 외국무역의 준칙

리스트에게 정상국민이란 국민경제발전단계의 최종단계에서 형성되는 국민을 말한다. 이 개념을 이해하기 위해서는 국민경제의 발달에 관한 경제발전단계[127]와 국제무역을 개입시킨 국민경제발전의 시기 구분[128]에 관한 리스트의 견해를 검토할 필요가 있다.

> "역사연구의 결론은 인류가 개인과 같은 발전단계를 경과한다는 것이다. 유년시대에는 인류는 엽사(獵師)이며 어부(漁夫)이다. 청년시대에는 먼저 목자(牧者)이며 이어 農夫이다. 성년시대에는 농업에 공업과 상업을 결합시킨다. 농업·공업·상업을 국내에서 결합시키는 국민은 농업만을 영위하는 국민보다도 한없이 완전하다. 농업국민은 국내상업에 의하여 그 잉여원료와 교환으로 외국의 공산품을 수취하는 데 지나지 않는다. 이러한 큰 차이점은 농업국민과 목축국민 사이에도 또한 목축국민과 미개인 사이에도 존재한다."[129]

리스트는 <자연적 체계>에서 묘사한 농업발전과 공업발전의 도식을 그 뒤 <국민적 체계>에서 경제발전 단계로 구체화하고 여기에 국제무역을 개입시킨 국민경제발전의 시기 구분으로 발전시켰다.

경제발전단계설의 주된 의도가 무엇인지는, 리스트가 고전학파 경제학자들이 과학으로서 정점에 도달한, 즉 경제적으로 가장 고도로 발달한 영국에만 적용될 수 있는 자유무역의 이론을 비판한 사실에

---

127) 小林昇譯, 經濟學の國民的體系, 岩波書店, 1970, pp.54-55.
128) 前揭譯書, p.60.
129) Friedrich List, Werke Ⅵ, s.108.

서 확인할 수 있다. 리스트의 비판은 무엇보다도 먼저 외국무역과 무역정책의 여러 문제에 집중하고 있다. 리스트의 고전학파 비판의 출발점은 이미 경제적으로 고도로 발달한 상태에 있는 영국과 전적으로 미발달한 상태에 위치한 독일 사이의 국민적 경쟁이었다. 말하자면 후발자본주의 국가인 독일은 그 발전과정에 있어서 선발자본주의 국가인 영국과 경쟁하면서 자국의 국내시장을 확보하지 않으면 아니 되었다. 영국의 자본주의가 높은 수준에 서있었을 때 독일은 자본주의의 발전이 미약했지만 전망 있는 미래를 안고 있는 초기단계에 있었다. 따라서 독일의 리스트는 영국의 고전학파 경제학자들과는 다른 시각에서 접근하지 않을 수 없었다

여기에 리스트는 '외국무역의 준칙'을 경제발전단계설에 결합시킴으로써 보호의 필요를 보충하고 있다. 그에 의하면 제1단계(미개상태)에서 제2단계(목축상태), 제3단계(농업상태)로 이행하려면 선진공업국민과의 자유무역이 필요하고 제3단계의 초기에서도 자유무역이 필요하다. 또한 제3단계의 후기에서 제4단계(농업, 공업상태) 또는 제5단계 (농업·공업·상업상태)로의 이행, 즉 농업국민으로부터 농업·공업·상업국민으로의 이행기에는 보호무역이 반드시 요구되는 것이다. 그리고 최고의 단계, 즉 농업·공업·상업상태에 도달하여 대등하게 경쟁할 수 있는 조건이 갖추어진 경우에는 자유무역, 특히 열대 시장과의 자유무역이 이익을 가져온다는 것이다. 이것이 리스트가 제창한 '외국무역의 준칙'이다.

리스트에 의하면 당시의 독일은 그의 단계설의 제3단계의 후기에 처해 있었다. 따라서 리스트에게는 자유무역으로 세계무역을 창출한다는 고전학파의 경제이론이 독일에서는 아주 요원한 미래의 경제발전단계에 해당하므로, 현 단계의 독일의 무역정책은 고전학파가 주장하는 자유무역이 아니라 낙후된 독일산업을 보호·육성하기 위한 보호무역이어야 한다는 것이다.

‘외국무역의 준칙’에 관한 추리와 변화를 리스트는 하나의 경제발전단계의 시기로서 <국민적 체계>에서 도식화함과 아울러 국제무역에 의한 여러 국민의 경제발전단계로서 다음과 같은 네 가지의 상이한 시기로 구분하고 있다.

> “제1기에는 외국공산품의 수입과 국내농산물 및 원료의 수출에 의하여 국내농업이 발전한다. 제2기에는 외국공산품의 수입과 더불어 국내공업이 발전한다. 제3기에는 국내공산품이 국내시장의 대부분을 점유한다. 제4기에는 국내공산품이 수출되고 외국의 원료와 농산물이 수입된다.”[130]

이러한 시기를 위의 경제발전단계에 적용시키면, 제1기와 제2기는 각각 미발달한 농업상태에, 제3기는 농업·공업상태에, 그리고 제4기는 농업·공업·상업상태에 각각 해당될 것이다. 이와 같은 경제발전단계설과 시기구분에서도 알 수 있는 바와 같이 보호무역정책과 자유무역정책이란 무역정책의 영역에서 두 가지의 상이한 단계로 특징지을 수 있다. 보호무역정책은 무역정책의 저위의 형태로서, 자유무역정책은 무역정책의 고위의 형태로서 나타난다. 때문에 리스트는 경제발전의 낮은 단계에서는 보호주의를 옹호하고, 높은 단계에서는 자유무역정책을 채택해야 한다고 하였다.

이와 같이 리스트의 이론은 사회의 전체적 발전의 견지에서 보면 확실히 경제적 후진국의 이론 및 이데올로기이다. 경제적 후진성이라는 입장에서 보면 당시 독일의 미래는 리스트 이론 가운데 이론적으로 표현되어 있다. 때문에 리스트의 이론은 역사적 후진성을 전제로 하면서도 자본주의를 발달시키고자 한 것이며, 이를 위한 가장 유효한 수단으로서 보호무역을 들고 있다. 따라서 리스트의 이론은 모이젤(Alfred Meusel)[131]이나 모리(毛利建三)[132]가 주장한 자유무역

---

130) 前揭譯書, p.60.

제국주의(imperialism of free trade)의 이론이라기보다는 마이어(Gertrud Mayer)[133] 등이 주장한 바 있는 아우타르키(autarky)의 경제와 정치적 힘을 필요로 하는 경제정책의 유형이라고 할 수 있다.


## 2. 보호무역의 정책수단

리스트는 보호제도를 국내공업력의 촉진과 보호를 목적으로 할 경우에 한해서만 인정한다. 보다 구체적으로는 광대한 영토와 많은 인구, 자연적 보조자원의 보유, 진보된 농업, 고도의 문화와 정치적 발달에 의해서 일류의 농업·공업·상업국민, 최대의 육·해군국과 대등한 지위를 주장할 자격이 있는 국민에 한하여 보호제도는 인정된다는 것이었다. 보호제도에 의하여 성립되는 정상국민은 여러 선진국 사이의 수평적 국제분업이 아니라, 식민지와 여러 열대국으로 확장하여 영국과 같은 수출공업국 또는 제국국민(帝國國民)으로 수직적 국제분업으로서 나아가게 된다. 무역의 제한이 한 국민에게 있어서 일정한 시기에 그 나라의 발전에 유리하며 또한 필요하다는 이유만으로, 그것이 절대적으로나 일반적으로 유리하며 필요하다고 주장하는 중상주의는 오로지 국민만을 보고 인류를 보지 않는다면서 영국의 중상주의를 리스트는 비판하고 있다. 보호란 농업국민이 농업·공업·상업국민으로 전진하는 데 필요한 것이지 경제발전의 최고단계에서도 그것이 계속 유지되어서는 아니 된다고 리스트는 주장하고 있다. 선진국민과 전적으로 그리고 무제한적으로 무역을 하는 것은 어떤 국민의 경우에 있어서도 그 발전의 초기단계에서는 확실히 유

131) Alfred Meusel, List und Marx, Eine Verlagleichende Belrachtung, Jena1928,
132) 毛利健三, 自由貿易帝國主義, 東京大學出版會, 1978, p.186.
133) Gertrud Mayer, Friedrich List alle Agrarpolitiker, Stuttgart, 1938.

익하다. 동시에 어떤 국민에게 "국제무역을 어느 정도 제한함으로써 만이 다시 고도의 발전을 이룩하여 다른 여러 선진국과 어깨를 나란히 할 수 있는 지점에까지 도달할 수 있는 사정을 가르쳐 준다."[134] 라는 교훈은 바로 영국의 경험을 토대로 한 것이다. 이러한 이유에서 영국은 세계적으로 "공업과 무역을 독점하여 후진국민의 진보를 억제할 것을 목적으로 하는 여러 제도를 예나 지금이나 실시하여 왔다."[135]고 리스트는 주장한다.

리스트가 여기서 언급한 여러 제도란 관세제도(douanen system)를 지칭하며, 그것은 구체적으로 수입금지, 수입관세, 항해제한, 수출보조금 등을 포함[136]하고 있지만, <국민적 체계>에 있어서는 공업육성의 수단으로서 관세입법에 관해서만 논하고 있다. 이것을 통칭 공업육성관세라고 한다.

고전학파에 의하면 관세제도란 농업생산은 물론 공업생산에도 해로운 영향을 미치며, 국내공업가에게 독점을 보증하고 그들을 태만히 한다고 주장할 뿐만 아니라, 농업의 희생으로 공업을 보호하는 효과를 가지고 있다.[137] 그러나 리스트에 의하면 보호제도는 결코 독점을 허용치 않는다. 보호제도는 외국과의 경쟁에만 적용하며, 국내에서는 자유경쟁을 보장해야 하기 때문에, 국민 누구나 국가가 제공하는 장려금을 균점할 수 있다. 따라서 리스트에 의하면 독점은

---

134) 前揭譯書, p.46.

135) 前揭譯書, p.55-56.

136) 리스트는 여기에서 열거한 내용 밖에 국내공업의 장려수단으로서 교육시설, 특히 공업학교, 산업박람회, 현상논문, 수송의 개량, 특허법 등 일반적으로 공업을 촉진하여 내외의 무역을 용이하게 하고 규제하는 모든 법률과 시설도 포함시키고 있다. 또한 수출금지나 수출관세는 오직 예외적으로 문제될 수밖에 없고, 원시생산물의 수입에 관해서는 단지 재정관세(einkommenszolle)를 부과할 뿐이며, 결코 국내 농업생산의 보호를 목적으로 부과하여서는 아니 된다는 것이다. ‒

137) 前揭譯書, p.364.

국내공업의 발전에 유익하다는 것이다. 왜냐하면 독점은 국내의 태만한 생산력을 각성하게 할 뿐만 아니라 외국의 생산력, 즉 물질적·정신적 자본은 물론 기업가, 기술자, 숙련노동자를 국내로 유치할 수 있기 때문이다.[138]

그러나 자유무역을 주장한 아담 스미스도 보호관세를 ① 보복조치로서, ② 국방을 위하여, 그리고 ③ 대등화의 수단으로서 용인하고 있다.[139] 리스트에 의하면 보복의 원리가 적용될 수 있는 논거는 그것이 국민의 공업육성의 원리와 합치하는 경우뿐이다. 그러나 세이(Jean Baptiste Say, 1767~1832)는 스미스가 주장한 세 가지의 보호관세를 모두 비난하면서 관세가 인정될 수 있는 것은 "공업부문이 수년 내에 이제 더 이상 보호를 필요로 하지 않을 때까지 이익을 올릴 수 있는 경우"[140]에 한정한다고 하였다.

리스트는 보호관세의 타당성을 이론적으로 다음과 같이 설명하고 있다.

"보호관세로 국민이 입게 되는 손실은 어떤 경우라도 단지 가치에 관한 것이지만, 그 대신 국민은 여러 힘을 획득하여 이것을 사용하여 언제라도 막대한 금액의 가치를 생산할 수가 있게 된다. 따라서 가치 위의 손실은 오로지 국민의 공업육성의 비용으로 간주하여야 한다."[141]

이미 해밀턴도 미국이 농업국으로 영구히 전락되는 것을 방지하기 위해서는 국제분업을 타파하여 국내시장을 형성하여야 하며, 그리기 위해서는 농업·공업이 균형 있게 발전하기 위한 공업보호가 선결조

---

138) 前揭譯書, p.64.
139) Adam Smith, The Wealth of Nations, 1776, chap.2.
140) 리스트는 세이(J.B.Say)의 내용을 인용하고 있다. - 前揭譯書, p.372-373.
141) 前揭譯書, p.56.

건이라고 주창한 바 있다. 그는 또한 공업의 확장으로 농업의 위축이나 손실을 방지할 수 있다고 주장하였는바, 이는 리스트에 의해서도 그대로 계승되고 있다.

> "여러 후진국민은…… 농업상태에서 공업상태로의 이행을 실행하는 방법을, 말하자면 공업독점을 목표로 노력하는 여러 선진국민과의 무역이 위의 이행을 방해하는 한 자신들의 관세제도로 제한하여야 할 수단을 자국 내에서 찾아야 한다. 국내농업은 국내공업에 의해서만 비용을 들이지 않고 발달시킬 수 있기 때문이며, 또 외국의 원료 및 농산물을 배제하면 그 나라의 국내공업은 억제되기 때문이다."[142]

국내농업을 보호관세로 발전시키고자 하는 것은 우매한 시도일 수밖에 없다. 많은 국민은 자국의 공업을 유지·발전시키지 않고서는 번영을 구가할 수가 없다. 때문에 국민의 공업발전을 촉진시키기 위하여 외국무역을 규제할 수 있는 정책수단으로서의 관세제도란 항상 국민의 공업육성이라는 원리를 정책적으로 수립하여 실시하지 않으면 아니 된다는 것이다.[143] 이러한 관세제도는 사색적인 두뇌의 발명품이 아니라 국민의 존속과 번영을 보장하고 우월한 국력을 획득하고자 하는 여러 국민의 노력의 당연한 귀결이다.

리스트는 보호관세의 부과방법으로서 다음의 세 가지를 들고 있다.[144] 즉, 보호관세로서 일정한 공산품에 대하여 ① 수입금지, ② 금지적 또는 높은 수입관세, 그리고 ④ 적절한 수입관세를 부과하여야 한다는 것이다.

리스트는 이들 세 가지 관세 가운데 '적절한 수입관세'를 옹호하고 있으면서도, 어느 것이 더 유용한가에 관해서는 특정국민의 경제상태

---

142) 前揭譯書, p.60.
143) 前揭譯書, p.60.
144) 前揭譯書, p.365.

와 공업의 사정에 따라 달리 적용할 수밖에 없다고 하였다. 리스트는 수입금지라는 보호수단으로 국민경제를 전면적으로 봉쇄하는 것은 전적으로 수입국에 불리하기 때문에 이는 배제되어야 한다고 주장하면서도, 나폴레옹 전쟁에서 볼 수 있는 바와 같이 전쟁은 자연스럽게 수입금지 같은 효과를 야기하기 때문에 전쟁기간 동안 각 국민은 자급자족을 위해 국내의 공업육성에 노력하게 될 것이라고 하였다.

사실 유럽평화 뒤의 독일과 프랑스는 이러한 상태에 있었다. 프랑스가 1815년에 독일, 러시아, 미국과 같이 영국과의 경쟁을 허용하였다면, 공장은 대부분 존립하기 어려웠을 것이다. 왜냐하면 당시 프랑스의 공업은 유년기(幼年期, in der indheit)[145]에 속해 있었기 때문이다. 리스트는 당시 프랑스가 원료나 농산물의 수입에 관세를 부과한 것은 잘못이었다고 지적하였지만, 수입금지정책은 1815년 이후 프랑스에 유리하게 작용하였다고 평가하였다. 수입금지도 그 나라의 경제 상태나 공업의 사정에 따라서 유용하다고 본 것이다.


## 3. 보호관세의 적용기준


리스트는 금지적 관세 또는 높은 수입관세에 관하여 "외국과의 경쟁을 배제할 수 있는 극도로 높은 수입관세는 그것을 부과하는 국민 자신에게 해롭다."[146]고 하였다. 왜냐하면 이러한 관세는 국내공업의 경쟁력을 약화시키기 때문이다. 결국 리스트가 선택하고자 한 합리적인 관세제도는 '적절한 수입관세'이다. 그러나 "관세율은 이론적으로 결코 결정할 수 없는 것"[147]이기 때문에 관세를 부과하는 국민의

---

145) Friedrich List, Das nationale System der Politischen Oeconomie, 1841, s.417.
146) 前揭譯書, p.88.
147) 前揭譯書, p.368.

경제상태는 물론 상대국과의 상호 관계에 따라 정책적으로 결정할 수밖에 없다.

> "보호관세에 관하여 주로 구별해야 할 점은 국민이 자유경쟁상태로부터 보호제도로 이행하고자 하는가 아니면 수입금지제도로부터 과도한 보호제도로 이행하고자 하는가, 라는 점이다."148)

전자의 경우에는 관세율을 미리 정해진 단계에 따라 처음에는 낮게 책정하여 점진적으로 높이고, 후자의 경우에는 관세율을 처음에는 높게 정하여 점진적으로 낮추어야지 급격한 인상과 인하를 하여서는 아니 된다. 이와 같은 인상과 인하의 과도기에 어느 정도 인상 또는 인하해야 하는가에 대해서는 어떠한 결정도 할 수 없다는 것이다. 왜냐하면 국가 사이의 상호관계에 따라 관세율의 인상 또는 인하의 기준은 달라질 수밖에 없지만, 독일의 경우 관세율은 다음 기준에 따라 결정해야 한다고 하였다.

> "어느 제조업이 40~60%의 최초의 보호관세율로 발전하지 못하여 그 뒤, 20~30% 의 보호관세로서도 계속될 수 없는 경우에는 일반적으로 공업력의 근본조건이 결여되어 있다고 생각해도 좋을 것이다."149)

리스트의 이러한 주장에 대하여 파비웅케(Gunter Fabiunke)는 자신의 논문에서 프리드리히 엥겔스의 견해를 인용하면서 리스트의 관세론의 내용을 다음과 같이 서술하고 있다.

> "리스트는 보호관세를 서서히 인상하도록 제안하고 있다. 이 관세는 최후에는 제조업자들이 국내시장을 확보할 수 있을 만큼의 높이가 되지 않

---

148) 前揭譯書, p.366.
149) 前揭譯書, p.368.

으면 아니 된다. 그때부터 일시적으로 그 높이를 유지하면서, 이어서 서서히 인하하여 수년 뒤에는 결국 일체의 보호가 철폐된다는 것이다.”[150]

이와 같이 관세율의 두 가지 방법 가운데 리스트는 무관세 또는 낮은 관세에서 높은 관세로 점진적으로 인상하여 부과해야 한다고 하였다. 이와 같은 주장은 결국 국내공업의 경쟁력을 점차 강화하여 국내시장을 확보할 때까지 높은 관세율을 유지하여야 한다는 것으로 해석할 수 있다.

위에서 인용한 '공업력의 근본조건의 결여'에서, 근본조건[151]이란 많은 정신적·육체적 힘, 자연력과 자연조건, 기계력을 지칭한다. 상당한 수준까지 점진적으로 인상하는 관세율로도 국내의 여러 공업이 번영하지 못한다면 그것은 공업력을 수립하는 데 필요한 자원을 보유하지 못했다는 증거이며, 그럴 경우에는 여러 공업부문을 보호할 가치가 없으며 보호한다 하여도 소비자의 과도한 희생만 따를 뿐이다. 그래서 공업 위에 더욱 진보할 힘이 있다고 느끼는 국민은 무엇보다도 먼저 일상소비제품을 제조하는 공업을 육성 및 유지함으로써 국민의 공업적 독립이 획득·유지될 뿐만 아니라 수출과 수입의 균형을 유지하고 열대국들과 무역을 할 수 있다.

"제조공장은 천천히 성장하는 식물(植物)이기 때문에 지금까지 존재하던 외국과의 무역관계를 갑자기 두절하는 보호관세는 모두 자국의 이익을 위해 이것을 채용하는 국민에게 반드시 불리한 효과를 가져온다.”[152]

관세는 자본이나 공업 위의 숙련 그리고 기업심이 국내에서 성장하거나 외국으로부터 유입되는 데 비례하여, 또한 그동안 수출했던

---

150) 伊藤勉·豊川卓二共譯, リスト硏究, 未來社, 1958, p.86.
151) 前揭譯書, p.211.
152) 前揭譯書, p.368.

원료나 원시생산물의 잉여를 자신이 가공할 수 있는 데 비례하여 인상해도 좋다는 것이다. 또한 "기계공장은 어떤 의미에서 공장의 공장"153)이므로 외국으로부터 수입하는 기계에 부과하는 관세는 국내의 공업력을 제한하기 때문에 기계의 수입에 대한 관세는 철폐시켜야 한다는 것이다. 실제 1818년 프로이센의 관세율표는 설정 당시 산업의 모든 요구에 부합한 것으로 결코 지나치게 보호하거나 이 나라와 외국과의 유익한 무역을 간섭할 정도는 아니었다. 이 세율은 영국이나 프랑스의 관세율보다 훨씬 낮았다. 당시 프로이센이 이렇게 하지 않을 수 없었던 것은 무역금지제도에서 보호제도로 이행하였기 때문이다. 독일관세동맹의 관세율은 본질적으로 1818년의 프로이센 관세, 즉 '적정한 보호관세율'이었다.

관세의 효과에 관해서도 리스트는 분명히 해명하고 있다. 일반적인 공산품에 대한 관세부과는 국내에서 생산하는 공산품 가격을 인상시키겠지만, 그것은 곧 국내경쟁의 결과로 가격을 인하시키게 될 것이다. 말하자면 교환가치의 일시적 손실은 장래의 생산증가에 의한 가치의 이익으로 보상될 수가 있다. "가치의 손실은 오로지 국민적 공업을 육성하기 위한 비용으로 간주"154) 해야 한다는 것이다.

리스트는 "보호관세가 처음에는 공산품의 가격을 등귀시키는 것이 사실"155)로 인정하고 있다 "그러나 완전한 공업력을 발휘할 수 있는 국민에게는 시간의 흐름에 따라 이들 공산품은 외국으로부터 수입하는 공산품의 가격보다 저렴하게 국내에서 생산할 수 있다는 것"156) 을 리스트는 강조하고 있다. 이 점에 대해서는 고전학파 역시 인정하고 있다. 그러므로 보호관세에 의한 현재의 손실은 일정한 기간이

---

153) 前揭譯書, p.369.
154) 前揭譯書, p.63.
155) 前揭譯書, p.208.
156) 前揭譯書, p.208.

지나면 생산력의 증대로 그 손실분을 보상받을 수 있을 뿐만 아니라 전시에도 공업상의 독립은 보장받게 되는 것이다.

이렇게 볼 때 여러 가지의 보호제도 가운데서 보호관세를, 그 가운데에서도 '적절한 수입관세'를 정책수단으로 채택하여야 한다는 것이 리스트의 관세론이다.

# 제4절 보호무역정책의 이론적 기초

## 1. 국민경제형성과 보호무역의 논거

리스트의 이론은 생성기에 있는 독일산업자본의 이데올로기였다. 그 위에 리스트는 선진산업자본을 배경으로 전개한 아담 스미스의 자유무역론을 비판하면서 보호무역론을 전개하였다. 또한 리스트는 전 생애를 걸고 독일의 국민국가와 국민경제의 건설을 위해 투쟁한 실천가였다. <국민적 체계는> 그 부제(副題)인 <국제무역, 무역정책 및 독일관세동맹>이 암시하는 바와 같이, 국제무역과 무역정책의 분야에만 한정한다면서 그는 이를 <국민적 체계>의 서론에서 다음과 같이 강조하고 있다.

> "경제학의 여러 분야 가운데 국제무역과 무역정책의 부분만큼 이론가와 실천가 사이에 견해에 큰 차이가 확실히 존재하는 것은 없다."[157]

> "이 과학의 영역에 있어서는 여러 국민의 행복과 운영에 관하여, 또 독립과 세력과 존속에 관하여 이 만큼 중요한 의의를 지닌다고 생각되는 문제는 없다."[158]

이미 제1절 제3항에서 지적한 바와 같이, 리첼은 리스트가 뒤펭의 영향을 받았다고 한다. 또 칼 마르크스는 이러한 구상에 관하여 페리에의 저서인 <상업과의 관계로 본 정부, 파리, 1805≫에서 모방한 것이라고 비판한다. 다만 페리에와 리스트의 차이점이라면 전자는

---

157) 小林昇譯, 經濟學の國民的體系, 岩波書店, 1970, p.43.
158) 前揭譯書, p.43.

하나의 세계사적인 사업－대륙봉쇄체제－을 위하여 집필한 것인 데 반하여, 후자는 우둔한 부르주아지를 위하여 집필한 것이라고 칼 마르크스는 지적하고 있다.[159]

대륙봉쇄 체제가 시행되던 당시 프랑스에 있어서는 페리에가 명명한 바 있는 어용저술가들(ecrivanis adrministratif)의 후기 중상주의적 견해가 실제의 경제정책을 지배하고 있었다. 그러나 리스트는 <국민적 체계>에서 나폴레옹 전쟁 뒤, 급속한 부흥을 가져오기 위하여 프랑스에서 실시된 보호관세제도를 찬양한 바 있다.[160]

어쨌든 리스트의 경제사상은 국민, 공업 및 보호관세가 그 중심적 개념이었다. 이러한 관점에서 리스트는 독일에 있어서 자유무역을 일시적이라는 조건으로 거부하면서 당시 독일의 자유무역론자나 아류경제학자들에게 정면으로 도전하였다. 그리고 리스트가 제기한 보호관세의 요구는 소위 생산력의 이론을 뒷받침하는 데 있었다. 이 생산력의 이론을 파비웅케는 "경제적 후진국들, 특히 독일에 있어서 자본주의 발달에 관한 경제정책학설"[161]이라고 명명하는 것이 좋을지도 모른다고 하였다. 한편, 리스트는 <국민적 체계>가 완결성이 결여되어 있다는 부당한 비난을 받지 않기 위하여 그가 언급하고자 했던 "새로운 것이나 독자적인 것을 계획적으로 이 제1권 가운데 압축하고자 생각하였던, 그것은…… 독일의 공업문제를 위해서는 훨씬 효과가 있을 것으로 생각하였기 때문"[162]이라고 하였다.


리스트는 미국에서는 <미국체계>를, 프랑스에서는 ≪자연적 체계>를 그리고 독일에서는 ≪국민적 체계>를 저술하였다.[163] 이들 세 가

159) 住谷一彦編, ドイツ國民經濟の史的硏究, お茶の水書房, 1985, p.63.
160) 정도영역, 리스트－생애와 학설, 박영사, 1983, p.111.
161) 伊藤勉・豊川卓二共譯, リスト硏究, 未來社, 1958, p.267.
162) 小林昇譯, 經濟學の國民的體系, 岩波書店, 1970, p.21.
163) <국민적 체계>의 대상은 단순히 국제무역과 무역정책에 한정하고 있지만, 그

지의 체계의 사상은 물론 일관되어 있지만 경제발전단계설은 후자의 두 저서에 기술되어 있을 뿐이다. 이 두 저서에서 리스트가 주장한 보호정책은 영국과 제휴하여 대륙열강을 실현하고자 한 구상이었다. 말하자면 어디까지나 대륙제도의 합리적 재편성의 요구였다. 이러한 구상을 배경으로 한다면 영국의 지배권에 영향을 받지 않는 세계의 모든 지역에 대한 열강의 기회균등이라는 주장은 일단 현실성이 있는 것이다. 이러한 주장은 각국에 있어서 자본주의의 불균등한 발전 가운데서 탄생된 것이지만, 이 시대에 산업적으로 앞선 영국과 뒤진 독일 사이의 경제적 격차는 무역정책의 영역에서는 리스트가 주장한 보호관세제도와 고전학파의 이론적 기초 아래에 영국 산업자본가들의 실천적 주장인 자유무역제도 사이에 하나의 투쟁으로 표현되고 있다.

리스트의 <국민적 체계>는 유약기(幼弱期)에 있는 독일 산업자본을 보호하여 국내시장을 확보하고, 이를 통하여 국민적 규모로의 재생산을 확대하여 국민경제를 형성해야 한다는 것이었다. 이 경우 궁

자신이 관찰하였거나, 경험·여행·연구하였던 많은 내용이 <국민적 체계>에서 제외된 것은 어디까지나 광대한 분량이라는 출판사정 때문이었다. 그는 <국민적 체계>에 이어 제2권으로 <장래의 정치학>과 제3권으로 <국민의 부와 노력에 미치는 정치적 여러 제도의 영향에 관하여>를 포함하여 전사회과학체계로 완성하고자 하였다. (1846년 3월 13일자, 헝가리의 정치가(F.A.폴스키)에게 보낸 편지에서) 이와 같은 계획 가운데 <농지제도론>은 제3권의 초고로서 집필된 것이며, 그리고 제2권의 내용을 크게 변경시키지 않고 발표한 것이 그의 유서가 된 <독일인의 정치적·경제적 국민통일>이다. 따라서 <국민적 체계>는 이전에 발표하였던 <개요>와 <자연적 체계>는 물론 그 이후의 여러 논설의 주요 내용도 포함되어 있지만 그의 학문체계상으로 볼 때, 한정된 조상(彫像, torso)형태에 불과하며, 따라서 <국민적 체계>는 제2권의 <농지제도론>과 제3권 <독일인의 정치적·경제적 국민통일>과 더불어 리스트의 전사회과학의 체계를 이루고 있다. 그렇지만 여러 논설과 저서 가운데 <국민적 체계>는 확실히 리스트의 대표적 저서이며 독일경제사상사에 있어서 최대의 고전 가운데의 하나라고 평가할 수 있다. 리스트는 "저서를 체계적으로 조립하는 경우에는 나는 무역제도, 공업제도, 농업제도로 다시 질서 있게 다루고자 하며, 따라서 그 대상을 무역제도에 한정한다고 하더라도 공업제도와 농업제도를 이에 수반하지 않으면 아니 된다."고 하면서 <농지제도론>을 집필하였다.＝小林昇經濟學史著作集(Ⅷ), p.73에서 재인용.

극적 목표는 국민생산력의 발달에 주어지며 그것을 뒷받침하는 가치 기준은 근대적 국민주의였다. 말하자면 리스트의 역사인식에 있어서 기본시각은 국민경제에 있어서 '생산력의 균형과 조화'라고 하는 데 두고 있다. 이것이야 말로 역사에 관한 그의 예리한 분석 및 평가였다고 스미다니(住谷一彦)[164]는 단언하고 있다. <국민적 체계>는 이와 같은 입장에서 아담 스미스, 데이비드 리카도 등의 고전학파를 가치의 이론이라고 하며, 이 이론적 기초에 대한 리스트 자신의 몰이해에도 불구하고 그 정책론의 기조를 이루는 세계주의와 자유무역주의에 대한 공업 면에 있어서의 후진국의 강력한 항변이었다고 할 수 있다. 또한 그것은 후진공업국에 있어서 중상주의의 정책론적 재편성이다. 리스트가 선진공업국으로 본 영국은 시민혁명 이후의 중상주의 체제로서 다른 나라에 앞서 성숙한 국민경제를 형성시켜 공업력을 앞세우고 있었다. 당시 영국산업을 기본적으로 국가의 보호를 받지 않아도 이미 어떤 나라와의 경쟁에서도 우위에 설 수 있는 공업력을 갖고 있었기 때문에 이것을 고전학파의 정책론적 기반으로 제공하는 한 그 자체로 충분한 존재이유가 될 수 있었다.

그러나 후진공업국인 독일에 국민경제가 형성되기 위해서는 단순히 무역정책의 부문에 보호제도가 도입되는 것만으로는 불충분하였고, 보호제도에 의하여 확보되어야 할 국내시장 그 자체, 구체적으로 말하면 농업과 공업 사이의 국민적 규모로서의 재생산적 상호의존관계, 즉 국민적 분업 자체가 새로이 창출되지 않으면 아니 되었다. 그런데 리스트의 기본적 시각은 그의 생존 때, 독일은 아직 농업국이었으며 이미 미국 체재 때, 파악한 독자적인 생산력, 즉 '생산력의 균형 또는 조화(das GIeichwicht oder die harmonie der produktiven-krafte)[165] '라는 사상에 두고 있다.

---

164) 住谷一彦, リストとブェバ資本主義分析の思想體系研究, 未來社, 1969, p.152.
165) 小林昇譯, 經濟學の國民的體系, 岩波書店, 1970, p.252.

여기서 '생산력의 균형과 조화'란 무엇인가. 파비웅케는 우선 조화라는 개념을 다음과 같이 설명하고 있다.[166] 리스트의 경제학적 사정에 있어서는 국민소득의 분배문제는 국민소득의 생산을 위한 가장 좋은 여러 조건이라는 문제에 의하여 완전히 배후에 밀려나 있었다. 리스트는 지대와 이윤의 관계를 계급투쟁의 관계로 인정하지 않고 이 관계를 조화롭게 균형 시키고자 하였다. 균형을 위하여 영국의 자본주의적 발전에 있어서 시험이 끝난 입헌왕정이라는 국법(國法) 위의 형태를 적절한 조정형태로 간주하였다.

한편, 이미 스튜어트가 파악했던 임금과 이윤의 분배관계에는 리스트는 전혀 관심을 기울이지 않고, 어떻게 하면 부르주아의 세력을 그리고 그 부를 증대시킬 수 있을까, 하는 문제만을 중요시 하였다.

한편, 스미다니(住谷一彦)[167]는 리스트의 시각이 '생산력의 균형과 조화'라는 사상을 기초로 하여 수립된 역사인식, 말하자면 한 국민경제의 내부에 농업 → 공업 → 상업의 순서로 사회적 분업이 전개되어, 상호 조화를 유지하면서 상품경제가 발전하는 데 따라 풍부한 국내시장이 형성되어 가고, 그 발전이 어느 정도까지 순조로운가 아니면 순조롭지 못한가에 따라 국민경제의 구조가 결정된다는 데 그의 역사인식을 두고 있다고 하였다. 그러나 케어리(Henry C. Carey, 1793~1879)[168]는 사회의 발전을 생산력의 발전으로 파악하고 그 발전과정을 동시에 생산력의 협력, 즉 사회적 분업의 전개과정이라고 인식하고 있다. 그는 이 협력을 사회발전의 원동력으로 파악하면서 그것은 어디까지나 사회적 분업에 기초한 협력이어야 한다고 강조한다.

케어리(Henry C. Carey)가 주장하는 이상적인 협력은 직접 생산자 사이의 국지 내의 상품생산과 교환에 기초한 자립 재생산권, 즉 국지

---

166) 伊藤勉・豊川卓二共譯, リスト硏究, 未來社, 1958, p.217-218.
167) 住谷一彦, 前揭譯書, p.168.
168) Henrey C.Carey, Principles of Social Cience, 1856, p.41-42.

시장권이었지만169), 그렇다고 자본주의적 분업, 즉 매뉴팩처 또는 공장제적 분업을 부정한 것은 아니다. 문제는 생산자에 불리한 원격지의 시장에 대한 의존·종속으로부터 해방된 자립재생산권의 형성에 있었다. 이것을 그린(A.W.Green)은 '완전히 균형 잡힌 분업을 가진 준자립적, 자족적인 국지경제의 유토피아"170)의 구상이라고 하였지만, 헨리 케어리의 협력은 국지 내에서의 자생적·자발적인 여러 생산력의 사회적 분업의 형성을 기점으로 하는 협력이며, 선진국에 종속되어 없어지는 어떤 이익도 아니며, 외부로부터의 타율적·비생산적으로 강제되는 것도 아니다. 이러한 국지적 협력의 구상이 바로 리스트의 '생산력의 균형과 조화'로 해석되어야 할 것이다.

이미 케어리(Mathew Carey)도 언급한 바와 같이 농업·공업·상업의 균형 있는 발전을 위해 국내공업의 보호·육성을 당면한 가장 중요한 정책목표라고 할 때, 파비웅케의 해석에 정당성을 부여할 수 있다. 그러나 리스트는 '공업의 기반으로서의 농업'을 배제할 수는 없기 때문에 스미다니(住谷一彦)나 헨리 케어리의 해석이 보다 리스트의 의미에 가깝다고 할 수 있을 것이다. 그러나 <국민적 체계>는 영국의 공산품이 독일시장에 전면적으로 침투되는 것을 직시하면서, 또 동엘베의 봉건적 농업이익과 한자 및 멧세(Messe) 여러 도시의 중계무역적 상업이익이 농산물의 수출과 공산품의 수입이라는 패턴으로 영국과의 자유무역의 주장을 통하여 이 사태를 적극적으로 용인하고 있다는 것을 비판하기 위해 집필되었기 때문에, "제리코의 도성(都城)은 그것을 건설하는 것만으로는 아니 되며, 그것을 지키지 않으면 아니 된다."171)라는 것이 <농지제도론>을 집필하게 된 근본적 동기라고 보아야 한다. 그것은 영국경제의 자족적 확립이 독일농

---

169) Ibid.p.415-423.
170) A.W.Green, HenreyC.Carey, NinteenthCentrySocialist, 1951, p.73.
171) 小林昇譯, 農地制度, 零細經營および國外移住, 日本評論社, 1940.p.206.

산물의 영국시장상실의 필연성과 밀접하게 관련되어 있다는 인식이다. 영국은 1844년에 미국이 공업 면에서 경쟁자로 부상되는 것을 억제하여야 하므로 캐나다를 통하여 소맥을 수출하도록 유도하는 관세정책을 실시하였다. 미국의 소맥은 이로써 영국의 높은 관세가 부과되는 대신에 캐나다에서는 낮은 관세가 적용되게 되었다. 그것은 영국이 보호관세정책에 압력을 가하여 미국의 서부에 농업이 발달, 드디어 동부의 공업과 이해가 대립하는 것을 기대하였다.[172]

'생산력의 균형과 조화'란 리스트가 <국민적 체계> 이전의 <개요> 에서 이미 국민생산력을 최고도로 발휘할 수 있는 상태라고 하였다. 그러나 이것은 리스트 고유의 것이 아니라 케어리(Mathew Carey)의 '농업·공업·상업의 균형 있는 국민경제'나 해밀턴의 <보고서 >에 서도 나타나 있다. 즉 농업·공업의 이익조화와 상호의존적인 국내분업체제를 확립하여야 한다고 리스트에 앞서 해밀턴이나 메듀 케어리가 먼저 주장하였던 것이다. 이처럼 기본인식의 원류가 어디에 있든 간에, 영국의 지배와 종속으로부터 탈피하고자 한 리스트의 역사인식은 처음부터 국민국가의 구성요건인 국내시장의 형성에 있었다.

그러면 국내시장이란 어떤 조건이 존재할 때, 순조롭게 형성될 수 있는가. 리스트가 주장하는 근대공업력의 건설 → 대공업을 위한 국내시장의 형성이라는 과정은 다시 농민해방 → 근대농업력의 확립이라는 기본적인 문제로 귀착된다.

리스트는 자신의 경제순환의 구도에서 그 기점을 농업생산력의 향상에 두고 있다. 그렇다면 독일에서 이러한 농업생산력의 향상을 저지하는 요인은 무엇인가. 그것은 서남독일의 토지세분화와 영세경영의 만연, 결국 촌락공동체의 미분해 또는 반분해를 토대로 한 봉건적 토지소유의 지배 때문이라는 것이다. 여기서 국내에서의 농업보

---

172) Friedrich List, Werk(Ⅷ), s.207, s.307.

호와 국경에서의 농업보호를 구별하기 위해, 국내에서는 농업지지 정책, 그리고 국경에서는 농업보호정책이라는 용어를 사용한다면, 리스트는 어디까지나 농업지지 정책이라는 측면에 그 중점을 두고 있다. 특히 공업보호에 의한 공업부문의 확대로 농업으로부터 공업으로 당연히 이전되어야 할 공업인구에 대한 식량공급을 위해서는 식량의 자급정책이 불가피하다고 본 것이다.

여기서 리스트는 '공동체의 해체와 독립자영농민층의 창출', 이것이 그의 <농지제도론>에 나타난 일관된 농지개혁의 골격이었다. 농지개혁으로 창출되는 근대적 농장은 40~60몰겐 정도의 경영규모를 기준으로 한 것이며, 그 경영자는 농지소유자나 차지농업자라도 좋지만 "주로 풍요롭고 교양이 있는, 이에 의하여 자립한 중농계급"[173] 이 아니면 아니 되며, 공업·상업부분의 중산시민층과 더불어 광범한 근대적 시민계급을 형성함으로써 새로운 국민국가의 주체가 된다고 보았다.

이렇게 볼 때, 리스트의 논의에는 일관성이 결여되어 있다는 것을 알 수 있다. 칼 마르크스에 의하면 <국민적 체계>에 관한 한 독일에 있어서 대산업자본가의 대변자로서 특징짓고 있지만, 리스트의 전체계상으로 볼 때 리스트는 서남독일에 있어서 농업·공업의 이익을 위한 조정자로서 평가되어야 할 것이다. 왜냐하면 리스트는 독일 전체를 논한다기보다 오히려 서남독일, 특히 뷔르템베르크에 국한된 영세농업경영의 해결에 주력하고 있기 때문이다.

이러한 이상형은 이미 초기 리스트에서 볼 수 있고, 미국 망명 때 그 골격이 체계화되었다고 볼 수 있는데, 리스트가 프랑스와 같은 분할지소유의 우수한 농업제도와 영국과 같은 자본제 대경영을 부정하면서 그 당시 미국에서 확실히 인정할 수 있었던 중·소규모의 독립

---

173) 小林昇, 前揭譯書, p.168.

자영농민층을 근간으로 하여 편제된 산업사회를 하나의 모델로 설정, 독일의 독자적인 자본주의적 발전경로의 기준으로 삼고자 하였다. 그 이유는 프랑스혁명 뒤의 보나빠르띠즘과 이에 위축된 분할지 농민의 반동에 혐오감을 느끼고, 영국에서 자본주의적 대농장의 발전이 많은 프롤레타리아 계급을 대량으로 발생시킨다는 두 가지 문제가 사회불안의 원인이 되고 있음을 인식한 데 있다. 그것은 중산 농민층이 국민경제의 지주가 되지 않으면 아니 된다고 보았기 때문이다.

이것이 리스트가 구상한 정상국민의 이상형이며 그것은 일종의 자급적 국민경제를 기반으로 한 것이다. 이와 같은 자급적 국민경제의 균형은 이념형으로서 이미 레이먼드가 주장한 바와 같이, 농업과 공업에 부존한 인구비율을 1 대 1 로 간주하였던 것이다. 농업자의 한 가족이 좋은 조건 아래에서는 공업자의 한 가족을 부양할 수 있는 것이 증명되지만, 마찬가지로 한 사람의 공업자는 그 노동으로 한 사람의 농업자가 필요로 하는 생산품과 도구를 공급할 수가 있다. 그러므로 한 국내의 생산과 소비만을 계산한다면 각각의 생산영역에 종사하는 인구의 균형은 한 국내의 같은 수의 공업자와 농업자가 노동하고 있는 경우에 성립한다. 이리하여 프랑스의 공업은 프랑스가 현재의 2,000만의 농업자가 같은 2,000만의 공업자를 부양할 수 있을 경우에 공업이 발달할 수 있다.[174] 이렇게 될 경우 프랑스는 경제발전단계설로 말하면 제4단계에 해당하지만 제5단계에 이미 도달한 영국은 "농업·공업·상업의 최고의 완성과 가장 아름다운 균형"[175]을 이루고 있는 것이다.

이 자급적 균형의 모델을 고바야시(小林昇)는 "국내시장의 형성, 즉 양극분해의 과정을 국외시장의 차단에 두고 이론적으로 시도하고자 한 가장 소박한 형태"[176]로서 이해하고 있다.

---

174) 小林昇, 前揭譯書, p.100.
175) Friedrich List, Werk(Ⅷ), s.262.

사실상 리스트의 이론에서는 정상국민의 이상형이 일종의 자연적 국민경제로 묘사되고 있다.

한편, 이 이상형에서 국외시장＝외국무역의 문제가 사상(捨象)되어 있는 것으로 이해할 수 있으나, 정상국민은 농업·공업·상업의 조화 있는 발전과 이에 의하여 확대되어 가는 활력 있는 국내시장의 형성을 바탕으로 하여 수립된 국민경제의 정상적인 모습을 그대로 묘사한 하나의 모델이라 할 수 있다. 리스트는 외국무역을 이러한 국민경제의 내부순환의 과정에서 분출된 국민적 생산잉여의 수출, 또는 그 수출대가로 자국 내에서 획득이 불가능한 공업원료나 부족한 식량을 수입하여 국내의 분업관계에서 피할 수 없는 불균형을 시정하는 위치에 두고자 하였다. 말하자면 외국무역을 자립적인 국민적 생산구조에 보완하고자 하는 역할을 담당하게 한 것이다. 바꾸어 말하면 경제발전단계설의 제4기에서 국제무역을 개입시켜 명실 공히 '농업·공업·상업의 균형과 조화'를 이룬 경제발전단계설의 최종단계로 진입시키고자 하였다.

이와 같은 논의와 더불어, 리스트가 "제한은 수단이며 자유야말로 목표(die Bes chranknug nur Mittel die Freiheit aber Ziel ist)"[177]라고 주장한 데 대하여 마노이레스코[178]는 비판을 가하고 있다. 그는 리스트의 주장이 자유무역의 원칙을 승인하고 있는 고로, 보호무역을 하나의 희생으로, 다시 말하자면 필요악으로 생각하였기 때문에 리스트의 보호무역론은 특정국가의 특정한 경제발전단계에, 그리고 특정한 발달정도에서 인정되는 하나의 예외적인 이론에 지나지 않는, 즉 보편타당성을 결여한 이론이라고 비판하였다. 또한 모리(毛利健三)

---

176) Friedrich List, Werk(Ⅷ), s.262.

177) 小林昇, 經濟學硏究序說, 未來社, 1957, p.238.

178) Mihail Manoilesco, Die nationael Produktivkraft und der Aussenhandel, Berlin, 1931, pp. X X i  ii.

는 리스트에 관하여 보다 극단적인 비판을 가하였다. 그에 의하면 리스트의 궁극적인 목표는 자유무역이기 때문에, 자유무역은 후진국에 있어서 자립적 재생산구조의 형성을 저지할 뿐만 아니라, 형성도상의 국민경제를 해체시켜 결국에는 후진국들의 경제적 자립기반을 붕괴, 종속을 강요하는 기능을 한다는 것이다. 그는 리스트가 "자유무역제국주의의 사실상의 최초의 제창자"[179]였다고 주장하고 있다. 그러나 리스트의 보호무역론은 국내시장이 형성될 때 또는 산업자본의 축적 시기에는 진보적 역할을 수행함과 더불어, 특히 자본주의의 발전이 불평등하게 진행되는 과정에서는 후진국의 공업화, 나아가 국민경제를 형성하는 데 그 목적을 두고 있다.

## 2. 공업력육성에 의한 국내시장형성

산업자본의 형성을 위한 공업보호가 공업생산력을 향상시킬 수 있기 때문에 리스트의 이론은 <국민적 체계>에 관한 한, 산업자본가의 대변자로서 이해할 수 있다. 왜냐하면 리스트가 관세보호로 발전을 촉진하고자 한 것은 소규모의 수공업이 아니라 기계제경영에 입각한 근대공업이었기 때문이다.[180]

파비웅케에 의하면 독일 부르주아경제학의 문헌에서는 바로 이 1870년대 즘음에 재연된 독일의 농업보호주의의 원류를 리스트에게서 찾으려는 시도가 몇 번 있었다는 것이다. 또한 이 경우 직접적으로 융커농업의 이익이 되는 보호관세제도의 주창자로, 또는 융커층의 이론적 대표자로 리스트를 특히 거론하면서 예찬하였다는 것이다. 그러나 파비웅케에 의하면 칼 마르크스와 프리드리히 엥겔스는

---

179) 毛利健三, 自由貿易帝國主義, 東京大學出版會, 1978, p.186.
180) 伊藤勉・豊川卓二共譯, リスト硏究, 未來社, 1958, pp.84-85.

리스트를 독일의 자본가, 특히 독일산업 자본가의 이익을 대표한 자로 규정하고 있다고 하였다. 왜냐하면 리스트가 체계화한 것은 프로이센 융커의 이익이 아니라 산업부르주아의 이익이었기 때문이다.

　그러나 스미다니(住谷一彦)에 의하면 리스트 자신은 특정의 계급적 이익의 대변자가 아니라 모든 계급의 이해조정자로서의 역할을 수행하고자 한 것이라고 평가하고 있다. 이와 같은 사상은 리스트 경제이론의 본질이며 이것이야말로 그의 독자적인 생산력의 파악, 즉 '농업·공업·상업의 균형과 조화'의 시각에 바탕을 둔 것이다. 파비웅케도 지적한 바와 같이 리스트가 프로이센 융커의 이익을 대변한 것은 아니지만, 영국의 곡물법 폐지에 따른 곡물수입의 증가는 오히려 캐나다를 중개로 미국곡물의 수입이 급증할 것으로 보고 있었기 때문에 동독일의 곡물수출은 곧 차단될 것이라는 것도 충분히 예상하고 있었다. 그러나 그는 프로이센 융커보다도 서남독일의 영세농업을 어떻게 개선시킬 것인가, 하는 문제를 놓고 더욱 고심하였으며, 그 해결책으로서 다음과 같은 내용으로 미국적 중농경영(中農經營)을 지지하게 된 것이다.[181]

　　"거기(미국)에는 항상 농업과 공업의 두 부문에서 생산적 분업과 필연적인 교환, 특히 상호의존적인 결합·조화의 관계가 중시되어 있다. 이러한 관계, 즉 국내시장이 국민적 경제통일의 확립에 의하여, 그 내부에 전개되지 않으면 아니 된다. 그 사이에 교환을 매개로 하는 것이 상업이며, 그러므로 독일상업 및 공업사회층, 또한 농업사회층은 대체로 독일내부의 관세와 관세국경을 철폐, 전 연방 공동의 관세선의 설치로 공통의 이익에 재흥되어 존립시킬 수 있다."[182]

---

181) 리스트의 식민지론은 독일국민경제의 순환과정의 결과로서 최초의 고리가 <농지제도론>에서 전개되는 농지개혁이며, 그것은 자신의 경제이론을 완결하기 위한 최후의 고리인 무역론의 <국민적 체계>에 결부시키는 위치에 있으며, 그 대상이 항가리였다. - 住谷一彦, 前揭譯書, p.187.

182) 住谷一彦, 前揭譯書, pp.191-192.

리스트의 국민적 시장론에서는 이와 같이 농업·공업·상업의 3대 경제사회층이 상호 불가분의 관계를 맺고 있으며, 그것은 리스트가 주장하는 국민적 시장을 국민적 산업의 총 순환 과정으로 파악함으로써 가능하게 되는 것이다. 이와 같은 파악은 19세기 초기 서남독일의 사회적 과정에 밀착되어 있기 때문에 일찍이 하나의 이론체계로까지 구상할 수 있었던 초기 리스트의 경제이론에 나타나고 있다. 이러한 사상은 물론 젊은 시절의 리스트에게는 아직 소박한 형태이긴 했지만, 이와 같이 '공업의 기반으로서의 농업', '국민적 공업' 및 '국내시장'이 자신의 이론구도에 일관되게 전개되고 있다. 이러한 기초 위에서 그의 국내시장형성론의 이론과 그 정책론, 즉 관세동맹의 결성을 주장하기에 이른 것이다. 리스트는 농업자, 상인 및 공업자의 복지가 상호 직결되는 것이며, 특히 국내의 공업과 독일 국민의 복지는 동일선상에 있기 때문에 국내의 3대 경제 사회층을 상호 조화 있게 결합시켜야 할 필요성을 느끼고 있었다. 이것이야말로 리스트의 경제정책론에 포함된 조화적 태도를 지지하는 논거라고 생각한다. 왜냐하면 당시의 독일은 아직 이와 같은 필연적인 연관이 성립되어 있지 않기 때문에, 리스트는 공업의 기반으로서의 농업의 확립과 국민적 공업의 육성, 국내시장의 형성을 강력하게 주장하고 실천하지 않으면 아니 되었던 것이다. 리스트의 국내시장 형성론은 바로 3계층의 공동입장에서 통일적 국민경제를 지향한 것이다.

리스트는 공업의 기반으로서 농업을 강조했던 <농지제도론>에서 농지개혁의 주요 방법으로서 다섯 가지[183]를 들고 있다. 그 가운데서 첫번째로 들고 있는 내용은 "보호관세로 상업·공업을 장려할 것. 이에 의하여 농촌의 인구증가의 대부분이 공업·항해업 및 상업으로 이행한다."는 것이다. 두번째로는 "토지정리 및 새로운 농지제

---

183) 小林昇譯, 農地制度, 零細經營および國外移住, 日本評論社, 1940, pp.119-120.

도의 영구적 유지라는 목적에 적합한 법률을 정부가 제정할 것”을 들고 있다. 그러면 왜 이 제도가 국가의 손에 의하여 농업·공업·상업의 3계급의 조화를 위해 보호되지 않으면 아니 되는가. 그것은 독일 국민경제의 건설, 그 전제로서의 경제적 국민통일에 관련되어 있는 문제이기 때문이다. 따라서 리스트는 이러한 목적을 실현하기 위하여, 한편으로는 ‘자유’를 기초로 하여 철도건설에 의한 국내시장의 형성이 강력하게 요청됨과 동시에, 다른 한편으로는 선진 자본주의 국들과의 경쟁에서 ‘보호’를 지주로 한 국내시장의 방위를 리스트가 주창하게 된 것이다. 이와 같은 방위적 성격이 리스트의 시장형성론과 결부되어 있다는 것을 알 수 있다.

사실 리스트가 농지개혁안을 제시했을 때, 가장 먼저 주장한 것은 앞에서 인용한 바와 같이 ‘보호관세에 의한 상업·공업의 장려’였다. 농산물의 공급을 위해서도 국내시장의 확대는 메듀 케어리가 주장한 바와 같이 “국내공업의 보호에 의하여 달성되어야 한다.”[184]는 것이었다. 실로 리스트의 염두에는 처음부터 소홀히 취급할 수 없었던 문제가 독일산업자본의 형성과 확립에 관한 것이었다. 이러한 사고방식은 이미 스튜어트가 구체적으로 산업자본이란 용어를 사용하지 않았다 할지라도 한 나라의 공업을 확장하기 위해서는 외국공산품의 수입금지로 국내공업을 육성하고 또한 육성해야 할 공업의 종류를 신중히 검토하여야 한다고 강조하였다는 점에서, 리스트는 스튜어트의 이론을 계승한 것으로 추론할 수 있다.[185] 또한 리스트가 미국체재 때에 제조공업에 대한 보호·육성을 주장한 해밀턴의 공업보호정책이나 메듀 케어리의 보호주의의 사상과 전혀 다를 바 없는 내용을

---

184) Mathew Carey, A View of the Ruiness Consequences of aDeendence on Foreign Market, 1820, p.iv.
185) <經濟學の國民的體系>의 제29장(공업주의)에서 리스트는 스튜어트의 ‘공업주의’를 수용하고 있다.

주장한 것을 보면 이들도 같은 입장임을 알 수 있다.

리스트가 강조한 독일산업자본의 형성·확립이라는 과제는 국내산업을 위한 통일적인 상품경제의 영역을 창출할 것. 이렇게 창출된 국내시장을 보호·육성하기 위하여 외국자본, 특히 영국 산업자본의 잠식을 저지하기 위한 통일된 관세장벽의 설치 등이었다.[186] 그리고 1834년에 결성된 관세동맹은 '하향적인 독일연방의 정치권력'이 '상향적인 국민적 공업'을, 전자가 후자의 조건으로서 그리고 후자가 전자의 기반으로서 상호 불가결한 관계를 유지하게 되었다.

리스트의 <국민적 체계>에만 한정한다면 그가 시종일관 주장한 것은 국민국가의 건설이며, 특히 공업생산력의 보호·육성을 강조하면서 이를 위해서는 보호관세가 최선의 정책수단이다. 리스트는 자신의 체험에 따라 영국이 가진 고도자본주의적 공업생산력의 의의와 위력을 충분히 인식, 이러한 면에서 뒤쳐진 여러 국민의 운명을 예감하면서 공업육성이야말로 급선무라고 계속 주장한 것이다. 당시 리스트의 체험에 대해서는 월터 호프만의 다음과 같은 설명[187]으로 충분히 이해할 수 있다. 월터 호프만은 독일의 이륙(離陸)가운데서 산업화에 필요한 영국제 기계와 같은 자본재 수입은 독일곡물의 수출초과로서 그 대가의 지불이 가능할 것이며, 따라서 독일의 곡물과 영국의 자본재의 교환을 계속 허용하게 되면 독일의 농업생산의 증가로 공업화의 속도는 가속화될 수 있다고 하였다. 따라서 그는 융커로의 전환 (농민해방→농업혁명)과 더불어 증대하는 곡물수출이 1830년대 말 이후에 급속한 공업화를 이끌어 갔다는 것을 지적하고 있다.

사실 나폴레옹 전쟁이 끝난 뒤, 독일을 엄습한 심각한 농업공황으로부터 벗어난 1820년대 후반 이후 1850년대에 걸쳐 동(東)엘베의

---

186) 大河內一男, 前揭書서, p.322.
187) Walther Hoffman, "The Take-off in Germany", W.W.Rostow(ed), The Economics of Take-off into susstained Germany, London, 1964, p.10.

곡물수출은 그때까지 주요 수출품이었던 마직물 수출액의 감소와는 반대로 현저하게 증가하였다.[188] 그렇지만 곡물수출은 자본재 수입을 가능하게 한 수출수입(輸出收入)의 원천이 되어 있다는 점에서 다음 두 가지 점을 지적할 수 있다.

첫째로, 곡물수출의 증가와 더불어 동엘베지역에 곡물농작 및 농·림·수산 가공에 전업화한 후진국형의 특이한 산업구조가 뿌리를 내리고 있었다는 것,

둘째로, 이와 같은 산업구조를 바탕으로 토지에 결박된 특이한 임금노동자에 의한 대규모 융커농장과 융커공업이 전개되었지만 거기에는 융커의 토지소유가 큰 의미를 지니게 되어, 독일자본주의의 구조를 제약하고 있었다는 것이 그것이다. 즉, 산업혁명의 급속한 진행에 정화된 곡물수출의 증대가 동시에 융커의 토지소유와 이를 뒷받침하는 후진국형의 산업구조를 강화시켰던 것이다.

이와 같이 1820~1850년대에 곡물수출의 증가만 하더라도 곡물수출을 도모한 프로이센의 무역정책이 후진국형의 산업구조를 강화하게 된다는 점에 대하여 리스트는 <국민적 체계>에서 비판하고 있다. 그리고 <국민적 체계> 이후의 여러 논설에 의하면 봉쇄적 경제제국(經濟帝國)을 형성하여 3중의 자급조직을 수립하기 시작한 영국이 곡물의 공급원을 미국으로 전환, 확보하게 되면 동엘베 곡물의 수출시장은 완전히 상실하게 된다고 보았다. 이러한 상태에서는 무역정책의 전환 없이는 독일경제는 영국을 중심으로 한 국제분업 체제에 의존하지 않을 수 없게 되어 결국 영국경제의 지배 아래에 놓이게 될 것으로 보았다. 때문에 리스트는 국민공업력의 본질을 예리하게 파헤쳐 국민생산력의 개념을 수립하고 생산력의 이론을 전개하여 고전학파의 가치의 이론과 대치시켰다. 그는 국민경제에 있어서는 교

---

188) 프로이센관세동맹의 품목별 수출입통계표, -Gehard Bondi, Deutschlands Aussenhandel 1815-1870, Berlin, 1958.

환가치 위의 이익보다는 '생산력의 생산'이 더욱 중요하다면서, 국민 생산력이 필요로 하는 보호제도의 시기와 상황을 구분하여 경제발전 단계설을 제시했고 그렇게 함으로써 생산력의 이론을 역사적 이론으로 수립하였다.

리스트의 보호정책론만이 생산력 이론에 바탕을 두고 있는 것이 아니라 중상주의의 보호정책도 생산력의 이론에 그 기초를 두고 있다는 것을 알 수 있다. 핵셔(Eli F. Heckscher)에 의하면[189] 중상주의의 보호정책은 당면의 목표 이외에는 관심이 없었던 중세의 여러 경제정책보다 훨씬 계획적이며, 그 자체만이 아니라 부(富)를 창출하는 생산력의 문제로  논의되기에 이르렀다고 하면서 고전학파이론에 대한 리스트의 비판을 원용하고 있다. 그리고 중세의 여러 정책, 즉 고전학파가 비판하는 중상주의와 리스트 보호주의의 특질은 영속하는 경제생활에 관한 장기정책에 있다는 점이다. 그렇지만 좀발트(W Sombart)[190]는 이 계획정책이 모두 공업력의 육성을 중심목표로 하는 국민생산력의 발전을 위한 강한 배려와 의지의 표현이라는 데서 이를 양자의 동태적 성격을 고전학파의 정태적 성격과 대비시키고 있다. 또한 그는 동태적 성격과 정태적 성격의 대립에 관한 성질을 다음과 같이 설명하고 있다.

"중상주의자의 사고방식은 조직적·동태적이며 또 생산 본위의 능동적·이상주의적인 데 비하여, 고전학파 및 19세기의 모든 아류(亞流)의 사고방식은 기계적·정태적이며 유통본위적, 유물적이고 수동적이다."[191]

---

189) Eli F.Heckscher, The Mercantilism(Ⅱ), trans.by M둥디 Shapiro, 1935, p.112.
190) 좀발트는 고전학파의 경제학을 사회경제학(sozialokono0mik)으로, 중상주의의 경제학을 국민경제학(volkswirkschaftlehre)으로 보았다. 그는 전자가 후자의 계승이나 반전이 아니라 양자 사이에는 그 문제, 방법, 인식영역, 목적에 있어서 엄격한 대립이 있다고 하였다. - W.Sombart, Der Moderne kalitalismus, 2/Ⅱ, 4Aufl, 1921.
191) Ibid.p.914.

또한 좀발트는 "경제생활은 중상주의자에 있어서는 상태가 아니라 과정"192)이라면서 케네, 스미스, 리카도를 중상주의자의 대립자로 보지만 리스트, 듀링겐, 케어리는 실로 그 계승자라고 하였다. 후자들은 경제순환을 문제시한 것이 아니라, 물질의 생산을 국민경제적 견지에서 문제시한 것이었기 때문이다. 그렇지만 리스트는 역사적 사실로서의 중상주의를 일반적 특정에 관해서 뿐만 아니라 무역정책상의193) 개개의 원칙에 관해서도 검토하고 있다. 여기서 주의해야 할 점은 그가 농업에 대한 보호의 유무를 가지고 자신의 이론과 중상주의를 구분하고자 하였다는 것이다. 리스트는 중상주의가 지닌 여러 결함의 하나로서 다음과 같은 문제를 들고 있다.

> "농업은 사물의 본성에 따라 외국의 경쟁에 대해서는 충분히 보호되어 있음에도 불구하고 보호를 농업과 원료일반에도 확대하고자 생각하여 농업 자체의 불이익을 초래하고 있다."194)

사실 중상주의는 영국고유의 것이지만 농업에 대한 보호로 일종의 연대보호를 계속한 데 비하여, 리스트의 <국민적 체계>에서는 농업보호를 부정하는 표면상의 명백한 요구를 제시하고 있다.

리스트는 이미 농업에 관해서는 "무역의 자유는…… 모든 국민에 있어 어떠한 상황 아래에서도 또 모든 발전단계에 있어서도 가장 유리한 원칙"195)이라고 하였다. 나폴레옹 이후에 프랑스의 보호제도는 이러한 내용을 무시하였다는 점에 비판을 받지 않을 수 없었다. 그래서 리스트는 독일과 프랑스 사이의 농산물무역에 관하여 구체적으로 검토한 뒤, 다음과 같은 결론에 도달하였다.

---

192) Ibid.p.918.
193) Ibid.p.917, p.919.
194) 小林昇譯, 經濟學の國民的體系, 岩波書店, 1970, p.394-395.
195) Friedrich List, Werk(Ⅵ), s.109.

"고전학파가 내린 농산물무역을 보다 자유로운 여건에서 이루어 지게 하면 어떤 사정 아래에서도 개인과 국가 전체에 있어서 가장 유리하다는 결론은 완전히 옳다. 농산물 생산을 제한적으로 증가시킬 수는 없다. 그렇지만 이렇게 얻어지는 이익은 외견상에 불과하다. 고전학파가 말하는 바와 같이, 이에 의하여 자본과 노동을 유용하지 못한 다른 수로(水路)로 유도할 뿐이다."196)

말하자면 농산물은 자연적 독점을 지니기 때문에 국가의 보호로서 독점에 대항하는 것은 불가능하다는 것이 리스트의 농업관이다. 그러나 리스트의 농업보호에 관한 비판이 <국민적 체계> 이후, 아니 더욱 정확히 말하면 초기 리스트의 이론과는 상당한 변화가 있다는 것을 알 수 있다. 특히 <국민적 체계> 직후에 국제무역의 동향은 급격한 변화를 보였다. 영국의 곡물법이 폐지된 것은 1846년이지만, 그 이전 곡물법에 관해 비판한 토렌스(Robert Torrens), 데이비드 리카도 등은 곡물법을 폐지하여도 영국농업에 대한 타격은 적다고 하였으며, 특히 데이비드 리카도는 농업의 국외추방을 제창한 맬더스(Thomas R Malthus, 1766~1834)와의 논쟁으로 대립적 양상을 띠게 되었다. 어떻든 영국의 곡물법이 폐지되어 곡물수입이 증가일로에 있었음에도 불구하고197), 독일곡물이 영국시장을 더 이상 확보할 수 없었을 뿐만 아니라 더구나 미국은 당시 독일의 모든 항구로 소맥을 수출하고 있었다. 따라서 독일의 곡물시장은 국외에서 찾기보다 오히려 국내시장에서 확보하지 않을 수 없었으며, 그때까지 영국을 대상으로

---

196) Friedrich List, Werk(Ⅶ), s.478.
197) 영국에 있어서 국내곡물로 유지되는 인구의 비율은 1836-40년의 90%에서 1891-95년에는 15.2%로 하락하였다. 그리고 영국이 외국으로부터 수입한 소맥의 비율을 보면 1840년에 유럽으로부터 87%, 북미로부터 13%였던 것이 1890년에는 전자로부터 20%, 후지로부터 53%로 수입국이 역전되었다. ―服部政治, "穀物法批判の前提"(早坂忠編, 古典派經濟學研究(Ⅰ), 雄松堂出版, 1984, p.278, pp3-25.

한 농업보호론의 비판은 사태의 추이에 따라서 무력해지지 않을 수 없었다. 따라서 리스트는 끝까지 적극적인 농업보호를 주창한 것은 아니지만, 농업보호에 대한 비판은 예외의 경우가 있다는 것을 인정하면서 <국민적 체계>는 이것을 태만히 하였다는 것을 그의 유서인 <독일인의 정치적·경제적 국민통일>에서 스스로 인정하고 있다.[198]

이렇게 볼 때 보호주의자로서의 리스트는 역시 중상주의를 완전히 탈피할 수 없었기 때문에 친(親)중상주의자이며 또한 신(新)중상주의자라고 말할 수 있다. 그리고 만년에 정책구상의 변화를 고려하지 않았다 하더라도, 위에서 파악된 바와 같이 리스트는 새로운 정책을 추구하고자 하였음에도 불구하고, 또한 그 자신이 <농지제도론>에서 "중상주의의 재탕(再湯)"[199] 이 아니라고 아무리 부인하더라도 역시 그것의 재탕이라는 비판은 피할 수 없게 되었다. 다만 중상주의라고 할 때, 아담 스미스는 상업에 치중함으로서 이를 상업주의 또는 중상주의라고 한다면, 리스트 자신은 공업에 치중하였기 때문에 공업주의 또는 중공주의(Industrialism)"[200]로서 이해해야 한다는 것이다.[201]

그러면 왜 리스트는 공업주의를 주장하였는가. 리스트에 앞서 해밀턴의 '산업자본의 보호·육성에 의한 국내시장의 창출과 통일'이라는 주장은 그의 시대에는 실현되지 못하였다 할지라도, 그 이후 영국체제에 편입된 미국산업의 파행적 발전을 본 메듀 케어리는 당시의 경제적 위기의 원인을 "공업에 대한 적정한 보호의 결여"[202]에서 찾고 보호주의에 의한 농업·공업·상업의 조화야말로 균형 있는

---

198) 正木一夫譯, ドイツ人は政治的·經濟的國民統一, 改造社, 1941, p.15.
199) 小林昇譯, 農地制度, 零細經營および國外移住, 日本評論社, 1940.p.214.
200) 小林昇譯, 經濟學の國民的體系, 岩波書店, 1970, 第29章(工業主義).
201) 공업주의는 원래 영국이 18세기 초기에 프랑스, 스페인, 포르투갈 등과의 무역관계를 국내공업을 옹호하는 입장에서 편성, 처리하기 위한 킹의 주장 이었다. - Charles King(ed), The B갸샤노 Merchant, Vol.Ⅰ, 1721, pp.1-5.
202) Mathew Carey, National Interest and Domestic Manufactures, 1819, p.42.

국민경제의 형성이라고 주장하였다. 국민경제의 모델을 바로 국지분업에 의한 소사회(小社會)를 예로 들면서 그는 이것이 점진적으로 발전할 때 비로소 국민경제의 형성은 달성될 수 있다고 보았다.

물론 헨리 케이리의 보호주의도 미국국민경제의 대외적 자립을 목표로 한 것이지만, 동시에 이와 불가분의 관계에 있는 국내시장의 형성이라는 데 주의하지 않으면 아니 된다. 여기서 대외적 자립이란 동시에 대내적 통일, 즉 국내 여러 계급 사이의 이익의 조화와 통일을 의미하는 것이며, 이 양자가 일체(一體)가 되어 국민국가를 형성하는 것으로 보았다. 따라서 보호체제는 단지 영국체제로부터의 해방과 독립을 달성할 뿐만 아니라, 각 산업 사이 내지 각 계층 사이에 존재하는 이익의 대립을 완화·조화시킬 수 있는 국내시장을 형성할 수 있을 것이다.

미국의 경우는 국지적 협력에서 출발하여 국내산업의 모든 이익을 조화시킬 수 있는 남·북 사이의 분업체제의 구축에 의해서만 국민국가를 형성할 수 있었듯이, 독일의 경우도 각 영방의 통일과 보호에 의한 국내시장의 확보로 국민국가를 달성할 수 있었다. 당시 영국산업 자본의 침투를 저지할 수 있는 방법은 보호관세뿐이었다. 이에 의한 독일공업을 보호·육성하여 국내시장을 창출하자는 것은 결국 국내에서 생산된 제품은 국내에서 교환, 소비하는 것이 외국무역에 의존하는 것보다 유리하다는 점에서 일시적인 보호관세로 국내공업을 육성하여 아우타르키 경제권을 형성하자는 것으로 해석되어야 할 것이다.

## 3. 보호관세에 의한 공업력 육성

일반적으로 공업보호주의를 채택하는 것이 유리한지 또는 불리한지를 결정할 수 있는 기준으로는 다음 세 가지를 들 수 있다.

첫째, 완전한 무역자유화를 가정한 경우, 공산품의 자급을 달성할 가능성이 있는지의 여부.

둘째, 자유방임으로 자급이 달성되지 않을 경우, 자급이 꼭 필요한지의 여부, 그리고 정부의 간섭으로 자급을 확보하는 것이 정당한지의 여부.

셋째, 두 번째의 논의가 정당하다면, 수입을 어떤 수단으로 어느 정도까지 제한해야 하는가, 하는 문제가 그것이다.

그러나 앞 절에서 검토한 바와 같이 첫째, 둘째의 논의는 일단 승인된 것이라고 하여도 좋을 것이다. 그렇다면 어떤 정책수단으로 어느 정도의 보호가 필요한 지, 라는 셋째의 문제만 남아 있다.

리스트에 의하면 국민생산력의 창출에 의한 산업자본의 확립은 필연적으로 국내시장의 형성을 필요로 하며, 그 전제조건이 바로 관세동맹의 결성과 보호관세제도의 설정이었다. 독일의 관세동맹과 공업보호관세라는 리스트의 이념은 독일산업자본을 위한 국내시장의 창출과 독일의 국민적 통일을 그 내용으로 하고 있다.

여기서 일반적으로 보호관세를 주축으로 한 무역정책의 임무란 무엇인가. 파비웅케에 의하면 무역정책의 임무란 "자본주의의 경제적 토대로 옹호하거나 촉진하는 것"[203]이라고 하였다. 무역정책은 한 국민경제의 상부구조의 일부이기 때문에 그 임무는 무역정책에 대응하는 경제적 기반에 봉사하는 것이어야 한다는 것이다. 다시 말하자면 무역정책은 역사적으로 지연된 국민경제에 있어서 경제적인 여러 관계의 형성과정을 지지하거나 촉진함으로써 그 경제적 기반에 봉사해야 한다는 것이다. 이것이야말로 한 나라의 산업자본 형성기 때의 무역정책이 맡은 최초의 임무이다. 그 다음에는 형성된 산업자본의 여러 생산관계를 안정시키고 또한 이를 유지·발전시키는 데 이바지

203) 伊藤勉·豊川卓二共譯, リスト硏究, 未來社, 1958, p.52.

하며, 마지막으로 산업자본의 파괴 때, 이를 방어하기 위해 이바지하여야 한다. 이와 같은 무역정책의 임무는 이미 스튜어트가 주장한 바와 같이 중상주의의 중요한 특질로서 상품경제의 발전과정에서 필요한 보호주의적 정책이고 무역정책의 사회적 성격도 국민경제의 발전과정 그것에 따라 변화한다.

그러나 리스트는 스튜어트와는 달리 무역정책은 한 국민경제의 농업상태에서 진보적인 새로운 농업·공업상태의 실현을 위한 발전적인 수단이고 그 국민경제를 유지하기 위한 반동적인 수단에 이르기까지 이용할 수 있는 것으로 보았다. 그것은 오로지 외국무역의 영역에서 역사적으로 형성되어 온 것으로서, 무역정책에는 자유무역정책과 보호무역정책이라는 두 가지 형태로 나타난다. 무역정책은 국민경제의 발전과정에서 사회적 임무가 변화하는 것과 같이 그 형태도 변화하지 않을 수 없다. 따라서 자유무역과 보호무역의 정책은 무역정책의 영역에서 자본주의의 일반적 발전과정에서 볼 때, 두 가지의 상이한 단계를 특징짓고 있다. 두 정책은 역사적으로도 그 근거가 있다. 즉, 보호무역정책은 자본주의적 무역정책의 낮은 형태로서, 자유무역정책은 그 높은 형태로서 각각 특징 매김 할 수 있다. 여기서 보호무역정책이란 정부가 외국무역관계를 포괄적으로, 가장 일반적으로 사용되는 무역정책의 중요한 수단 가운데 하나이다. 리스트도 국민생산력은 보호관세를 통하여 육성되어야 한다면서 "국민의 경제적 규제에 의하여 촉진하기 위한 수단으로서의 관세제도는 항상 국민의 공업육성이라는 원리에 의거, 방침으로 하여 준수하지 않으면 아니 된다."[204]라고 한 바와 같이 보호관세를 국민생산력의 기본원리로 인정하고 있다.

그러면 농업부문에 대해서는 어떻게 해야 하는가? 이 문제에 관해

---

204) 前揭譯書, p.60

서는 리스트 자신의 논의에서 상당한 혼란을 야기 시키고 있다. <국민적 체계>에서는 "원시생산물의 수입은 항상 재정관세를 부과할 뿐이며, 결코 국내의 농업생산을 보호할 목적으로 관세를 부과하는 것은 있을 수 없다."[205]고 하면서 농업생산의 보호를 목적으로 한 관세부과는 있을 수 없다고 보았다. 그것은 보호관세가 인정되는 여러 요인 가운데 "매우 진보된 농업에 의하여"[206]라고 표현하여 발전된 농업단계에서만 인정하고 있다.

　그러나 농업과 공업의 분리에 의한 광범한 국내시장권의 형성을 위해서는 농민보유지의 무제한적인 분할을 배제하여야 한다는 리스트의 초기의 농업관 및 국민경제의 사상은 바로 농지개혁론의 독자적인 엔크로즈, 즉 경지정리의 구상에까지 연장된다. 중(中)정도의 경영의 농업력은 '모든 공업의 기반'이며, '국민적공업과 국내시장의 존립조건'이라는 것이 경지정리에 의한 독립자영농민에 의해서 만이 달성될 수 있기 때문에 '위로부터'의 국가의 개입이 지속적으로 필요하다고 하였다. 리스트의 <농지제도론>은 영세소유에도 나타나는 농업의 위축을 구제하기 위한 단순한 수단으로 끝나는 것이 아니라, 농업생산력 나아가 국민생산력을 근본적으로 근대화하여 새로운 생산관계로 유도하는 방책으로서 제안된 것으로 해석된다. 이는 해밀턴이 주장한 농업·공업의 상호의존성이라는 점에서도 그러하듯이, '농업과 공업의 결합', 나아가 '생산력의 균형과 조화'라는 리스트의 당면과제를 해결하기 위해서는 무엇보다도 공업력의 육성을 위한 관세보호는 반드시 요구된다.

　물론 리스트의 선행이론에서 파악된 바와 같이, 보호의 목적에서는 중상주의자인 스튜어트나 그 이후의 해밀턴, 메듀 케어리도 국내시장의 형성을 위한 공업보호라는 문제에 초점을 두고 있지만, 그

---

205) 前揭譯書, p.364.
206) 前揭譯書, p.364.

정책수단에는 약간의 차이가 있다. 즉, 스튜어트와 메듀 케어리는 수입금지와 높은 관세를, 해밀턴은 낮은 관세를 각각 선호하고 있다. 특히 해밀턴은 '국내공업의 발전과 국내의 자유경쟁을 통하여' 관세가 부과된다고 하더라도 일정기간 뒤에는 적정한 가격수준으로 하락하게 되어 농업의 이익도 증진된다고 보았다. 리스트는 해밀턴보다 더욱 구체적으로 관세보호를 주장하고 있지만 그 내용에는 큰 차이가 없다. 이미 지적한 바와 같이 리스트는 적정한 수입관세를 부과하게 되면 '공산품의 가격을 등귀시킨다는 것은 사실'이라고 인정하면서 관세보호 기간 동안 입은 손실은 공업육성의 비용으로서 간주하여야 하며 이러한 비용은 곧 국내경쟁의 결과로 보상받을 수 있다고 주장하였다. 리스트는 외국과의 경쟁에서 수반되는 바람직하지 못한 효과를 일시적으로 차단할 필요가 있다고 강조하고 있지만, 그것은 외국과의 경쟁에 의한 바람직한 효과를 부정하는 것이 아니라 이것을 일시적으로 제한하는 것이 장래에 보다 더 큰 효과를 가져올 수 있기 때문에 필요하다고 생각하였다. 따라서 보호에 의한 희생은 최소한으로 줄여 장래에 발전할 가능성이 큰 산업을 보호의 대상으로 하고 있다.

여기서 관세보호에 의한 국민적 공업육성의 문제에 대하여 리스트와 존 스튜어트 밀의 주장을 비교·검토할 필요가 있다. 유치산업보호론[207]을 자유무역론의 예외로서 인정하는 존 스튜어트 밀의 주장과 지금까지 논의된 리스트의 주장에 있어서 그 유사점과 상이점이 무엇인가라는 문제가 반드시 해명되지 않으면 아니 되기 때문이다.

관세보호의 대상산업, 보호의 기간, 선정기준에 관한 리스트의 주장에 대해서는 제3장 제4절 제2항에서 이미 구체적으로 해명한 바 있다. 또한 존 스튜어트 밀의 주장은 그의 저서인 <경제학원리>[208]

---

207) 고바야시(小林昇)는 초기산업자본의 유치산업보호론은 <British Merchant>에 가장 명료하게 제시되어 있다고 하였다. - 小林昇經濟學史著作集(Ⅵ), p.340.

제5편 제10장(Of Interferences of Government grounded on Erroneous Theories)의 제1절에서 유치산업보호론(doctrine of protection to native industry)으로 일목요연하게 설명되어 있다. 즉, 존 스튜어트 밀에 의하면 보호주의는 아담 스미스도 인정하는 국방이라는 경제외적인 면에서도 성립될 수 없다고 하면서도, 자유무역론의 유일한 예외로서의 유치산업보호론은 용인되어야 한다고 강조하고 있다.

여기서 유치산업이란 무엇인가? 그런데 리스트에 관한 한, '유치산업'이라는 용어는 발견할 수 없다. 해밀턴[209]에 있어서도 마찬가지이다. 그러나 이와 유사한 용어로서 해밀턴은 'new industry' 또는 'growing manufactures'라는 용어를 사용하였고, 스튜어트는 'in the infancy of industry'라든지 'infant manufactures'라는 용어를 사용하였다.[210] 리스트도 이와 유사하게 당시의 독일이 프랑스와 같은 상태에 있다면서 "당시 프랑스의 공업은 아직 유년기에 있었다.(Noch befanden sich damals Frankeichs Fabrikenin der Kindheit)"[211]라든가 "그 이유는 어떻게 유아(幼兒)나 소년(少年)이 혈기왕성한 성인에게 쉽사리 이길 수 있는가 혹은 저항밖에 할 수 없는가라는 것과 같다."[212]라는 문장에서 알 수 있듯이 유아(ein kind)를 유치산업으로 원용하고 있을 뿐이다. 그러나 리스트가 경제발전단계설에서 농업상태로부터 농업·공업상태로 이르는 과정이나, 존 스튜어트 밀이 신흥국 (young countries)의 "생산자가 그 과정을 전통 있는 나라들의 수준까지 끌어 올리도

---

208) John Stuart Mill, Priciples of Political Economy, 1848.

209) Herold C.Syrett(ed), The Papers of Alexander Hamilton, Vol.X, Colombia Univ. Press, p.267.

210) 이와 같은 용어를 바시테이블은 'Newly-established industries'로 사용하고 있다. 일찍이 스튜어트는 'infant manufactures'라는 용어를 사용하였다. — C.F.Bastable, The Theory of International Trade, Mcmillan%Co, 1897: James Stueart, op.cit., p.228.

211) Friedrich List, Das nationale System der politischen Oeconomie, 1841, s.417.

212) Friedrich List, a.a.O., s.407.

록”213) 한다고 주장하는 바와 같이 보호의 대상산업이 당초에는 비교
열위의 산업이지만 일정기간의 보호에 의하여 비교우위의 산업으로
전환될 전망이 있는 산업을 의미한다.

보다 구체적으로 비교해 보면 다음과 같다. 리스트는 “보호제도가
인정되는 것은 국내공업력의 촉진과 보호를 목적으로 할 때에 한정
하여”214)라고 하면서 “현존하는 공업부문의 유지, 국민공업의 근간
의 보호는 부동의 원칙”215)이 되어야 한다고 하였다. 그리고 “상당
한 정도의, 점차로 높일 수 있는 관세율로서도 국내의 모든 공업이
번영하지 않는다고 한다면, 그것은 그 국민이 자신의 공업력을 수립
하는 데 필요한 자원을 아직 지니지 못한 증거”216)라고 하면서 이러
한 산업까지 보호할 필요는 없다고 보았다. 그래서 리스트는 현재
상태에서는 경쟁력이 약하지만 국내에 그 지원을 보유하고 상당한
보호 아래에서 경쟁력이 강화될 수 있는 그러한 산업을 유치산업으
로 지칭하고 있다.

한편, 존 스튜어트 밀은 “어느 산업이 단지 획득한 숙련과 경험에
관한 현재의 우위”217)에 관하여 논의하면서 이러한 숙련과 경험이
앞선 나라보다 뒤떨어져 있기 때문에 유치산업일 뿐이지, 어느 정도
의 보호로서도 경쟁력이 강화될 수 있는 그러한 산업을 유치산업으
로 지칭하고 있는 것이다.

이렇게 볼 때 ‘약간의 보호’라는 관점에서 양자의 견해는 큰 차이
점을 발견할 수 없다. 특히 리스트는 “기계공장은 어떤 의미에서 공
장의 공장”218)이기 때문에 “외국의 기계제품에 부과하는 어떠한 관

---

213) John Stuart Mill, op.cit., p.594.
214) 小林昇譯, 經濟學の國民的體系, 岩波書店, 1970. p.364.
215) 前揭譯書, p.62.
216) 前揭譯書, p.62.
217) John Stuart Mill, op.cit., p.593.
218) 前揭譯書, p.369.

세도 국내의 공업력을 제한하는 하나"[219)]라고 강조하고 있다. 또한 외국의 자본이나 기술의 도입에 관한 관세보호는 수입국의 공업력을 약화시킬 뿐이라고 하였다. 말하자면 선진공업국과 경제관계에 있는 저개발국의 공업을 일시적으로 보호하여 그 경쟁력을 배양하자는 데 보호의 목적이 있었다고 할 수 있다.

다음으로 보호기간의 문제이다. 존 스튜어트 밀에 의하면 "보호를 해야 할 경우에는 단지 육성하는 산업이 한 때를 경과한 뒤, 확실한 보호 없이도 견뎌 낼 수 있는 경우에 한정"[220)]시키고 있다. 바이너(Jacob Viner)[221)]의 소위 일시적 보호무역(temporary protection)과 같은 내용이다. 그러나 리스트는 국민이 자연의 혜택을 받지 못하는 모든 공업부문은 보호되지 않아야 할 것이며, 예를 들어 보호된다 하여도 소비자에게 지나친 희생이나 장기적으로 지나친 희생이 따라서는 아니 된다. 보호해야 할 것과 보호하지 않아야 할 것을 분명히 구분해야 하며 그 기간은 명확하지 않지만 존 스튜어트 밀은 '보호 없이도 견뎌 낼 수 있는' 그러한 시점까지, 리스트는 높은 관세를 최초로 부과한 경우 시간의 흐름에 따라 관세율을 점차 낮추어가야 한다는 입장이라는 점을 비교해 본다면 양자 사이의 견해에는 큰 차이가 없다고 할 수 있다."[222)]

이상의 비교로서도 알 수 있듯이, 존 스튜어트 밀은 리스트의 보호관세에 관한 내용에는 전혀 언급하지 않고, 리스트의 계승자로 추정되는 헨리 케어리의 보호무역론을 비난한 것으로 유추해 볼 때,

---

219) 前揭譯書, p.369.
220) John Stuart Mill, op.cit., p.594.
221) Jacob Viner, International Trade and Economic Development, Oxford Univ. Press, 1953, p.41.
222) 케어리(H, C.Carey)의 보호무역론의 내용 가운데 특히 ① 수송비 문제와 ② 농산물의 수출에 대하여 밀은 반론을 제기하고 있다. -J, S.Mill, op.cit., chap.10.

리스트의 관세론을 수용한 것임에 틀림없다. 특히 '육성하는 산업이
한 때를 지나 보호 없이도 견뎌 낼 수 있는 경우에 한하여'라고 하
면서 그것이 '전통 있는 나라들의 수준'에 도달하면 충분하다고 함
으로써, 소위 리스트의 정상국민 즉 '농업·공업·상업의 균형과 조
화' 상태에 이르면 보호를 중단해야 한다는 내용과 거의 일치하고
있다.

이상에서 존 스튜어트 밀의 유치산업보호론은 비교열위산업에서
수입대체산업으로 육성될 때까지 보호해야 한다는 것으로 끝나지만
보호기간 동안의 손실은 무엇으로 보상되어야 하는가에 관해서는 전
혀 논의된 바 없다. 그러나 리스트는 보호관세로 국민이 입게 되는
손실은 어느 경우라도 단지 가치에 관한 것이지만, 그 대신에 국민
은 모든 힘을 획득, 이를 사용하여 언제까지라도 막대한 금액의 가
치를 생산할 수 있게 된다. 따라서 가치 위에서의 손실은 오로지 국
민의 공업육성의 비용으로 간주해야 하는 것이라고 주장하였다. 말
하자면 공업의 육성을 위해서는 비용은 불가피하며 이 비용은 육성
된 공업의 이익으로 보상 받고도 남음이 있다는 것을 의미한다. 이
렇게 볼 때 리스트는 확실히 존 스튜어트 밀의 논의보다 앞선다고
하지 않을 수 없다.

리스트는[223] 공업보호의 수단으로서 관세제도를 들고, 국가의 기
간산업부터 보호하여 공업을 확장해나가는, 말하자면 '공장의 공장'
부터 보호함으로써 궁극적으로 모든 공업이 육성되어야 함을 강조하

---

[223] 리스트는 마방적과 기계방적의 발전은 아마포에 대한 국내소비를 증가시키
　　고 독일농업의 개량과 더불어 열대국가들과의 무역을 확대시킬 수 있다면
　　서, "우리들에게 결여되어 있는 것은 단지 하나, 우리나라의 자본가와 기
　　술자에 대한 보장이며, 이 보장에 의하여 그들은 자본의 상실로부터 보호
　　받을 수 있다. 최초의 5년 동안에 약 25%까지 높이고 수년 동안 그 수준
　　을 유지하고, 그 이후에 다시 15-20%로 인하하는 적당한 보호관세만으로
　　이 목적은 완전하게 달성될 것이다."라고 하였다. -前揭譯書, p.478.

고 있다. 그러나 '적정한 관세보호'로서 육성될 수 없는 산업은 기본적 요건, 즉 원료의 자급이 불가능하기 때문에, 이러한 공업은 보호할 필요가 없다. 이렇게 볼 때 리스트의 관세론에는 상호 모순 되는 점이 있지만, 근본적인 것은 무엇보다도 공업의 보호·육성으로 국내의 '생산력의 균형과 조화'를 달성하고자 하는 '자급화(自給化)의 이론'이라고 할 수 있을 것이다.

# 제 4 장
## 보호무역론의 현대적 평가

# 제1절 현대 후진국들의 경제발전의 목표

## 1. 개도국의 공업화와 기타 국가의 농산품수출국화

이 세계는 어떤 과정을 거쳐 선진국과 후진국, 또는 공업국과 농업국으로 분리되었는가? 이 분리의 기반을 일의적(一義的)으로 규정할 수는 없지만, 그 중요한 계기는 영국의 산업혁명에서 찾아볼 수 있다. 이 세계를 변화시킨 산업혁명은 18세기 말 영국에서 시작하여 그 뒤, 미국과 서유럽으로 전파되어 갔지만, 1850년대까지만 해도 영국을 제외한 나머지 나라에서 공업화가 충분히 발달하지는 않았다. 이 시기의 리스트가 당시 설정한 전형적인 국민경제의 모델은 농업과 공업부문의 인구비율이 1 대 1이었으나, 1850년에 농업인구가 50% 이하로 저하한 나라는 영국뿐이었으며, 리스트시대의 독일[1], 미국 등 선진국이라 할지라도 당시에는 겨우 구조적 변화의 초기단계를 벗어나지 못하였다. 이러한 가운데 영국은 19세기 전반에 이미 세계무역을 장악하여 철과 면포의 무역을 독점하고 있었다. 그러나 당시 영국의 무역은 주로 서유럽과 이루어졌으며, 그 밖의 나라들, 즉 후진 농업국들과의 무역은 소량에 불과하였다.

19세기 후반 이래 선진국들이 공업국으로 부상하는 가운데 후진국들은 어찌하여 1차상품을 수출하는 농업국으로 전락하였는가에 대해서는 논의가 분분하다. 그러나 루이스(Willam A. Lewis, 1915~)[2]에

---

1) 리스트시대의 독일은 농업이 유력한 생산부문이었다. 왜냐하면 당시 독일국민의 4분의 3이 농민이었기 때문이다. ─小林昇譯, 經濟學の國民的體系, 岩波書店, 1970, p.445.
2) William A. Lewis, "The Diffusion of Development", in The Market and the State, by Thomas Wilson and Andrew S.Skinner, Clarendon Press, Oxford: ed, 1976, p.136.

의하면 19세기 전반 영국에서 산업혁명이 완성되었을 때, 그것이 기타의 구미국가들에 준 도전은 다음 두 가지의 방향으로 나타났다. 그 하나는 산업혁명을 모방하는 것이며, 다른 하나는 공업국과 무역을 하는 것이었다. 영국의 산업혁명을 모방하여 공업화를 달성하고자 노력한 나라는 미국과 서유럽의 소수의 국가에 불과하였으며, 다른 나라는 공업화에 대한 반응이 미약하여 공업을 발전시키지 못한 상태로 전통적인 농업국으로 머물고 있었다. 이렇게 하여 19세기 말은 세계를 공업국과 농업국으로 분리시키는 분수령이 되었다.

영국의 산업혁명은 섬유제조·석탄채굴 선철제련·증기 이용 등의 새로운 기술발명 등에 의존하였다. 그런데 오늘날 후진국은 왜 이러한 기술을 채용하여 공업국으로 발전하지 못하였는가? 선진국이 후진국, 특히 식민지의 공업화에 대해서 억제정책을 시행하고 있었던 것은 사실이나 식민지 상태에서 조기에 독립된 라틴아메리카국가들은 자유롭게 공업화할 수 있었음에도 불구하고 공업화를 이룩하지 못하였다. 그 이유는 이들 나라에서는 정치적 독립이 공업화의 기초로서 충분하게 역할을 할 수 없었기 때문이었다. 이들 나라는 사회적, 경제적으로 여러 제약에 직면하여 있었다. 이들 나라에서 공업화가 일어나지 못한 이유 가운데 가장 중요한 요인은 산업혁명 이전 또는 그와 동시에 진행된 농업혁명이 없었다는 데서 찾을 수 있다.[3]

18세기 후반 영국의 산업혁명은 그 내부의 발전과 더불어 외부에서 이미 발전하고 있던 높은 생산성을 가지는 농업발전에 힘입은 바가 컸었다. 이 산업혁명은 기존의 공업부문에 새로운 기술을 도입, 대량생산을 가능하게 하였으며, 이것이 농업에 변혁을 가져오기 시작한 미국과 서유럽에 급속도로 확대되어 갔다. 그러나 대부분의 전통적 농업국에서는 낮은 농업생산성과 협소한 시장이 공업화의 주요

---

3) William A. Lewis, The Evolution of the International Economic order, Prindeton Univ. Press, 1977, p.9.

장애요인으로 작용하였다. 더구나 이들 후진국의 정치권력은 주로 지주계급에게 집중되어 있었고, 지주계급은 저렴한 공산품 수입으로 이익을 향유할 수 있었기 때문에 굳이 국내에서 새로운 근대적 공업의 발전을 지지할 이유가 없었다. 이와 같은 이유로 대체로 1880년대부터 세계는 공산품을 수출하는 선진국들과 농산물을 수출하는 후진국들로 분할되게 된 것이었다. 그 이후 오늘날에 이르기까지 후진국들은 리스트 시대의 독일의 경우보다 국제경제관계의 여러 측면에서 보다 불리한 위치에 놓이게 되었다.[4]

## 2. 현대 후진국들의 특징과 유형

고전학파 시대부터 역사학파를 거쳐 오늘에 이르기까지 경제학자들은 후진국에 관하여 많은 논의를 전개하여 왔다. 후진국들의 발전수준·성장률의 차이 등에 관한 발전경제학자들의 논의를 요약하면 크게 세 가지 조류로 분류할 수 있다.

첫째, 경제발전의 수준차이로써 저개발상태를 고려하는 입장,

둘째, 경제발전의 산물(産物)로써 저개발상태를 고려하는 입장,

셋째, 경제발전의 지연이란 발전단계 위의 지연에 지나지 않는다는 입장 등이다.

첫번째의 입장은 어떤 사회제도적 이유 때문에 발전이 억제되어 소위 정체된 경제상태를 면치 못한다는 견해이다. 경제적 후진이란 기본적으로 자원의 미사용·미개발의 문제라는 것이다. 이와 같은 사고방식은 지금까지의 저개발의 문제에 관한 논의 가운데 하나의

---

4) 1969년 세계은행의 위촉에 의하여 작성된 피어슨위원회의 보고서(Pattern in Development)에서 1인당 국민소득 500달러를 기준으로 하여 그 이하를 저개발국이라고 정의하였다.

계보로서 이미 뿌리를 내렸으며 그 기준은 1인당 국민소득이다.

두번째의 입장5)은 후진국의 경제가 어떻게 하여 정체하게 되었는가, 하는 문제를 선·후진국 사이의 국제관계의 입장에서 보는 견해이다. 후진국의 경제가 정체된 이유는 그동안 불리한 국제분업에 기초한 국제경제구조에서 나타난 내재적 모순, 후진국의 이익을 위한 무역·통화의 정책을 선진국이 취하지 않았다는 것, 그리고 후진국에 있어서 사회적·경제적 저개발성의 악화를 초래하는 종속관계가 유지되고 있었다는 것 등을 들 수 있다. 말하자면 후진국은 불리한 국제분업의 구조에 편입됨으로써 선진국의 정책에 강한 영향을 받게 되어 종속관계로 발전되어 왔기 때문에 저개발이 더욱 악화되었다는 것이다.

마지막으로 세번째의 입장은 불균등발전의 결과, 선진경제의 반작용으로 경제적 후진을 야기시켰다는 견해이다. 이 입장은 정체경제(停滯經濟)의 경우도 발전은 지속되고 있기 때문에 경제적 후진의 문제를 어디까지나 발전단계 위의 지연으로 보는 리스트 등 역사학파의 견해가 바로 그것이다. 발전단계 위의 지연은 생산력의 발전 여하에 달려 있다. 산업혁명은 일찍이 영국에서 전형적으로 실현되었지만, 그 당시 기타의 나라는 아직 미발전의 상태에 있었거나 아니면 단지 발전을 위한 기초적 여러 조건이 충족되어 있지 않은 상태에 있었을 뿐이라는 것이다. 선·후진국 사이의 경제적 격차는 단지 생산력의 발전수준의 차이에 기인한 것이며, 그 발전이 지연된 경제가 후진경제일 뿐이라고 보는 견해이다. 이상과 같은 세 가지 입장 가운데 이 연구에서는 역사학파의 견해인 세 번째의 입장에 따르고자 한다.

국민경제건설의 고전적 원리 내지 원형은 18세기 후반 당시의 선진 자본주의국인 영국의 아담 스미스와 19세기 전반 후발자본주의국

---

5) 이와 같은 입장은 페루의 리마에서 개최된 제3차 UNCTAD총회에서 77그룹이 채택한 '리마선언'에서 나온 것이다.

인 독일의 리스트에 의해서 제시되었다. 물론 아담 스미스와 리스트의 시대 사이에는 자본주의 경제의 발전단계 사이에 큰 차이를 보여주고 있다. 즉, 이러한 차이를 생산력 체계의 구조라는 측면에서 보면 아담 스미스시대에는 경공업 단계였으나 리스트 시대에는 철강업을 주축으로 한 중공업 단계의 시대이다. 또 양자가 전제로 한 농업 구조도 상이하였다. 그럼에도 불구하고 이 양자의 국민경제건설의 기본 틀에 있어서는 몇 가지 중요한 공통점을 지니고 있다. 첫 번째로 농업·공업·상업, 특히 농업과 공업이라는 2대 기본산업의 국내 연관이 중시되고 그 연관을 도모하는 매체로서 상업이 존재한다는 것, 두 번째로 농업의 기본적 역할이 확고한 바탕 위에서 공업이 발전해야만 균형과 조화를 이룬 국민경제를 건설할 수 있다는 점이다.[6]

  아담 스미스에 의한 농업 → 공업(국내원료의 가공으로부터 시작) → 국내 상업 → 외국무역이라는 '자본투하의 자연적 질서'[7]는 국민생산력의 실현을 위한 효율성에 바탕을 둔 순서임과 동시에 자본투하의 안전성도 고려된 순서이다. 아담 스미스가 묘사한 이와 같은 '사물의 자연적 질서(a natural course of things)'[8]에 기초한 국민경제는 정부의 일정한 간섭을 필요로 한다. 그것은 바로 내부적으로 농업·공업·상업의 상호의존적이며 '위로부터'의 간섭을 배경으로 한 균형 있는 국민경제의 건설을 말한다. 이러한 경제의 자연성장성은 여러 산업부문의 불균등한 발전을 촉진함으로써 결과적으로 산업구조를 왜곡시키고 국민경제의 균형을 파괴시켜 결과적으로 외국무역을 필

---

6) 리스트 등 역사학파의 견해이지만, 1950-60년대의 민트, 바그와티, 그리고 뮤르달 등도 이 견해에 속한다고 할 수 있다. ―Hla Myint, "The 'Classical' Theory of International Trade and the Underdeveloped Countries", Economics Journal, June1958, pp.317-337: Jagdish Bhagwati, "the Pure Theory of International Trade: A Survey, Economics Journal, March 1964, pp.29-32: Gunnar Myrdal, An International Economy, Harper &Row, 1956, p.225.
7) Adam Smith, The Wealth of Nation, 1776, The Cannan edition, p.360.
8) Ibid., p.360.

연적으로 요구하게 만든다. 그러나 국민경제를 총체적으로 보면 외국무역은 보다 대규모적인 국민경제구조의 균형을 도모하는 수단이 된다. 그리하여 외국무역은 보다 대규모적인 국민경제의 재형성을 요구하게 된다. 이렇게 발전된 국민경제는 결과적으로 미발전된 다른 국민경제의 발전을 파괴하거나 또는 저지시킴으로써 다른 나라의 여러 산업부문을 불균등하게 발달시켜 결과적으로 그 나라의 국민경제의 균형상태를 왜곡시킨다.

이상과 같은 관점에서 오오츠카(大塚久雄)9)는 발전된 국민경제의 원형을 선진국모델＝영국모델이라 하고, 이에 대칭되는 미발전된 국민경제를 후진국모델로 분류하였는데, 이러한 유형의 기준을 산업구조, 즉 국민적 분업구조에 두고 있다. 그에 의하면 국민경제란 여러 산업부문이 국민적 규모로 균형 잡힌 상태에 있는 경제를 말한다. 이러한 자급자족적 국민경제의 형성은 정치적 독립의 기초가 된다. 국민경제가 자급자족의 상태에 이르기 위해서는 자연적 조건만으로는 불가능하므로 불가피하게 외국으로부터의 수입이 필요하며, 따라서 그 대가를 지불하기 위해 수출을 하지 않으면 아니 된다. 국내수요는 물론 수출용 상품을 생산하는 산업을 우리는 흔히 국민적 산업(national industry)이라고 한다. 이러한 산업은 확실히 국민경제 가운데 큰 비중을 차지할 뿐만 아니라 국내의 여러 산업부문 사이의 균형을 유지하는 주요 기능까지도 담당하게 된다. 바꿔 말하면 국민적 산업의 번영이 국민경제의 성장을 보장하는 것이다. 국민적 산업으로 모직물산업의 번영을 통하여 가장 자립적인 국민경제를 최초로 형성한 나라는 영국이었다. 그런데 국민경제의 형성을 다른 관점에

---

9) 오오츠카(大塚久雄)는 이 내용에 관한 논문을 1973년 12월 아시아경제연구소에서 간행한 <先進資本主義の展開過程>으로 최초로 발표하였다, －大塚久雄, <後進資本主義とその諸類型, 大塚久雄, <大塚久雄著作集>(第11卷), 岩波書店, 1986, pp.233-261.

서 보면 제국주의의 형성과 직결된다. 왜냐하면 무역을 통하여 외국산업의 일부가 자국의 산업구조를 지탱하는 사회적 분업체제로 편입되기 때문이다. 이러한 제국경제(帝國經濟)에 자국의 산업의 일부 또는 전부를 편입시키고 있는 나라들의 국민경제 유형이 바로 후진국모델이다.[10]

오오츠카(大塚久雄)는 후진국모델의 국민경제를 그 자립도=산업구조의 왜곡도라는 문제와 자본주의 발전의 두 가지의 길=모델(자생적이고 내발적(內發的)인 소 생산자모델과 비자발적이고 외부의존적인 지주=상인모델)이라는 문제를 결부시켜 세 가지의 유형으로 세분하였다. 즉, ① 파행구조모델, ② 국민경제결여모델(=네델란드모델), 그리고 ③ 모노칼처모델(=저개발국모델)이 바로 그것이다.[11]

여기서 첫 번째의 파행구조모델이란 어느 정도까지는 소 생산자모델에 의한 자본주의적 발전이 일어나고 있으나 선진국과의 제휴로 힘을 얻은 지주(=상인모델)의 자본주의적 발달이 전면에 나타나 산업구조가 왜곡되어 구조적으로 고정되어 있는 국민경제이며 두 번째의 국민경제결여모델이란 파행구조형에서 볼 수 있었던 산업구조상의 왜곡이 현저하게 진행되어 거의 국민경제라고 할 가치가 없을 정도로 왜곡된 국민경제를 말한다. 그리고 세 번째의 모노칼처모델이란 소 생산자모델의 자본주의 발달이 거의 일어나지 않고, 따라서 산업적 발전이 있다고 하여도 선진자본주의의 지배 아래에서 비로소 자본주의적 성격을 취할 수 있는 지주(=상인모델)의 발전에 한정되므로 그것만으로는 독립된 국민경제를 성립시킬 수 없는 산업구조를 말한다.

이상과 같이 정리할 수 있는 오오츠카의 국민경제에 관한 유형파악은 기본적으로 후진자본주의국의 국민경제에 관한 유형파악이지만

---

10) 上揭書, p.252.
11) 大塚久雄, 國民經濟, 岩波書店, 1980, pp.178-202.

이것을 기본으로 한다면 다음과 같은 국민경제 형성의 기본선을 상정할 수가 있을 것이다. 즉, 국민경제 형성의 전제 내지 출발점을 이루는 것은 한 나라 내에서 자본주의 발달의 두 가지 길(＝모델)이 대항하면서 병존하고 있다는 것이며, 소생산자모델(＝미국모델)의 길이 전혀 존재하지 않으면 근대적인 국민경제의 형성은 문제가 되지 않는다. 이러한 대항관계 아래에서 소생산자모델(＝미국모델)의 길이 지주(＝상인모델＝프로시아모델)의 길을 양도하면서 자본주의를 발전시켜가는, 끝내는 시민혁명에 있어서 후자로부터 그 존재 여지를 기본적으로 박탈해버린 경우, 산업구조는 훌륭하게 국민경제라는 형태를 취하게 된다. 이에 대하여 지주＝상인모델＝프로시아모델의 길이 소생산자모델＝미국모델의 길을 거꾸로 압도해 가는 경우에는 산업구조는 왜곡되어 국민경제는 그 자립성을 박탈당해 가며 결국에는 정치적 독립을 박탈당해 버릴 우려도 있다. 요는 국민경제를 문제로 할 경우에는 이것을 형성할 것인가의 여부에 관한 양자택일밖에 문제가 되지 않으므로 국민경제를 형성하고자 하는 한, 소 생산자모델＝미국모델에 관한 자본주의 발달의 길이 옹호되지 않으면 아니 된다.

국민경제의 유형에 관하여 말하면 시민혁명으로 자본주의 발달의 길이 기본적으로 관철된 경우가 바로 영국의 경우이다. 시민혁명을 경과하지 않고, 따라서 자본주의 발달의 두 가지 길(＝모델)이 병존하는 경우에는 파행구조모델이라 할 수 있지만 구체적으로는 소 생산자모델＝미국모델과 지주＝상인모델＝프로시아모델 사이의 힘 관계에 따라 영국에 접근한 것에서부터 국민경제의, 말하자면 한계형태로서의 네덜란드모델까지 다양한 형태를 고려할 수 있을 것이다.

중세기 말 이후 근세에 있어서, 유럽의 역사는 격렬한 각축의 역사였다. 격렬한 각축의 역사라는 과정에서 패권의 담당자는 이태리 여러 도시, 스페인, 포르투칼로부터 프랑스, 네덜란드를 거쳐 영국으로, 점차 북방으로 이동한 것은 주지의 사실이지만, 당시의 열강의

각축이 훌륭하게 국제경제 위의 사건, 말하자면 국제적인 무역전-
무역권익과 식민지의 쟁탈-으로서 나타났다는 사실 만으로서도 충
분히 이해할 수 있을 것이다.

그러면 근세 유럽에 있어서 열강 사이의 격렬한 각축이 이와 같이
훌륭하게 무역 지상권의 쟁탈전과 그 패권의 추이로서 나타났다고
한다면 그러한 열강은 말하자면 '무역국가'라 할 수 있을 것이다. 이
러한 무역국가 사이의 격렬한 무역전쟁에서 어느 국가가 승리하고
다른 국가가 패퇴하여 점차 패권이 이동해 가게 된 것은 도대체 어떠
한 역사적 사정, 특히 경제적 사정에 의한 것이었는가? 이러한 역사
적 사정은 물론 경제적인 것만 거론해도 복잡한 여러 사정이 있겠지
만 역사적 인과관계에 몇 가지 중요한 요인이 포함되어 있다는 것은
명백한 사실이며, 그 하나로 각 무역국가의 국력, 특히 경쟁력의 결
정에 중요한 의의를 지닌 산업구조의 상태의 문제가 포함되어 있다.

이러한 산업구조의 상태라는 시각에서 오오츠카는 근세 유럽의 국
제무역전쟁에서 각축한 열강의 사실(史實)을 기초로 한 무역국가의
기본모델을 들면, ① 내부성장모델과 ② 중계무역모델의 두 가지 유
형으로 구분할 수 있으며 그 전형적 모델(典型)로는 전자의 경우로
영국을, 후자의 경우로는 네덜란드를 들고 있다.12)

18세기 전반부터 중반에 걸쳐 영국과 네덜란드는 세계무역전쟁의
광대한 무대에서 격렬하게 대립하면서도 양국의 산업구조에 관해서
는 영국은 대개 그 모델에 가까운 내부성장모델을, 이에 대하여 네
덜란드는 대개 전형에 가까운 중계무역모델이라는 바와 같이 전적으
로 상이한 유형을 나타내고 있다 해도 좋을 것이다.

먼저 내부성장모델을 들고자 한다. 내부성장모델이란 도대체 어떠한

---

12) 윌슨이 표현한 것으로 이와 대비하여 영국의 국민적 산업(수출산업)을 'inde-
pendent industry'라고 하였다. - C.Wilson, The Economic Decline of the Neth-
erlands, E.Carus and C.Wilson(ed), Essays in Economic History, p.254-269.

특질을 지난 산업구조인가, 말하자면 한 국가에 있어서 사회적 분업의 구조인가?

한 국가의 산업구조의 가장 자연적인 모습은 먼저 기점(起點) 혹은 토대는 토지를 주요한 생산수단으로 하는 생산부분, 특히 농업으로부터 흘러나오는 생산잉여이다. 이것을 출발점으로 하여 다양한 여러 공업부문이 일정한 순서와 비례에 따라 차례로 조화 되어 가는 것을 말한다. 이들 여러 생산부문은 어느 것이나 상품생산의 형태를 취하여 각각의 생산물을 공급할 뿐만 아니라 상호판로를 제공하면서 시장을 형성하고, 다시 여러 상업부문의 매개활동도 더하여 사회적 분업의 규모를 점점 확대해 간다. 말하자면 다양한 여러 생산부문이 상호 일정한 서열과 비례관계를 유지하면서 하나의 독자적인 재생산권-사회적 분업의 독립체제-을 구성하면서 전체로서의 사회적 분업의 진전과 부(富)의 정도를 점점 많아지게 높여가는 것과 같은 상품경제의 성장모습이다. 그리하여 여기서부터 발생하는 국민적 잉여가 수출되어 그것을 기점으로 외국무역이 전개된다. 이러한 것 자체가 내부성장모델이라고 할 수 있는 산업구조이다.

이러한 내부성장모델의 가장 기본적인 것이 서론에서 언급한 바와 같이, 국지시장권이며, 현실적인 국지시장권은 여러 생산부문 사이의 불균등발전에 의하여 분업관계의 균형도 파괴되는 경향이 짙으며, 또 과거의 역사를 거슬러 올라갈 필요도 없이 근세 미국에서와 같이 실제로 국지시장권의 해체를 볼 수 있었다. 이미 영국경제에 있어 일반적인 경향으로 그러한 불안정을 내포하면서 여러 국지시장권의 융합에 의하여 한층 대규모적으로, 그러면서도 근본원리는 전혀 다를 바 없는 지역시장권을 탄생시키고 그것이 다시 진전하여 국민적 규모로 통일적인 국내시장, 즉 내부성장형의 산업구조를 형성하기에 이른 것이다.

이 시기에 있어서 무역국가로서의 영국의 무역체제는 무엇보다도 먼저 내부성장형의 산업구조로부터 흘러나오는 국민적 잉여, 구체적으로 국민적 산업인 모직물공업 기타 공산품의 수출과, 그 원료 기타의 국민적 필수품의 수입을 기축으로 하여 주변국들을 영국에 종속시키게 된 것이다.

다음으로 중계무역모델의 산업구조를 보자.

18세기 전반부터 중반에 걸친 네덜란드 경제는 무엇보다도 다른 국가로부터 상품을 수입하여 이것을 다시 또 다른 국가로 수출하는 중계무역의 영위를 토대로 하여 수립되었던 것이다. 물론 18세기 중반까지 상당한 수출공업이 번영하였음에도 불구하고 이를 여러 공업부문의 영위는 같은 수출공업이라도 본래 넓고 깊은 국내시장을 기초로 전개되고 있던 당시 영국의 여러 공업부문과 비교하면 다음과 같은 현저한 구조적 특징 – 물론 부문에 따라 여러 가지 차이가 있다고 하지만 – 을 갖고 있음을 간과해서는 아니 된다. 즉, 네덜란드의 공업은 무엇보다도 먼저 당시 이 나라 경제의 전반적인 동향에 결정적인 의의를 지니고 있던 국제적 무역시스템에 전적으로 의존하고 있는 바와 같이 본래 외국시장을 지향하는 성격을 지니고 있으며 특히 '중계시장에 의존하는 종속적 가공업'의 모습을 취하고 있었던 것이다.

그러면 '중계무역에 의존하는 종속적 가공업'이란 한 국가로부터 수입하여 이것을 다시 다른 국가로 수출하는 각종 상품이 일시적으로 집산되는 중계시장에서 무엇인가 추가적 내지 종속적인 원래부터 여러 가지 차이가 있지만 가공을 하는 행위이다. 예를 들면 네덜란드 무역상인의 손으로 세계 각지에 수출되는 영국 모직물이나 동인도의 아마직물이 네덜란드를 통과할 때 염색이나 표백, 기타 소비지 성향의 마무리를 하며, 발트해 연안지역의 곡물이나 중남미의 연초 등도 정제하여 재수출하는 것을 말한다. 이러한 현상은 농업부문까지도 포함됨으로써 국민의 필수품인 곡물까지도 대량으로 해외에 의존하고 있었던 것이다. 중계무역이라고 할 때 실로 이러한 산업구조를 말한다.

중계무역모델의 경우는 내부성장모델의 경우와는 반대로 공업생산 및 상품생산을 해 갈 때 농업생산의 결정적인 부분은 국제적 중계무역시스템에 의존, 이에 종속하면서 성장하는 것이다. 따라서 중계무역모델은 다음과 같은 두 가지의 특징이 있다.

첫째, 그 나라의 산업구조의 골격을 형성하는 공업생산이 원료공급이나 제품의 판로에 있어서나 다른 나라의 산업구조 내지 경제상태에 의존, 조건에 따라 그것은 종속으로 변화한다 하며, 그 범위 내에서 국제적인 규모로의 독자적인 경제의 순환 내지 연관을 형성한다. 따라서 산업구조는 스스로 자립적인 안정성을 결여하게 된다.

둘째, 국민의 물질적 생활은 위의 경제순환에 종속하여, 그것과 미묘한 연관을 유지하면서도 일단 거기에서 단절된 별개의 독자적이면서도 왜곡된 경제순환을 형성함으로써 중계무역모델의 산업구조는 그 내부에 경제순환의 2중 구조를 형성하게 된다. 그러므로 중계무역모델은 코스모폴리탄적인 성격의 경제순환을 기축으로 하여 수립된 시스템 아래에서 국민경제의 씨앗을 제거하고 왜곡시키면서 이것을 종속적 요인으로 편입시킨 산업구조라고 바꾸어 말할 수 있을 것이다. 이런 의미에서 18세기 전반의 네덜란드에 있어서의 완성은 영국의 경우와 비교해 볼 때 국민경제의 파멸이라고 할 수 있을 것이다. 물론 영국과 네덜란드는 지리적·자연적 조건의 차이도 물론 간과할 수 없지만 무엇보다도 중요한 것은 '봉건제로부터 자본주의로의 이행'이라는 기본적인 역사적 동향, 그러한 경제적·사회적 여러 조건을 거기에서 찾아볼 수 있는 것도 간과해서는 아니 된다. 경제적·사회적 여러 조건 가운데서도 보호무역정책을 취할 것인가 아니면 자유무역정책을 취할 것인가, 라는 양자택일의 주체적 판단—그것도 또한 무수한 여러 사정에 따라 깊이 제약받고 있지만 이 두 나라의 역사적 운영의 명암(明暗)에 하나의 결정적인 영향을 끼쳤다는 것은 결코 부정하기 어려운 것이다.

  그러나 선진국과 후진국이 역사적으로 분리된 과정이나 경제발전 단계에 관한 역사학파의 관점을 고려한다면 선진국과 후진국의 범위를 다음과 같이 재설정할 수 있다. 즉, 이미 19세기에 외부와의 충돌 없이 자생적으로 국민경제를 형성해 온 영국이나 오늘날 이미 영국 이상으로 발전을 이룩한 구미제국 - 물론 일본도 여기에 포함되겠지만 - 을 선진국으로 그리고 그 밖의 나라들을 후진국모델의 범주에 포함시켜야 할 것이다.

  리스트는 일찍이 국민국가가 갖추어야 할 기본적인 조건을 다음과 같이 논의한 바 있다.

  "많은 인구와 넓고 다양한 자연자원이 풍부한 영토는 정상적인 국민 국가의 불가결한 요건이며, 정신적 교양에 있어서도 물질적 발전이나 정치적 세력에 있어서도 근본이 되는 조건이다."

  리스트의 이와 같은 규정에 따르면, 여기서 국토의 대소, 인구의 다과, 자연자원의 부존유무 등을 감안할 때 현대의 후진국 경제는 다음과 같은 세 가지 유형, 즉 ① 파행구조형, ② 가공무역형 그리고 ③ 모노칼처형으로 재분류할 수 있다. 우리는 이들 여러 유형 가운데 파행구조형과 가공무역형을 보다 상세히 언급할 필요가 있다.

  첫째, 파행구조형의 나라는 자국의 자원과 생산력을 충분히 활용하고 공업력의 발달로 국민경제의 자립을 확보할 수 있는 나라로서 브라질, 알젠틴, 멕시코 등 라틴아메리카의 여러 나라를 들 수 있다. 그러나 이들 국가는 과거 독일이 수행했던 것처럼 어느 정도 공업발전을 이룩할 수 있었지만 선진국과의 1차상품 무역으로 지주와 상인이 경제권을 장악함으로써 산업구조상의 왜곡이 구조적으로 정착되어 있다. 이러한 조건의 국민경제를 우리는 파행구조형이라 할 수 있다.

  둘째, 가공무역형의 나라는 공업의 발전이 이루어지고 있음에도 불구하고 외국의 원료를 수입, 이를 가공하여 수출함으로써 산업구조의 왜곡이 현저하게 나타나고 이로써 국민경제의 균형과 조화를 이루지 못하고 있는 경제라고 할 수 있다. 1970년대 전반까지의 한국경제는 이 유형의 대표적인 나라로 꼽을 수 있을 것이며, 그 이후에 있어서조차도 농업부문의 상대적 정체의 지속이라는 관점에서는 여전히 이 유형에 속한다고 말할 수 있을지도 모른다.

이 연구에서는 한 두 가지의 1차상품 수출에 주로 의존하는 모노칼처형을 제외하고 파행구조형과 가공무역형을 중심으로 현대 후진국들이 당면하고 있는 국민경제 위의 균형과 조화의 문제를 앞 장에서 소개한 리스트 이론과 결부시켜 검토하고자 한다.[13]

## 3. 현대 후진국들의 국민경제적 균형과 조화의 문제

파행구조형의 국민경제는, 리스트의 국민경제형성론에서 이미 우리가 확인한 바와 같이 처음부터 자유무역에 의하여 발전할 수 있다고 기대하기는 어렵다.

> "농업국민이 농·공·상업국민으로 이행하여 자유무역국이 될 수 있는 조건은 공업력의 흥융에 적합한 모든 국민이 통일한 시기에 대등한 발전과정에 있는 경우, 여러 국민이 상호 전쟁이나 관세제도에 의하여 그 진보를 저지하지 않는 경우에 한 한다."[14]

리스트는 이렇게 분명히 언명한 바 있다. 19세기 전반의 국제환경은 독일이 영국과 대항하지 않을 수 없었던 처지였다. 리스트는 공

---

13) 小林昇譯, 經濟學의 國民的體系, 岩波書店, 1970, p.238.
14) 上揭書, p.55.

업으로의 이행을 실현하기 위해서는 관세제도를 도입하는 보호무역을 통해서만 균형 있는 국민경제의 건설이 확실히 보장될 수 있다고 하였다. 이렇게 볼 때 파행구조형인 브라질, 알젠틴, 멕시코 등의 국가는 이미 선진국에 비해 불균등 발전이 나타나 있었기 때문에 과거 영국과 대항해야 했던 독일이나 미국의 입장과 같이 보호무역정책으로 공업을 육성하지 않을 수 없게 되었다.

한편, 가공무역형이란 리스트의 논의에서는 정확한 의미를 찾기 어렵다. 인구가 많고 국토가 협소한 국가는 그 국토에다가 여러 생산부문을 충분히 발달시킬 수 없기 때문에 가장 강력한 국민과 동맹을 맺어 독립을 유지할 수밖에 없었다. 그렇기 때문에 자유무역이 불가피하다. 리스트는 국토가 협소하고 인구가 많은 후진국들은 선진국들과의 자유무역을 통하여 발전을 추구하지 않을 수 없다고 하면서 이에 대한 방안으로 '국제무역을 개입시킨 경제발전단계의 시기구분'을 제시하였다.

물론 국제무역을 개입시킨 리스트의 경제발전단계의 시기구분은 버논의 제품순환론[15)에서 구체적으로 설명하고 있는 바와 같이, 한 나라의 공업발전은 공산품의 수입 → 수입과 생산의 병행 → 수입대체 → 수출이라는 과정을 밟게 된다. 이러한 과정은 리스트의 발전단계의 제1기에 해당하는 공산품을 수입하는 자유무역의 단계이며, 제2기와 제3기는 보호무역의 단계로서 수입대체가 이루어지고, 제4기에는 다시 자유무역의 단계로 전환하여 공산품을 해외로 수출하게 된다. 제2기부터 관세보호로 수립되는 공업은 먼저 국내시장을 기반으로 하여 외국 공산품의 수입과 병행하면서 성장한다. 그리고 거기서 충분한

---

15) 그러나 버논은 자신의 'product life cycle'론을 리스트 이론에서 창안 내지 인용하였다고 언급한 바 없다. — Raymond Vernon, "International Investment and International Trade in the Product Cycle", Quarterly Journal of Economics, No.50, May1966, pp.190-207.

경쟁력을 배양하게 되면 드디어 국내시장을 완전히 점유하게 된다.

리스트가 주장한, 국제무역을 개입시킨 경제발전단계의 시기와 관련하여 오늘날 후진국의 공업화의 발전모델을 다음과 같이 단계적으로 구분할 수 있다. 즉 발전의 방향으로서, 첫째, 1차상품의 무역을 통한 발전이 바람직한가 아니면 공업화를 통한 발전이 바람직한가, 라는 문제와, 둘째, 공업화가 바람직한 경우 어떠한 발전형태의 공업화가 바람직한가, 라는 보다 고차적인 문제로 분류할 수 있다. 첫째의 문제는 공업화에 관한 논의이며, 둘째의 문제는 공업화의 전략에 관한 논의이다. 그러나 후진국이 공업화되지 않는 원인을 넉시는 1차상품에 대한 수입수요가 증가하지 않기 때문이라고 하였다.

여기서 공업화의 선택과 전략에 관한 넉시(Ragner Nurkse[16], 1907~1959)와 케안크로스(A.K. Cairncross)[17]의 논쟁에 관하여 언급해 둘 필요가 있다. 왜냐하면 양자의 견해는 이 문제에 관한 근대이론 가운데 선구적이면서도 상호 대립하는 조류를 대표하고 있으며, 그 뒤 많은 연구가들에 의해 이 분야에 관한 연구에 지대한 영향을 미쳐 왔기 때문이다. 이 문제에 최초로 불을 붙인 것은 넉시였다. 간단히 이 두 학자의 대립점을 요약하면 넉시가 20세기, 특히 제2차 대전 이후 외국무역이 경제성장에 미치는 파급효과를 비관시하며 공업화를 제창한 것에 대하여 케안크로스는 정통파의 입장에서 이를 비판했다. 이들의 논의를 간단히 소개하고자 한다.[18]

여기에서 넉시의 외국무역과 경제성장에 관한 논의를 보자.

국제특화에 의한 외국무역이 과연 한 나라의 성장의 추진력(engine

---

16) Ragner Nurkse, "Pattern of Trade and Development", Equilibrium and Growth in the World Economy, ed. by G.Harberler and R.M.Stern, 1961, Wicksell Lectures, p.247.

17) A.K.Cairncross, "International Trade and Economic Development", kyklos, vol.xiii, Fssc. 4, 1960.

18) Ibid.

of growth)[19]이 될 수 있는지 어떤지, 라는 문제는 고전학파 이후의 관심사이며, 그 평가는 대체로 외국무역이 한 나라의 경제발전에 크게 기여할 수 있다는 것이었다. 그 이후 이와 같은 고전학파의 견해인 낙관론은 19세기 때의 농업·공업 사이의 국제분업의 발전과 저개발지역, 특히 유럽이민의 신정주지역(新定住地域)의 발달에 뒷받침되어 신고전학파로부터 근대경제학에 이르는 자본주의 경제학 가운데 뿌리를 내려 왔다. 그러나 제2차 대전 이후 식민지의 독립과 동·서의 대립의 격화는 근대경제학 가운데 저개발국의 개발문제에 관한 긴요한 과제를 제기했고, 이것은 20세기 특히 제2차 대전 이후의 세계경제의 구조변화와 연관하여 위의 낙관론에 강한 반성을 강요하게 되었다. 그 선두주자가 넉시였다.

이 테마에 관한 넉시의 문제의식은 외국무역에 관한 일반론으로서가 아니라 1차상품 무역이 과연 19세기 - 그는 이 기간을 1815~1914년으로 하고 있다 - 때처럼 오늘날에도 여전히 저개발국의 경제발전을 촉진시키는 요인이 될 수 있는지의 여부에 관한 것이었다. 이와 같은 문제의식을 가지고 그는 19세기 때의 1차상품의 수출추세와 20세기에 들어서서의 그것을 비교하여 저개발국이 취해야 할 발전전략을 전망한 것이다.

이 문제를 주로 논한 넉시의 저서인 <무역과 발전의 유형>을 중심으로 그 개요를 보면 다음과 같다.

먼저 넉시는 19세기의 세계를 영국을 중심으로 한 유럽의 공업국들과 유럽으로부터 이민한 새로운 1차상품의 수출국(미국, 캐나다, 오스트리아 등)으로 구성되는 것으로 상정하고 이와 같은 틀 가운데 다음과 같이 19세기의 무역을 개괄하였다. 19세기 때는 1차상품에 대한 수요가 선진국의 높은 공업성장의 뒷받침으로 활발히 늘어났으

---

19) D.H.Robertson, "The Furture of International Trade", Economic Journal, Vol.XLVⅢ, Mar 1938.

며, 신정주지역(新定住地域)으로 일컬어지는 당시의 저개발지역은 증대하는 선진공업지역에 대한 식료나 원료의 수출수요를 통하여 공업중심지에 일고 있었던 높은 성장률을 향유할 수가 있었다.

한편, 공업중심지 쪽도 신정주 지역으로부터의 저렴한 식료와 원료의 수입으로 공업생산을 비약적으로 신장시킬 수 있었다. 그리고 1차상품에 대한 활발한 수요는 당해 부문 또는 철도 등 수송관련 부문에 대한 외국투자 및 이민을 유발하여, 그것은 그것대로 또 1차상품의 수출증가를 촉진하는 방법이 되었다. 즉, 저개발국의 성장과정에 누적적인 발전의 촉진작용을 미친 것이었다. 19세기 때의 외국무역은 국제특화에 의한 국제자원의 최적배분이라는 정태적 기능 외에도 경제성장을 중심지로 하여 주변국으로 전파하는 동태적 기능, 말하자면 성장의 추진력(engine of growth)으로서의 기능도 수행하였다. 넉시에 의하면 이것이야말로 19세기 무역의 가장 전형적인 특징이며, 고전학파 무역이론, 즉 정태이론이 무시한 것이었다.

이와 같이 19세기의 세계는 공업중심지의 1차상품에 대한 활발한 수요가 저개발지역의 1차상품 수출을 증대시켜 외국자본 및 이민의 유입과 연관되어 저개발지역의 경제성장을 결정하게 되는 중요한 요인이 되었다. 그러나 넉시는 20세기에 들어 1차상품의 수출이 정체되어 1차상품 무역은 더 이상 공업중심지의 높은 성장을 저개발지역으로 전파하는 중요한 요인이 되지 못하게 되었다고 했다. 즉 '성장의 추진력'으로서의 무역의 기능이 저하되었다는 것이다.

넉시는 여러 가지 통계자료를 이용하면서 석유를 제외한 1차상품의 수출은 왜 20세기에 들어와서 정체하였는가를 자문하면서 그 이유로 다음의 여섯 가지를 들었다. ① 선진국경제의 산업구조가 경공업으로부터 중공업(기계공업, 화학공업 등), 즉 완성품에 포함되는 원료의 비율이 높은 공업으로부터 낮은 공업으로 이동하고 있다는 것. ② 특수한 경우로서 선진공업국들의 총생산량에 점하는 서비스부문의 비율이 상승하고 있으며, 이것이 선진국의 원재료 수요가 국민생산의 신장보다 낮다는 것. ③ 많은 농산품에 대한 소비자 수요의 소득탄력성이 하락하는 경향에 있다는 것. ④ 농업 보호주의가 저개발국으로부터의 1차상품의 수입에 악영향을 미쳤다는 것. ⑤ 천연자원을 사용하는 공업에서 대폭적인 절약이 이루어지고 있다는 것. ⑥ 지도적인 공업중심지에서 천연자원의 대부분을 그 토지에서 생산되는 두세 가지의 기초적인 요소로 만들어지는 합성 기타의 인조품으로 대체되는 경향이 점점 짙어져 왔다는 것 등이다.

이러한 것이 20세기, 특히 제2차 대전 이후에 있어서 저개발국의 수출무역의 정체를 설명하는 주요인이며, 이와 같은 요인이 작용한 결과로 1차상품을 생산하는 나라의 미국 및 유럽으로의 수출은 1920년대 후반 이후 하락하였다고 넉시는 지적하고 있다. 이것은 1957년까지 30년 동안 공업세계의 생산량이나 국민소득에 비해 1차상품을 생산하는 나라로부터의 수출의 중요성이 현저하게 저하하였다는 것을 의미한다. 넉시는 1차상품 수출정체의 원인으로 공급 쪽의 요인보다도 수요 쪽의 요인을 중시하고 있지만, 위의 여섯 가지의 요인은 ④의 정책적 요인을 제외하면 모두 자본주의의 합리성이 요구하는 필연적이며 구조적인 요인이라고 하였다.

그러면 이러한 문제의 해결책은 어떤 것이 있을까? 먼저 고려할 수 있는 것은 이민과 자본의 이동을 통해 저개발국들의 생산요소를 공업중심지로 옮기는 것이지만 넉시는 이와 같은 방책은 노동의 경우에는 수입국에 의하여, 자본의 경우에는 수출국에 의하여 제한되기 때문에 그렇게 기대할 수 없다고 하였다. 여기서 그는 가장 현실적인 해결책을 내놓았는데 성장의 추진력을 이용한 공업화를 통해 발전의 길을 추진하자는 것이다. 그러면 공업화란 어떤 패턴의 공업화일까? 넉시는 두 가지 유형으로 분류하여 어떤 유형이 저개발국에게 가장 현실적인가를 검토하였다.

첫 번째 유형은 저개발국 국내시장의 협소에 착안한 수출지향공업화였는데 이것은 공업국으로서 수출품을 생산할 것을 목적으로 하는 공업화이다.

두 번째 유형은 선진공업국의 수입보호에 착안한 수입대체공업화이며, 주로 여러 저개발국이 국내시장을 지향하기 위한 공업화이다.

이들 두 가지의 공업화전략의 유형을 검토하면 다음과 같은 장·단점을 생각할 수 있다. 먼저 수출지향공업화에 관해서는 국내농업의 급격한 개혁이나 혁명을 강행할 필요성을 피할 수 있다는 점에서 매력적인 해결책이긴 하지만 이 유형의 공업화가 성공할 것인지 어떤지는 선진공업국들의 관대한 무역정책에 달려있을 것이다. 수출지향의 공산품이 급속하게 증가하여 총수요를 충당할 수 있다고 한다면 그렇게 어려움은 없다. 그러나 이런 상품의 생산에는 선진공업국들이 압도적인 비교우위를 가질 것이다. 따라서 저개발국은 섬유와 같은 경공업에 공업화를 찾지 않으면 아니 된다. 그러나 원칙적으로 이들에 대한 총수요는 급격하게 증가하지는 않는다. 여기서 제품의 수출을 신장시키기 위해서는 선진공업국의 동업자와 경쟁하게 된다. 그러나 이러한 선진공업국의 동업자를 구축한다는 형태의 수출은 저개발국에 이익이 되는 것이 아니라 오히려 좌절의 원인이 된다. 수출을 위한 공업화라는 발전 유형은 선진공업국들에게 국내노동의 가동성과 적응성－산업구조의 조정과 보다 고차적인 산업으로의 이행－에 크게 의존하지만 이것은 어려움이 많다.

여기에 넉시는 둘째의 수입대체공업화에 관한 논의를 추진, 다음과 같이 고려하고 있다. 저개발국에 있어서 농업생산성은 낮다. 때문에 공산품에 대한 구매력이 부족하다. 따라서 이 유형의 공업화를 위해서는 농업 면에 보완적인 진보, 즉 농업생산성의 향상이 필요하다. 그러나 저개발국의 농업은 보수적이면서도 봉건적이며 항상 인습에 속박되어 수동적으로 비자본가적인 경제활동의 부문인고로 이와 같은 것을 실천하는 데에는 농촌에 있어서 개혁이나 혁명을 필요로 한다. 그것은 첫째 유형의 공업화에서도 언급한 바와 같이, 저개발국에게 어려운 과제를 제공한다. 그러나 이것은 전적으로 불가능한 것은 아니다. 만약 이와 같은 농업과 공업의 결합적 진보라는 2부문론이 수용되게 되면 같은 원리가 공업부문 내에도 적용 되지 않는다는 것은 아니다. 즉, 그것은 각각에 관련한 공업이 상호 시장을 제공하는 바와 같이, 국내수요의 소득탄력성에 따라 공업을 수립하는 방법( = 균형성장)이며, 이와 같은 시장을 상호 개방함으로써 국내구매력의 부족으로부터 오는 어려움을 어느 정도 해소할 수 있다는 것이다.

이 원리는 또 저개발지역 사이에 있어서 상호 시장제공( = 공동시장의 창출)이라는 형태로 국제적인 면에도 원용된다. 넉시에 의하면 이와 같은 수입대체공업화가 괘도에 오르면 이들 저개발제국은 수출지향공업화로 이행하게 되며 선진국의 기존생산자를 구축하지 않고 거대한 시장에 수출할 수 있는 진보적인 생산물을 보다 다량으로 생산하는 방법과 수단을 개발할 가능성도 있는 것이다.

넉시는 이와 같은 두 가지 공업화의 유형을 검토한 결과, 두 번째의 공업화의 유형을 보다 현실적인 발전전략으로 간주하면서 이러한 길을 걸어온 전형적인 예로서 일본을 증거로 내세웠다. 그리하여 균형성장에 기초한 수입대체공업화를 추천한다는 결론에 이른 것이다.

이상의 내용을 간단히 요약하면 넉시의 공업화에 관한 명제는 다음과 같이 구성되어 있다고 할 수 있다. 즉, 저개발국의 발전을 크게 세 가지 유형으로 분류할 수가 있다. ① 1차산품의 수출을 통한 성장, ② 수입대체공업화를 통한 성장, ③ 수출지향공업화를 통한 성장이 그것이다. 오늘날 ① 과 ③ 의 유형을 통한 발전은 기대할 수 없으므로 ② 의 유형을 통한 발전의 방향이 모색되지 않으면 아니 된다.

이상과 같은 넉시의 논의에 대하여 정통파의 입장에서 반론을 제기한 것은 케안크로스이다. 그의 주안점은 넉시의 1차상품의 무역의 동향에 관한 인식과 외국무역의 발전촉진작용(＝성장파급효과)에 관한 견해에는 문제가 있으므로, 공업화를 제창할 경우 충분한 논거가 될 수 없다는 것이다. 넉시가 주장한 내용에 관한 케안크로스의 반론을 검토하고자 한다.

먼저, 케안크로스는 넉시의 1차상품의 수출추이에 관한 사실인식에 의문을 제기하고 있다. 넉시는 1928～1959년 사이의 30년이라는 기간 동안 1차상품의 수출에 관한 추세를 판단하고 있지만 이 기간에는 두 가지의 상이한 시기가 포함되어 있다. 하나는 1929～1937년 동안의 기간으로서 공산품의 무역은 정체된 반면에, 1차상품의 무역은 순조로웠다. 다른 하나는 전후기로서 공산품의 무역은 현저하게 확대하였지만 1차상품의 무역은 정체하였다.

다음으로, 넉시는 1차상품에서 석유를 제외하고 있지만 산유국이 공업국에 수출한 석유를 통계에서 배제하는 것은 논리상 일관성이 결여되어 있다는 것이다. 단, 1차상품의 수출정체에 관하여 넉시가 들고 있는 여섯 가지 요인에 관하여 케안크로스는 다음과 같이 언급하고 있다.

"이것은 그 정도로 설득력이 있는 것은 아니다. 둘째와 셋째의 요인은 20세기에 들어와서 갑자기 작용하기 시작한 것이 아니다. 그리고 예를 들어 다섯째의 요인이 최근 보다 강력하게 작용하고 있다 하여도, 그것은 비철금속의 고등이라는 순수한 경제적인 이유였는지도 모른다. 넷째의 요인에 관해서는 넉시 자신의 열대농업보다도 비열대농업에 보다 영향을 미친 것 같다고 경시하고 있다. 그리고 그가 지적하고 있는 바와 같이 공산품도 또한 보호되고 있다. 이것들을 제거하면 우리에게는 첫째와 여섯째의 요인이 남게 된다. 첫째의 요인에 관해서 말하면 선진국에게 중공업의 발전은 부분적으로 섬유와 같은 경공업으로 대체된 것이며, 그것은 소멸한 것이 아니라 저개발국으로 이전한 것이다. 이(중공업)의 발전도 또 어느 정도까지 완전고용을 수반하는 고수준의 세계적인 투자의 징후이기도 하다. 따라서 첫째 요인의 영향을 세계무역의 수량과 구성에 복잡한 영향을 미치고 있는 다른 여러 요인과 단절시켜 논의하는 것은 곤란하다. (여섯째의) 합성원료의 도입은 확실히 1차상품의 무역을 제한하는 요인이다. 그러나 그것이 단지 높다고 하는 것만이 아니라 전전과 비교하여도 상대적으로 높은 원료의 사용을 절약시키도록 작용한 것은 전적으로 우연일까. 넉시가 들고 있는 마지막 두 가지 요인에 있어서는(천연원료의 가격고등이라는) 경제적인 자극요인이 (합성원료의 개척이라는) 기술적인 영향력을 강화하였는지도 모른다. 이 요인은 상대가격에 변동이 있었다고 할 경우 이전에는 배제할 수 없는 것이다"[20]

요는 넉시가 든 여섯 가지 요인 가운데 설득력이 있는 것은 다섯째와 여섯째 요인이지만 이들은 모두 1차상품의 가격고등이라는 요인에 유래하며, 넉시가 말하는 것과 같은 자본주의의 합리성이 요구하는 필연적이면서도 구조적인 요인에 의한 것은 아니라는 것이다.

저개발국의 수출정체에 관한 참된 이유는 저개발국이 전체로서 공업국의 1차상품의 수출가격에 비하여 자신들의 1차상품의 수출가격을 인하하지 않았다는 데서 찾아야 할 것이다. 넉시는 19세기에 1차상품의 무역이 활발했던 이유로 선진국 쪽의 왕성한 수입수요만을 강조하고 있지만, 실은 그 배후에는 저개발국이 저가격으로 1차상품을 공급할 수 있는 가격요인이 작동하고 있었던 것이다. 케안크로스에 의하면 이것이야말로 서구선진국을 1차산업으로부터 2차산업으로 구축하였기 때문에 19세기에 저개발국의 1차상품의 무역을 활발하게 한 근본적인 이유였던 것이다.

외국무역이 경제발전에 미치는 작용은 넉시가 고려했던 바와 같이 한정된 것이 아니라 다면적인 작용을 하고 있기 때문에, 1차상품의

---

20) A.K.Cairncross, op.cit, pp.196-197.

수출정체라는 수량적 사실만을 근거로 하여 공업화라는 결론에 이른 것은 문제가 아닐까, 하는 것이 케안크로스의 견해이다.

그러나 넉시의 수입수요부족, 공업화의 명제는 케안크로스의 비판에도 불구하고 저개발국을 대표하는 프레비쉬(Raul Prebisch, 1901∼)와 싱거(Hans W. Singer, 1910∼)의 장기교역조건 악화론으로 계승되어 1차상품의 수출정체, 말하자면 공업화의 논거를 둘러싼 논의는 이론적 결착을 보지 못한 채로 정책만이 선행하여 저개발국은 공업화로 돌입하였던 것이다. 그렇지만 넉시의 수입대체공업화정책은 현대에 있어서 전적으로 그 의미를 상실하였다고 보기는 어렵다.

이상으로 넉시가 강조하는 내용으로 볼 때 후진국의 공업화는, ① 1차상품의 수출을 통한 성장, ② 수입대체공업화를 통한 성장, 그리고 ③ 수출지향공업화를 통한 성장이라는 세 가지 명제로 분류할 수 있다. 따라서 여기서는 이러한 공업화의 명제, 즉 ① 1차상품의 수출을 통하여 성장하는 나라를 '모노칼쳐모델', ② 수입대체공업화를 통하여 성장하는 나라를 '파행구조모델' 그리고 ③ 수출지향공업화를 통하여 성장하는 나라를 '가공무역모델'이라 규정하고자 한다. 다시 이러한 유형을 리스트의 '국제무역을 개입한 경제발전단계의 시기구분'에 적용해 보면, 다음 세 가지로 분류할 수 있을 것이다.

첫째, 1차상품의 수출을 통한 성장은 제1기에 둘째, 수입대체공업화를 통한 성장은 제2, 3기에, 셋째, 수출지향공업화를 통한 성장은 제4기에 해당할 것이다.

이와 같은 형태로 명확하게 구분하게 되면 후진국의 발전단계는, 제1기는 ① 모노칼쳐모델, ② 제2기와 제3기는 파행구조모델, 그리고 ③ 제4기는 가공무역모델이 될 것이다. 그러나 리스트의 보호무역론은 넉시가 주장하는 것처럼 각 유형의 나라에서 추진해야 하는 공업화전략이 아니라, 한 나라의 경제발전단계에 있어서 동태적인 개념이 도입되어 있기 때문에 시기구분이란 바로 한 나라의 공업발전과정을 의미한다.

따라서 넉시도 주장한 바와 같이 국민경제형성을 위한 현실적인 해결책으로서 1차상품의 수출에 의한 발전은 기대할 수 없기 때문에 '성장의 추진력'으로서 공업화전략을 통한 발전의 길을 다음 두 가지로 분류하고 있다.

첫째, 과거의 선진국이 보호무역에 의하여 공업화를 달성하는 데 착안한 수입대체공업화이며, 이것은 주로 후진국의 국내시장을 확보하기 위한 공업화로서 파행구조모델의 공업화이다.

둘째, 후진국의 국내시장의 협소에 착안한 수출지향공업화이며, 이것은 선진국으로 수출하기 위하여 공산품을 생산하고자 하는 공업화로서 가공무역모델의 공업화이다.

당시 농업·공업 사이에 불균형상태에 처해 있던 독일의 입장에서 어떻게 하면 공업을 발전시켜 균형 있는 국민경제를 형성할 것인가가 리스트의 과제였다. 이렇게 볼 때 리스트의 과제는 오로지 보호관세에 의한 국내공업의 발전으로 국내시장을 확보하는 데 있었으므로 리스트의 시기구분에서 제2기와 제3기는 여기에 해당한다. 바로 이것을 파행구조모델인 독일의 수입대체공업화전략으로 간주하여야 할 것이다.

# 제2절 수입대체공업화전략과 국내적 균형

## 1. 균형과 불균형성장의 논의

전후 후진국들의 공업화는 보호주의적 정책에 관한 가장 명백한 존재이유이다. 왜 후진국들은 그렇게도 공업화를 갈망하는가? 이에 대한 해답은 뮤르달(Gunnar Myrdal 1898~ )[21]에 의하면 빈곤의 극복이다. 후진국은 빈곤의 악순환을 타파하여 경제성장을 달성하기 위해서는 무역에 의한 성장을 촉진하든지 아니면 외부와의 경쟁을 차단하여 국내생산력을 지속적으로 확대하지 않으면 아니 된다. 이러한 문제를 해결하기 위하여 전후 가장 일반화한 형태로 전개된 이론이 넉시의 균형성장론[22]과 허슈만(Albert O Hirschman, 1915~)의 불균형성장론[23]이다..

균형성장론에 입각한 넉시는 리스트와 마찬가지로 후진국이 농산물의 수출정체로부터 벗어나는 것은 공업화 밖에는 없다고 주장한다. 그의 공업화전략은 상호 연관된 여러 공업을 동시에 창설하여 상호 시장을 제공함으로써 국내에서 균형 있는 성장을 달성할 수가 있다는 것이다. 그가 대상으로 삼은 나라는 소득수준이 낮아 공산품 수요의 부족은 물론 시장의 협소로 투자유인이 결여되어 국내의 공업화가 여러 가지의 애로사항에 당면하고 있는 후진국들이다. 따라서 후진국들이 공업화를 달성하기 위해서는 무엇보다도 먼저 국내시

---

21) Gunar Myrdal, Development and underdevelopment: A Note on Mechanism of National and International Economic Inequality(National Bank of Egypt, fiftieth Anniversary commemoration lectures, Cairo, 1956, p.20.
22) Ragner Nurkse, Problems of Capital Formation in Underdeveloped Countries, Basil Blackwell and Mott Ltd., 1953.
23) A.O.Hirschman, The Strategy of Economic Devepment, New Haven, 1958.

장을 창출하지 않으면 아니 된다.

한편, 허슈만은 공업화의 목표에 있어서는 넉시와 동일선상에 있으나 공업화의 전략에 있어서는 넉시와 정면으로 대립하는 불균형성장론을 주장하였다. 그의 주장은 투자능력을 중시하는 선택적 수입대체공업화이다. 그는 '불균등 성장의 고리'의 이론에 입각해서 한 산업의 발전이 다른 산업의 발전을 유발하여 단계적·계기적으로 전방 및 후방의 두 가지 연관효과에 의하여 공업화가 보다 효율적으로 이루어 질 수가 있다고 주장하였다. 그는 공업화 계획의 시행에 있어서는 기초산업의 개발보다도 최종수요에 가까운 소비재산업부터 시작하는 것이 보다 유효하다면서 전략적으로 현재 수입이 되고 있는 상품의 생산, 즉 수입대체공업을 기점으로 하여 경제발전을 촉진해야 한다고 주장하였다.

그러나 허슈만의 주장에 대하여 민트(Hla Myint)[24]는 다음과 같이 비판하고 있다. 소비재공업의 수입대체를 위하여 보호조치를 강구해도 곧바로 수입대체의 한계에 도달하기 때문에 당해 상품 생산의 앞 단계에 있는 관련 산업의 보호에 관심을 기울여야 한다는 것이다. 예를 들어 섬유산업에서 섬유기계의 제조에 대한 보호를 확대하여야 한다는 것이다. 때문에 민트는 단일공업을 선택하여 보호하는 것도 아니고 또 유치경제와 모든 공업을 동시에 보호하는 것이 아닌 기술적 관련이 깊은 수직적인 원셋트(one set) 공업을 포괄적으로 보호해야 한다고 주장한다. 민트의 주장은 소비재공업이냐 아니면 생산재공업이냐, 라는 대립 그리고 선택적 보호냐 아니면 전면적 보호냐, 라는 대립에 있어서 하나의 절충적인 형태를 취한 것이라 할 수 있다.

이상과 같은 후진국에 관한 공업화의 이론이 국제분업과 특화의 이익을 원천적으로 부정하는 것은 아니다.[25] 다만 국제분업체제 아

---

24) Hla Myint, The Economics of the Developing Countries, Hutchinson, London, 1965, chapts. 8 and 9.

래에서는 후진국이 불리하기 때문에 자유롭게 이용 가능한 자원을 오로지 자국의 공업화를 촉진하는 데 사용하며 또한 공업화에 필요 불가결한 상품만을 수입해야 한다는 데 견해를 같이 하고 있다. 이렇게 하면 고용과 국제수지의 문제를 동시에 해결할 수 있기 때문에 자유무역을 당장 포기하여도 그것은 정당화될 수 있다는 것이다.[26]

그러나 보호무역의 정책효과가 반드시 동일하게 나타난다고는 볼 수 없다. 즉, 동일한 정책수단이라 할지라도 상이한 시대, 상이한 나라에서는 상이한 효과를 가져올 수도 있다. 예를 들면 넉시는 "무역에 의한 성장이 불균형하고 불안정한 것이라 하더라도 성장하였다는 것은 전혀 성장하지 않은 것보다 의심의 여지없이 훨씬 좋은 것"[27] 이라고 주장하면서도 19세기의 발전과정과 20세기의 그것을 비교하여 "19세기의 무역은 선진공업국으로부터 저개발국에 대하여 성장의 추진력 역할을 수행하였지만 20세기에는 그러한 역할을 수행치 못하였다."[28]고 주장한다.

루이스(Willam A. Lewis)[29]도 "과거 수백 년 동안 개발도상의 세계에서 생산량의 성장률은 선진세계의 생산량의 성장률에 의존하여 왔다"면서, "고개발국이 저개발국의 성장률을 통제하는 주요한 고리는 무역"이라는 점을 분명히 하였다. 또한 루이스는 후진국의 경우에

---

25) 보다 구채적인 논의는 'Product life cycle'론에 대한 비판과 그 발전에 관한 여러 문헌을 종합·분석한 고지마 기요시(小島淸)의 논문에서 찾아볼 수 있다. ─小島淸, '輸入代替·輸出化成功의 條件'(一橋大學, 一橋論叢, 1963年3月號).

26) 이와 같은 논의는 채너리(H.Cenery, "Patterns of Industrial Growth". American Economid Review, vol.56(1966).

27) Ragner Nurkse, The Conflict between Balanced Growth and International Specialization, in Lectures on Economic Development(Faculty of Economics, Istambul University, 1958, p.167).

28) Ragner Nurkse, Patterns of Trade and Development, Wicksell Lectures, 1959, p.14)

29) 루이스는 이러한 주장을 1979년 자신의 노벨경제학상수상기념강연연설문에서 언급하였다. ─William A.Lewis, The Slowing Down of the Engine of Growth in The Evolution of the International Economic Order, Princeton Univ. Press, 1978.

무역은 성장을 조장하지 못하고, 가령 조장하였다 하여도 그러한 성장은 자립적인 성장이 될 수 없다고 주장한다. 사실상 19세기와 오늘날의 국제경제상황을 비교하여 그 차이를 지나치게 강조하는 데는 이론(異論)도 있을 수 있지만, 19세기의 경제상황처럼 오늘날의 후진국의 경제상황도 결코 호전되지 못하였기 때문에 1차상품의 교역조건의 불리화로 인하여 국제수지도 악화되고 있다. 결과적으로 넉시가 제시한 바 있는 발전형태의 하나인 1차산품의 수출을 통한 경제성장은 거의 불가능하게 되었다. 이로서 넉시는 수입대체와 수출지향이라는 공업화전략을 검토한 결과, 수입대체공업화를 보다 현실적인 발전전략30)으로 간주한 것이다.

한편 리스트의 '보호관세에 의한 공업화'의 이념에 그 근거를 찾을 수 있는 공업보호주의는 1950년대와 1960년대에 라틴아메리카와 기타 후진국들에서 개발정책에 관한 논의의 중심으로 부각되었다. 수입대체공업의 육성이 라틴아메리카의 경제발전에 불가결하다는 논리는 프레비쉬의 이론적 기초 아래에 U.N.라틴아메리카경제위원회(Economic Council of Latin America)에 의하여 강력하게 주장되었다.

프레비쉬는 당시 아르헨티나의 경제가 당면하고 있던 충격에 대응하여 리스트와 마찬가지로 대중심지에서 형성된 이론적 설명과 현실과의 차이는 너무나 크다는 것을 알게 되어 저개발국의 저개발성에 관한 이론적 모델인 소위 프레비쉬 명제를 제기하였다. 그의 많은 저서 가운데는 다양한 명제가 제기되어 있으나, 가장 중요한 것은 프레비쉬 명제로 알려진 '중심국＝주변국'의 이론으로서 이 이론은 후진국 경제학자들에게 적지 않은 영향을 미치게 되었다.

---

30) 바이너, 케안크로스, 하벌러 등의 주장과 대립되는 넉시, 루이스, 민트 등은 전통적 무역이론에 대하여 비판적 입장을 취하고 있는 신정통파로 분류하는 경우도 있다 - 森田桐郎, "低開發國經濟發展論の二潮流 - '新正統派'と 新古典派' - " アジア經濟研究所, アジア經濟, 第10卷 第8號, 1968, 8, p.4.

그의 이론에 의하면 일반적으로 기술진보 또는 생산성 향상이 일어나면 ① 생산물가격의 저하와, ② 임금상승에 의한 소득증가라는 두 가지 결과를 가져오게 된다. 그러나 생산물가격의 저하로 나타나는 나라(주변국)와 임금의 상승으로 나타나는 나라(중심국) 사이에 무역을 하게 되면, 주변국은 기술진보에 의한 이익을 아무런 대가도 받지 못하고 그대로 중심국으로 이전시키게 된다는 것이다. 결과적으로 주변국은 중심국에 일방적으로 의존하게 되는 중심·주변 사이의 종속관계가 성립하게 된다는 것이다.

여기에서 관심을 불러일으키는 것은 프레비쉬 이론의 거의 전부가 무역문제를 중심으로 하고 있으며, 이것은 그의 논의가 교역조건론을 기본으로 한 데서 일어나는 필연적인 귀결이라는 점이다. 그는 선진국과 후진국 사이의 수요의 소득탄력성과 기술집약도의 격차를 이론적 기초로 하여 "중심국에서는 생산성의 일반적인 개선은 임금률의 상승에는 완전히 반영되는 경향이 있는 데 반하여, 주변국에서는 생산성 향상의 결과가 수출가격의 저하와 이에 따른 교역조건의 악화를 통하여 중심국으로 이전해 버린다."[31]고 설명한다. 때문에 그는 교역조건의 개선, 2중노동시장에 있어서 임금왜곡의 시정, 그리고 유치산업의 발전을 위한 정책으로서 수입대체공업화의 채택을 강력히 추천하였다.

프레비쉬가 주장하는 수입대체공업화는 유치산업보호에 중심을 두고 있었지만 실제로 국내공업화를 위한 자본재는 선진공업국으로부터의 수입을 전제로 하고 있기 때문에 많은 비판을 받고 있다. 따라서 자본재수입대체를 위해서는, ① 시장의 협소, ② 자본의 부족 그리고 ③ 기술수준의 저위를 타개하지 않으면 아니 되었다. 시장의 협소는 경제통합으로 자본과 기술은 처음에는 해외로부터의 도입이 불가피하

---

31) Raul Prebisch, "Commercial Policy in the Underdeveloped Countries", American Economic Review, May1950, p.262.

나 점차 이를 감소시켜 나감으로써 극복할 수 있다는 것이다. 이 결론은 리스트가 주장한 바 있는 국내시장의 확보와 자본·기술의 도입에 의한 국내의 공업력의 육성이라는 명제와 맥(脈)을 같이 하고 있다.

## 2. 수입대체공업화의 한계

라틴아메리카국가들 사이에서 본격적으로 공업화가 시작된 것은 1930년대부터였다.[32] 세계대공황기에 있어서 라틴아메리카국가들의 1차상품의 수출은 정체하지 않을 수 없었으며, 따라서 외화부족이 발생하였기 때문에 종래의 선진국들로부터 수입해 왔던 공산품은 국내생산으로 대체하지 않을 수 없었다.

이러한 수입대체공업화의 정책이 처음에 정부의 확실한 육성정책에 의하여 발전된 것은 아니었다. 보다 직접적인 수입대체공업화의 동기는 세계불황에 따른 여러 어려움에 대한 대책으로 해외로부터 공산품의 수입을 금지하거나 외환관리를 강화하기 위하여 고율의 관세를 부과하는 데 있었다. 이러한 목적을 위한 정책의 조치에 부차적으로 수입대체공업화가 발생한 것이다. 말하자면 이러한 조치가 간접적으로 국내공업의 발달을 촉진하는 효과를 가져왔다.

또한 제2차 대전의 발발로 유럽으로부터의 공산품의 수입이 축소 또는 중단되었기 때문에 라틴아메리카국들의 공업화는 한층 촉진되었다. 이 때의 공업화는 전시 가운데의 특이한 조건 아래에서 비효율적으로 진행되었기 때문에 전후 수입공산품과 경쟁하지 않을 수 없는 사태에 직면하게 되자, 경쟁력이 약한 공업에 대하여 정부는 보호의

---

32) 루이스는 "라틴아메리카 여러 정부가 1929년 이전에 공업화를 추진하고자 하지 않았던 것은 지주계급의 권력과 자유무역 및 통제 없는 시장을 신조로 한 이론지상주의 때문이라고 보았다." – William A.Lewis, op. cit.,

조치를 단행하지 않을 수 없었다. 1930년대에 채택하였던 모든 보호조치가 국내공업의 보호를 위하여 다시 도입되었다. 단지 기존공업을 해외의 경쟁으로부터 보호하는 데 그치지 않고 적극적으로 수입대체공업을 육성하고자 하는 정책이 확립된 것도 바로 이 시기였다.[33]

실제로 이러한 국내공업의 보호·육성조치로 라틴아메리카제국의 수입대체공업은 전후 괄목할 만한 발전을 보여 국내총생산을 상회하는 성장을 달성하였다. 그러나 수입대체공업으로서 현저한 성장을 보였음에도 불구하고 이들 국가들은 공산품의 수출에는 관심이 적었다. 그 이유는 한편으로는 라틴아메리카국가들이 선진공업국으로부터 다량의 공산품을 수입하고 있었으며, 다른 한편으로는 신흥공업에서 생산하는 상품에 대한 수요는 국내시장으로서도 충분하였기 때문이다. 또 다른 이유는 선진공업국이 이 시기에 공산품의 수입에 고율의 관세를 부과하고 있어, 라틴아메리카국가들이 그들의 공산품을 이들 나라에 수출한다는 것은 용이한 일이 아니었다. 이러한 요인들이 라틴아메리카국가들의 공업에 있어서 생산성향상에 대한 노력을 저하시키는 결과가 되기도 하였다. 따라서 국내시장의 확보만을 위한 공업화에 주력하고자 채택한 수입제한, 관세부과 등의 보호의 조치는 지나치게 높은 수준에 이르렀고 경제효과에 바탕을 둔 선택기준이 없

---

33) 많은 논문 가운데 다음의 연구논문에 주목할 필요가 있다.
  ① Henry Bruton, "Input Substitution Strategy of Economic Development", Pakistan Development Review, Summer 1970, pp.123-146.
  ② I.M.D.Little, T.Scitovsky, and M.Scott, Industry and Trade in Some Developing Countries, Seriesd of coutry studies undertaken for the National Breau of Economic Research on Foreign Trade Regimes and Economic Development, 1970.
  ③ Jagdisch Bhagwati and Anne Krueger, "Exchange Control, Liberalization, and Economic Development", American Economic Review, Papers and Proceedings, LXⅢ, May 1973, pp.418-427.
  ④ Werner Baer, "import Substitution and Industrialization in Latin-America: Experience and Interpretation", Latin America Research Review, Spring 1972, PP.101-108.

었으므로 생산효율은 현저하게 저하되었다. 특히, 라틴아메리카국가들은 수입대체공업으로서 1950년대 중반부터 자동차공업을 적극적으로 육성하기 시작하였다. 이들 나라들의 국토면적에 비해 인구가 적어 철도수송의 효율이 낮기 때문에 자동차에 의존하지 않을 수 없었다. 이와 같은 수요를 배경으로 자동차공업의 육성을 필요로 하게 되었으며 또한 이를 인정하게 된 이유로서 ① 외화절약, ② 고용창출효과, ③ 연관효과, 그리고 ④ 기술진보 등의 네 가지를 들 수 있다.

자동차산업은 먼저 1950년대에 브라질에서 시작하여 경쟁관계에 있는 아르헨티나로, 그리고 멕시코와 그 다음에 콜롬비아, 베네수엘라, 페루, 칠레 등도 동일한 정책을 채용하였다. 브라질의 경우 1970년대 초에 자동차의 수입대체가 실현되었는데 무엇보다도 자동차산업이 현저한 발전을 가져오게 된 원인은 수입대체공업화정책의 시행이며, 그 다음으로 규모의 경제를 실현할 수 있는 대규모의 국내시장 그리고 외국자본 및 기술의 도입에 있었다. 그러나 칠레의 경우는 브라질과는 대조적으로 국내시장의 작은 규모가 자동차산업의 발전에 결정적인 저해요인이 되었다. 칠레의 자동차 수요로 보아 국제경쟁력을 가진 근대공업의 건설은 무리였다고 볼 수 있다. 그것은 칠레의 공업 자체의 문제이기도 하지만, 규모의 경제를 실현할 수 없는 나라에 있어서 보호와 육성이 불가피하게 초래하는 공업생산성의 낮은 효율이다. 그러나 브라질의 경우는 90% 이상 외국자본으로 자동차공장이 설치되었음에도 불구하고 외화절약과 더불어 수출확대로 국제수지의 개선에 적극적인 역할을 수행하였다. 또한 기술이전을 촉진하여 제철업을 비롯한 연관 산업의 발달을 자극하여 브라질경제의 성장을 주도한 산업으로 부상하게 되었다.

그러나 수입대체공업화의 정책은 대부분의 후진국에서 상당한 희생이 따랐다는 것은 확실하며 다수의 실증연구에서 증명되고 있다. 즉 ① 후진국은 수입공산품의 대체범위를 지나치게 확대하였다는 것, ② 공업화와 국제수지의 유지라는 목적을 동시에 실현하지 못하였다는 것, 그리고 ③ 이 정책시행으로 다른 경제왜곡을 유발하였다는 것 등을 들 수 있다.

리스트가 지적한 바와 같이 공업보호는 어디까지나 국내에 풍부한 자연자원이 부존되어 있는 상태에서 외국의 자본과 기술을 도입해야만 비로소 성공할 수 있으며, 보호되는 공업은 국민적 기간산업이라야 한다. 그러나 전후 다수 개도국의 수입대체공업화는 기술적으로 단순한 소비재를 대상으로 하여 어느 정도 성공하였으나, 이것이 중간재나 자본재의 단계로 전환하게 되자 여러 가지 어려움에 부딪치기 시작하였다. 말하자면 수입대체의 각 단계마다 자본집약도와 기술계수가 점점 높아져 리스트 시대에는 상상조차 할 수 없었던 막대한 자본과 고도의 기술을 해외에 의존해야 하는 어려운 국면에 처하게 된 것이었다. 또한 이 정책으로 국내시장통합의 결여, 전통부문과 근대부문에 나타난 경제의 2중성의 확대 등으로 부문 사이의 불균등이 심화되기 시작하였다. 더욱이 이 정책은 균형 있는 산업발전을 경시한 가운데 대체공업화를 추진한 결과 원료, 중간재와 자본재는 물론 식량조차 수입에 의존해야 하는 이상한 현상이 나타나게 되었다.

이러한 결과는 내향적 공업화라는 넉시의 명제가 케안크로스 등에 의하여 비판을 받았음에도 불구하고 프레비쉬, 싱거 등의 장기교역조건악화론에 근거한 1차산품의 수출환경의 개선에 집착하여 수입대체공업화의 정책을 추구한 데 그 원인이 있었던 것으로 보아야 한다. 결과적으로 농업·공업·상업의 균형과 조화'라는 리스트의 국민경제형성론과는 달리 후진국의 수입대체공업화는 선진공업국에 새롭게 지배되거나 종속되었다.

## 제3절 수출지향공업화전략과 국제적 조화

### 1. 국내시장의 제약과 규모의 경제

1960년대에 들어와서 넉시가 주장했던 수입대체공업화 전략은 대부분의 라틴아메리카국가들에서 실패하였으나, 그가 곤란하다고 본 수입대체공업화 전략을 채택한 다수의 후진국은 오히려 성공을 거두게 되었다. 그가 주장했던 수입대체공업화전략이 실패함으로써 국제수지적자가 누적되고 그가 낙관했던 균형성장마저 파괴되자, 이들 나라는 이 문제에 고뇌하지 않을 수 없게 되었다. 넉시는 "만약 국제수지에 역조(逆調)가 있다면 그것은 인플레이션의 결과이지 수입대체산업이 확대된 결과는 아니다."[34]라고 하면서, 수입대체공업화가 직접적으로 국제수지의 적자를 가져온 것이 아니라는 것을 강조하였지만, 현실적으로 수입대체공업화는 이에 필요한 자본과 기술은 물론 원료, 중간재 등의 수입급증을 초래하여 그 결과 수입의존도를 점점 높이는 경향을 보였다. 따라서 1960년대에 들어와서 새로운 공업화전략이 모색되지 않으면 아니 되었다.

이 시기에 이르러 프레비쉬 등의 주장과는 달리 내향적 공업화로부터 외향적 공업화로의 전환이 불가피하다는 것이 강조되기 시작하였다. 특히 존슨(Harry G Johnson)[35]은 자급자족적인 공업화에 대신하는 선진국과 일체화(一體化)된 공업화, 아니면 한 나라 내에 한정되는 공업화에 대신하는 세계시장을 대상으로 하는 수출지향공업화

---

34) Ragner Nurkse, Equilibrium and Growth in the World Economy, Cambridge Univ. Press, 1961, p.258.

35) Harry G. Johnsos, Economic Policy toward Less Developed Countries, The Brookings Institution, 1967.

의 길을 모색해야 한다고 주장하였다. 동시에 존슨은 선진국이 후진국의 경제성장을 가속화하기 위해서는 자원을 추가적으로 공급해야 한다는 필요성을 논하면서, 그 방법으로 '경제원조의 제공'과 '무역기회의 창출'을 제창하였으며, 후자가 전자보다 유리하다는 것도 아울러 강조하였다. 이러한 주장은 당시 UNCTAD에서 '프레비쉬 보고서'에 기반을 둔, 수입대체공업화에 결함이 발생, 새로운 무역정책을 선진국에 대하여 요구하지 않으면 아니 되었던 사정 아래에서 후진국에서 먼저 제기되었다는 점에서 주목을 받게 되었다. UNCTAD는 수출지향공업화의 정책의 추진과 더불어 이를 지원하기 위한 선진국의 시장개방의 한 방안으로 특혜관세의 설정을 요구하였던 것이다. 개도국의 이와 같은 요구는 자유무역의 성향을 강하게 지니고 있는 것으로 후진국의 추가적인 무역기회의 확대에 그 초점이 놓여져 있다. 이 논의를 도화선으로 하여 수출지향공업화전략은 더 한층 촉진되어 1960년대 이후 소위 신흥공업국도 등장시키게 된 것이다.[36]

물론 수출을 경제발전의 거점으로 삼아야 한다는 이론은 고전학파는 물론 신고전학파의 이론에서 다 같이 지지되고 있다. 하벌러(Gottfried von Haberler)와 케안크로스(A.K. Cairncross)도 마찬가지로 경제발전에 있어서 외국의 자본설비와 지식 등의 여러 요인을 이들 나라의 수출과 관련시켜야 한다면서 수출의 부진이 생산적인 투자나 경제발전에 제한적 요인이 될 수 있다고 논하였다.[37]

그렇다면 후진국은 구체적으로 어떤 산업에 특화하는 것이 장기적·동태적 관점에서 볼 때, 가장 바람직한가? 후진국의 경제발전은

---

36) Jacob Viner, International Trade and Economic Development, The Clarendon Press: Oxford, 1953, p.103.

37) Gottfried von Haberler, International Trade and Economic Development, National Bank of Egypt, Fiftieth Anniversary Commemoration Lectures, Cairo, 1959, A.K.Caincross, International Trade and Economic Development, Kyklos, vol. XⅢ, No.4. 1960.

수출상품의 성격에 크게 좌우된다. 이 문제를 제기한 대표적인 학자로서는 킨들버그(Charles P. Kindleberger)[38], 마이어(G.M. Meier)[39], 비에(M. Bye)[40] 등을 들 수 있는 바, 이들 세 사람의 논의를 마이어는 수출기반론으로 요약하고 있다.

수출공업화는 ① 수출산업 그 자체의 성장가능성, ② 그 산업이 가져오는 여러 가지 외부경제효과에 따라 경제발전에 기여하는 효과가 상이하겠지만 후진국에서 단순히 공업부문의 보호나 육성 이상의 것을 의미하고 있다는 데 유의할 필요가 있다. 물론 리스트도 국내시장을 확보하게 되면 그 다음 단계에서는 외국시장의 확보를 요구하지만 그것은 어디까지나 국내에 있어서 농업·공업의 균형이 달성된 이후의 문제였다. 그러나 여기서 논의되는 공업화는 리스트가 주장하는 바와 같이 일차적으로 국내에서 농업의 기반 위에 공업을 육성하여야 한다는 논의와는 달리, 농업기반의 우선적 확충을 무시한 채 처음부터 공업을 수출산업화한다는 것을 의미한다. 국내시장이 협소한 후진국에 있어서는 국내시장을 경쟁력배양의 기반으로 삼는다는 것은 거의 불가능하다. 이러한 조건 아래에서는 공산품의 국내시장을 먼저 확보한 다음에 수출로 나아가는 정상적인 발전과정을 밟기는 어렵다. 오히려 선진국이 수입을 허용한다면 선진국시장을 대상으로 하여 수출공업을 발전시킴으로써 규모의 경제를 달성하고 나아가 공업화를 더욱 진전시킬 수도 있다는 것이다. 이 과정은 분명히 리스트가 제시한 것과는 상반된다. 그렇지만 국내시장의 기반이 허약한 조

---

38) Charles P.Kindleberger, Foreign Trade and the National Economy, The MIT Press, 1961. PP.203-2-4.

39) G.M.Meier, International Trade and Development, 1962, pp.154-160.

40) M.Bye, "Internal Structure Change required by Growth and Changes in International Trade", in R.Harrod and D.C.Hague(ed.) Trade Theory in a Developing World, 1963, p.170.

건 아래에서는 불가피한 대안이 될 수도 있을 것이다.

한편, 래리(H.B.Lary)는 수출산업의 보호·육성은 다음과 같은 유리한 점을 가져올 수 있다고 주장한다.


"한정된 국내시장을 가진 빈국(貧國)이 규모의 경제가 중요한 의미를 지닌 공업에 있어서 능률적이 되려면 그것은 수출상품의 생산의 개발을 통할 뿐이다. 그리고 수출산업은 보다 광범한 시장에서 경쟁하지 않으면 아니 되기 때문에 오직 국내수요를 바라는 것보다는 보다 진보적이다. 그리고 이것은 전적으로 유리한 효과를 가지게 된다."41)


이 점에 관해서는 케안크로스도 래리의 주장과 마찬가지로 공업발전이 요구되는 경우 공업부문의 비능률을 극복하기 위해서는 국내수요를 초과하는 공산품은 자유무역에 의한 외국시장을 필요로 한다는 데에 동의한다. 이와 같이 생각한다면 농업이나 자연자원에 비교우위를 지닌 나라가 수출지향공업을 발전시키는 것은 우매하다, 라는 명제는 루이스가 언급한 바와 같이 "전적으로 넌센스"42)는 아니라고 언급해도 지나치지 않을 것이다.


## 2. 수출지향공업화의 한계


후진국이 공산품을 생산·수출하고자 하여도 공산품의 생산과 수출이 단기간 내에는 불가능하다는 것도 또한 사실이다. 후진국에 있

---

41) H.B.Lary, Economic Development and the Capacity to Import National Products, Lectures on Economic Development(Faculty of Economics, Istanbul University), 1958.

42) William A.Lewis, "Employment Policy in Underdeveloped Area", Sosia and Economic Studies, Sep. 1958.

어서 공급능력이나 세계시장가격의 접근가능성으로 보아 수출할 수 있는 상품에는 스스로 그 순서와 한계가 있을 것이다. 이것은 노동집약적인 상품, 원료가 국내 또는 인접국에 존재하는 상품, 저렴한 수송비로 수출시장에 접근할 수 있는 상품, 그리고 제조하는 기술이 단순하고 생산지에 따라 큰 차이가 나지 않는 상품 등에 한정된다고 생각된다.

　이러한 조건으로서 리스트는 자연자원과 기후를 들고 있다.[43] 즉, 공업력과 농업력은 자연의 제약을 받지만 양자 사이의 제약은 별개의 것이라면서, 공업력의 발전을 위한 자연의 도움이라는 점에서는 온대국들이 적합하다고 하였다. 리스트는 이와 같은 제약조건을 들면서 열대국들은 온대국들과 자유무역을 통해서만 발전할 수 있지만, 온대국들 가운데서도 후진국이 농업에만 의존하게 되면 선진국의 지배로부터 벗어날 수 없다면서 폴란드를 예로 들고 있다. 폴란드는 보호정책의 수립 없이 발전을 기대하였으나, 선진국들에 의해 공업화는 실패로 돌아갔다. 리스트는 폴란드가 선진국들과 자유무역을 하면서 그때까지 독립을 유지하고 있었다 할지라도, 그것은 기형적인 농업국이 될 수밖에 없었을 것이라고 하였다. 소국이나 농업국이라 할지라도 온대에 있는 나라는 공업을 육성하여야 하며, 그것은 보호정책으로 달성될 수 있다는 것이다. 이때의 보호정책은 어디까지나 국내에 있어서 '생산력의 균형과 조화'라는 점에서 공업을 강조한 것으로 해석하여야 할 것이다.

　그러나 공업부문의 확대가 농업부문의 확대보다 경제의 다른 부문과 관련하여 보다 강한 연관효과를 창출할 가능성이 크다고 하는 일반론에 관해서도 의문을 제기할 수가 있다. 만약 국내공업의 확대가 국내에서 확보될 수 있는 원재료의 수요를 증대시킨다면, 국내농업

---

43) 小林昇譯, 經濟學の國民的體系, 岩波書店, 1970, p.59.

의 확대를 통해서도 농구, 농업기계, 비료 등 국내에서 생산이 가능한 투입재에 대한 수요를 증가시킬 수 있을 것이다. 물론 이러한 문제는 당해국의 경제상태나 비교우위에 달려 있는 것이지만 농산물이나 1차상품의 수출확대는 원료가 그대로 수출되는 것이 아니라 가공하여 수출되는 경우에 규모의 경제를 실현할 수 있을 것이다. 수출대체, 즉 원재료의 수출을 가공품의 수출로 대체하는 것은 이것이 협소한 국내시장의 제약을 받지 않기 때문에 수입대체공업화와 비교하여 우위성을 발휘할 수도 있다.

그렇지만 자유무역을 통한 경제발전의 경로에는 두 가지의 주요한 장애, 즉 ① 후진국 내부의 국내적 여러 어려움으로부터 발생하는 장애와 ② 후진국의 수출에 대하여 선진국이 설정하고 있는 무역제한으로부터 발생하는 장애가 있다.

사실상 1960년대 이래 다수 개도국의 수출지향공업화의 발전과정에 있어서 결정적으로 중요한 역할을 담당한 분야는 수출국 쪽의 정책지원과 독려였다. 후진국이 자연적 비교우위를 가지고 있다고 생각되는 1차상품의 특화를 제외하면, 국내에서 생산된 공산품이 국내시장에서의 경쟁과 발전의 과정을 거치지 않고, 곧 바로 해외시장에 진출하여 규모의 경제를 획득하고 경쟁력을 배양하여 비교우위를 획득한다는 것은 사실상 불가능한 일에 가까울 것으로 생각되었다. 그러나 국내의 풍부한 저임금노동력과 약간의 가공기술을 보유하고서 정부가 수출촉진을 위한 적극적 노력을 집중하고 선진공업국이 내부의 경제구조의 변화로 인하여 저임금국의 공산품의 수입을 허용하게 된 조건과 더불어 그것이 성공하는 경우에는 수출을 목적으로 하는 공업화의 성장전략이 성공할 수도 있다는 것이 역사적으로 증명되었다. 1970년대 말에 등장한 신흥공업국 또는 선발개도국이 우리에게 보여준 것은 바로 새로운 시대환경에서의 새로운 공업화의 가능성 바로 그 자체였다.

그러나 과도한 보호와 국가적 지원에 의하여 수출공업화가 달성되었다할지라도 그것은 리스트가 누차 강조하여 온 그러한 공업화와 보호주의와는 너무나 거리가 멀다는 것을 부인할 수 없다. 즉, 리스트는 적절한 보호관세로 공업력을 육성하고 이를 기초로 하여 공산품의 국내시장을 확보하는 것이 정상국민의 경제발전의 과정임을 분명히 하였다. 그러나 수출지향공업화의 전략은 경쟁상품의 수입제한 속에서 외국의 자본과 기술에 의존하여 수출산업을 지나치게 보호하여 이 과정에서 국내의 농업부문을 희생시키는 정책과오를 불가피하게 수반함으로써 수출공업화의 발전에도 불구하고 국내에 있어서 농업과 공업 사이의 불균형, 결과적으로 국내시장의 육성을 저해하는 결과를 초래하지 않을 수 없었다.

또한 후진국이 수출할 수 있는 공산품의 범위가 제한적일 경우, 국제시장에서 동일·유사한 상품을 가지고 후진국 상호간에 경쟁하게 됨으로써 어렵게 획득한 수출시장을 혼란으로 몰고 가 개도국 전체가 불이익을 입게 될 가능성도 배제할 수가 없다. 이러한 사태가 이미 수출공업화한 개도국 사이에 상당한 정도로 진행된 바 있다는 사실을 고려한다면 후진국 상호간에 비교우위에 입각한 수출산업을 조정할 필요성이 중요한 문제로 제기되고 있음을 간과할 수 없을 것이다. 따라서 개도국 상호간에 이러한 문제도 당연히 정책적 고려의 대상에 포함시키지 않으면 아니 될 것이다.

후진국의 정책과 병행하여 선진의 수입국 쪽의 정책도 또한 중요하다. 선진국이 관세나 비관세장벽을 완화 내지 경감하여 보다 자유로운 수입정책으로 전환함으로써 이러한 문제를 해결하는 데 국제적 협력을 아끼지 말아야 하는 것은 의심의 여지가 없지만, 선진국은 그들대로 무한정하게 수입을 개방할 수 없다는 한계가 있음도 유의하여야 할 것이다

물론 한 나라의 국민경제는 외국무역을 포함한 보다 확대된 산업구

조의 균형을 도모할 수도 있다. 그러나 경제발전단계가 매우 낮은 후진국에서 수출지향공업화전략을 적용할 경우에는 그 나라에 고유한 특산물을 가공·수출하던가 아니면 그 나라에 특별히 유리한 조건을 제외하면 엄청난 경제적 부담을 안을 수도 있게 될 것이다. 대개 이러한 나라는 수입을 대체할 수 있는 공업기반이 취약한 가운데서 수출지향적인 공업을 진흥시키기 때문에 수입대체공업의 육성보다도 훨씬 많은 보호와 비용을 들이지 않을 수 없게 될 가능성이 크다.

오늘날 농업부문이 거의 무시되고 따라서 국내시장이 아주 취약한 조건 아래에서 선진국의 시장에 주로 의존하는 소위 신흥개도국의 경제가 국제적으로 상당히 높은 평가를 받고 있다는 것은 사설이다. 그러나 신흥공업국이 단순가공무역으로부터 확대·심화된 수입대체공업에 기초한 수출공업국으로 진전되지 못한다면 신흥공업국도 결국 경우에 따라서는 과거의 네덜란드와 같이 자국경제를 세계경제에 종속시켜 건전한 국민경제의 형성과 확립에 도달하지 못할지도 모르는 위험에 빠질 수 있음을 간과해서는 아니 될 것이다.

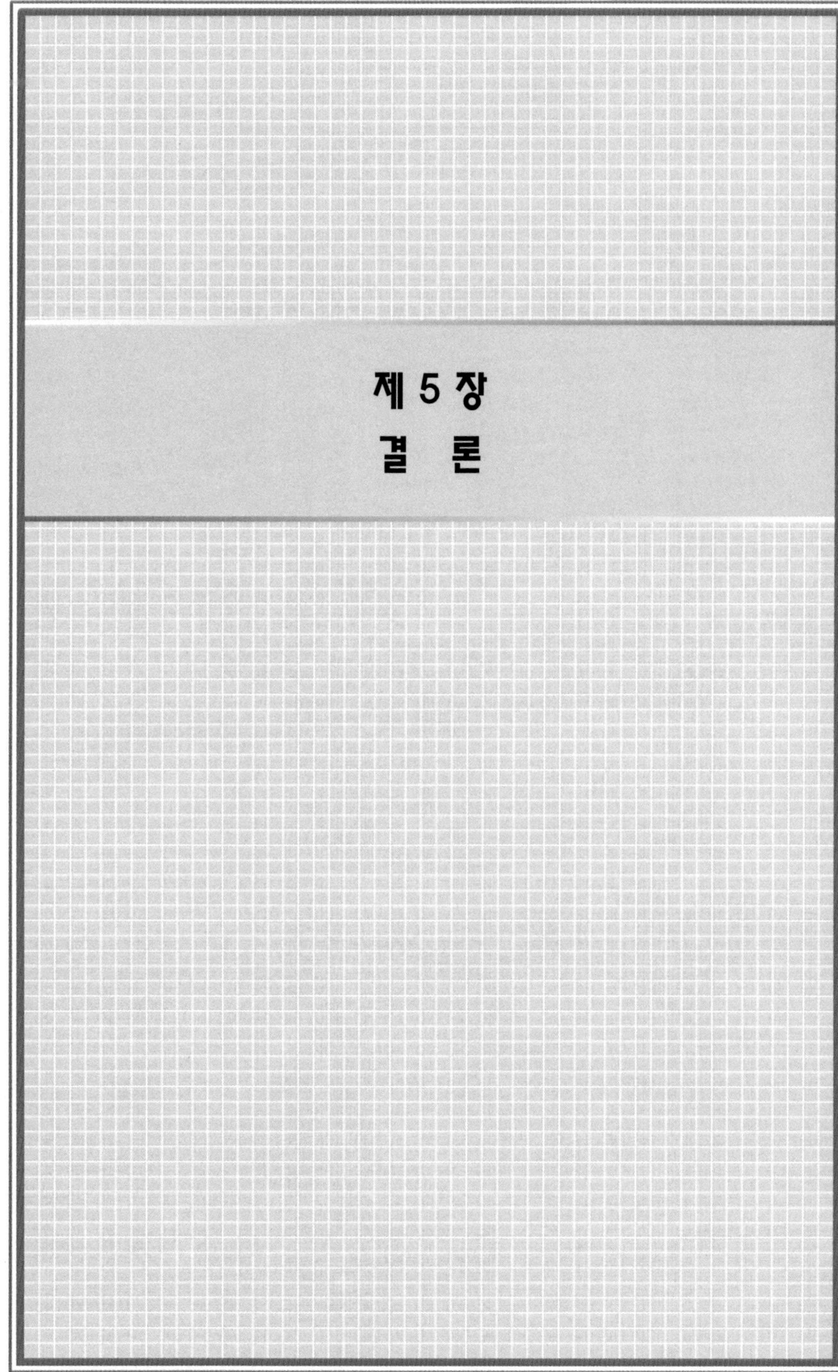

# 제 5 장
## 결　론

## 1. 국민경제의 형성이란

국민경제의 형성이란 리스트의 이론에서 일관되게 논의된 바와 같이, 한 나라 내에서 다각적인 분업과 협업으로 그 국민이 필요로 하는 필수적인 상품이 국민적 규모로 거의 모두 생산되고 소비될 수 있는 균형 있는 국민경제의 상태를 말한다. 그러나 한 나라의 국민경제가 보유하고 있는 자연적 조건이 아무리 양호하다 하여도 완전히 균형상태에 도달하기는 어렵다. 왜냐하면 경제의 자연성장은 여러 산업부문 사이의 불균등한 발전을 유발함으로써 그 나라의 산업구조를 왜곡시키거나 균형을 깨트리는 결과를 초래하게 되고, 그 결과로 반드시 외국무역을 필요로 하기 때문이다. 총체적으로 본다면 국민경제는 근대 이전의 국지시장권, 나아가 지역시장권으로부터 발전하여 이것이 다시 확대·발전하여 국내시장권을 형성하게 되며, 근대에 와서는 외국무역을 매개로 하는 보다 대규모적인 산업간 균형의 확대를 불가피하게 하는 소위 국제시장권의 단계로까지 발전하게 마련이다.

이와 같은 최초의 발전은 18세기 영국의 국민경제 형성과정에서 찾아볼 수 있으며, 중상주의가 이러한 형태를 구성하기 위하여 구체적으로 모직물공업을 비롯한 국민적 산업의 번영과 그 제품의 수출로 국민경제를 국제규모로 확대시키는 지렛대 역할을 한 정책체계였다는 것은 의문의 여지가 없다. 당시 영국의 중상주의의 지배체제 아래에 있었던 나라들 가운데 모노칼처형의 후진국들은 모국인 영국의 국민경제와 수직적 혹은 종속적 분업체계를 형성하게 된다. 이러한 국제적 분업체제는 다른 나라의 국민경제의 형성을 왜곡 혹은 지연시키고 드디어는 그 나라의 국력을 약화시켜 나라의 운명을 종속상태에 빠뜨리게 한다. 역사 속의 실제의 예로서, 리스트가 들고 있는 스페인과 포르투갈이 그러하다. 이들 두 나라의 영국 국민경제로의 종속의 경향은 이미 17세기부터 시작된 것이지만, 포르투갈은 '영국무역정책의 걸작(傑作)'이라 일컬어지는 1703년의 메슈엔조약에 의하여, 스페인은 1713년의 아시엔트조약에 의하여, 형식적으로는 대등한 무역관계였음에도 불구하고 이들 두 나라는 종속적으로 영국 중상주의 체제 속에 완전히 편입돼 버렸다. 20세기에 들어 이들 나라의 식민지였던 라틴아메리카국가들에게 드리웠던 어두운 그림자도 과거에 영국에 의하여 스페인과 포르투갈이 당면하였던 경우와 근본적으로 다를 것이 없다.

이 저서에서는 근대적 국민경제의 형성원리에 초점을 두고서 근대 독일에서 나타난 국민적 규모의 사회적 분업의 형성과 그 전개방향에 관한 리스트의 <국민적 체계>를 문제로 삼았다. 사회적 분업의 구성은 물론 생산력의 발전에 의하여 이루어지며, 동시에 이를 토대로 전개된 여러 생산관계와 긴밀히 결합되어 있다. 농업·공업의 사회적 분업을 당면 과제로 하는 근대적 국민경제의 형성과정은 '봉건제로부터 초기자본주의로의 이행과정'에서 출발한다. 이미 언급한 바와 같이 각국의 자본주의적 발전은 불평등하게 발전하여 왔다. 산업혁명은 일찍이 영국에서 전형적으로 실현되었지만, 이 시기에 다른 나라는 아직 미발전의 상태에 있거나, 아니면 발전을 위한 기초적인 여러 조건조차 찾아볼 수 없는 상태에 있었다. 불균등발전의 현상이 특징적 양상으로 표출된 시기는 영국의 산업혁명에 자극을 받은 각 나라가 근대적 공업국으로 발돋움하려는 바로 그때부터였다.

오늘날에 있어서도 여러 국민경제 사이에는 현저한 발전의 불균등성이 존재하고 있다. 전후 후진국들은 예외 없이 국민경제의 자립과 독립을 목표로 하여 경제발전을 꾀하였으나 국토의 대소, 인구의 다과, 자연자원의 부존 유무에 따라 본래의 의도와는 상이한 결과에 도달하였다. 즉, 파행구조모델 아니면 가공무역모델, 그것도 아니면 모노칼처모델의 성격에서 벗어나지 못하였다.

이러한 시점에서 19세기 전반 영국이 농업혁명을 완성하고 세계무역을 주도하던 시기에, 이에 대항하여 분열된 독일의 국내시장을 통일하고, 농업의 근대적 개혁 위에서 근대적 공업을 건설함으로써 국민경제적 균형과 조화를 달성하고자 하는 이론과 정책 그리고 실천의 모든 면에서 정열적이고, 적극적인 활동을 전개하였던 리스트의 국민경제건설론과 그것을 뒷받침하는 보호무역론은 오늘날의 개발도상국의 발전방향에 대해서 시사하는 바가 지대하다고 보인다. 이 저서가 리스트의 국민경제형성론과 보호무역론을 주제로 하여 그들의 현대적 의의를 재조명하고자 의도한 것은 바로 위와 같은 문제의식에 입각한 것이었다.

이 저서는 다음과 같이 3부로 구성되어 전개되었다.

첫째는, 리스트 자신의 국민경제형성론에 입각한 보호무역론과 그 정책체계에 관한 것이었으며,

둘째는 리스트에 선행하여 이루어진 주로 영국의 제임스 스튜어트와 미국의 초기 경제학자들에 의해서 수행된 국민경제와 보호무역에 관한 학설사적 탐구이었으며,

셋째는 리스트의 국민경제건설론과 보호무역론이며,

마지막으로 현대 후진국들의 경제발전 전략에 대해서 갖는 의의를 평가하는 것이었다.

이하에서는 이들 여러 문제에 관한 이 연구의 성과를 요약, 제시하고자 한다.


## 2. 리스트 보호무역론의 국민경제형성론적 성격

리스트의 보호무역론에 관한 이론전개와 정책지향은 19세기 초, 영국의 자유방임주의적 산업자본에 대한 후진국 독일산업자본의 대

응이었다. 리스트는 종국적으로는 영국과 대등하게 경쟁할 수 있는 대륙체제의 합리적 재편성을 구상하고 있었으면서도 무엇보다도 먼저 독일의 국민경제의 형성과 자본주의적 발전을 목적의 과제로 삼고 무역, 공업 및 농업 사이의 균형과 조화에 관한 자신의 이론을 체계적으로 전개하였다. 리스트는 이 과제의 해결을 위한 연구에 있어서 무역정책의 문제를 중심적 위치에 놓으면서도 공업과 농업의 문제를 무역문제와 불가분의 관계로 연계시키고 있다.

따라서 리스트의 경제사상의 체계는 독일의 경제적 후진상태를 극복하기 위해서는 영국의 자유무역주의에 대해서 보호주의로 대응하고 유약기(幼弱期)에 있는 독일산업자본의 발전을 위해서는 보호제도에 의하여 국내시장을 확보해 주어야 하며 그러기 위해서는 농업·공업·상업의 국민적 생산력을 균형 있게 발전시켜야 한다는 국민주의에 그 기반을 설정하지 않을 수 없었다.

당시 리스트가 고려하고 있었던 역사인식의 기본시각은 국민경제에서의 생산력의 균형과 조화였으며, 이러한 국민경제를 형성하는 데에는 보호제도만으로는 불충분하기 때문에 분할된 국내시장을 통일하여 단일화시키지 않으면 아니 되었다. 농업과 공업의 국민적 규모로서의 재생산적 상호의존관계, 말하자면 국민적 분업과 협업을 창출하기 위해서는 그 전제조건으로서 분할되어 있는 여러 영방 사이의 관세동맹을 결성하고 전독일적이고 통일독일적 보호관세제도를 창설하지 않으면 아니 되었다. 그러므로 리스트체계에 있어서 국민, 공업 및 보호관세는 그의 핵심적 개념으로 된다.

국내시장의 형성은 결국 근대적 농업과 근대적 공업의 결합으로 달성되지 않으면 아니 되며, 그 기초는 농업생산력의 발전에 두고 있다. 따라서 '공업의 기반으로서의 농업', '국민적 공업' 및 '국내시장'은 리스트의 국민경제형성론의 3대 기둥을 이룬다.

이와 같은 리스트이론구조의 특징은 다음과 같이 요약된다.

### (1) 국민경제형성과 국민적 독립

국민적 보호무역론자인 리스트가 보호무역의 중심과제로 부각시키고 있는 보호의 목적은 국민경제의 형성에 있으며 국민국가의 기반 위에서 논의될 수 있는 국민경제의 과제는 바로 국민생산력의 배양을 의미한다.

이러한 생산력의 전개장소는 당연히 리스트가 처해 있었던 19세기 초엽 영국의 산업자본과 대항관계에 놓여 있었던 독일이었다. 독립적이고 자립적인 국민국가가 도달하여야 하는 경제발전의 최종단계는 그 당시에 이미 영국이 도달하고 있었던 '농업·공업·상업단계'이며, 이 단계에 도달함으로써만이 국민의 독립과 자립이 가능하다.

<국민적 체계>에서 리스트가 공업보호주의를 지나치게 강조했던 이유는 농업·공업 사이의 균형과 조화가 이루어진 조건 아래의 산업발전 없이는 국민적 이익의 확보와 확대가 불가능하다고 인식하였기 때문이다. 국민적 번영을 뒷받침하는 광범위한 여러 산업이야말로 국민적 산업이며, 이 국민적 산업이 바로 농업·공업·상업이다. 리스트는 이러한 '생산력의 균형과 조화'는 일차적으로 국내시장에서 창출되어야 하며 그 기초 위에서 국민경제의 형성과 발전이 가능하며, 그렇게 하자면 독점산업의 보호가 아닌 국민적 산업의 보호가 불가피하다는 것이다.

### (2) 국민생산력의 육성과 보호

리스트는 <국민적 체계>에서는 동엘베지역의 자유무역에 대하여 비판적 입장을 취하고 아울러 농업보호에 반대하고 있지만, 그의 초기이론에서나 <농지제도론>에서는 서엘베지역, 특히 뷔르템베르그의 농업제도의 개선 없이는 공업발전을 기대할 수 없다는 이율배반적인 주장을 하고 있다. 그러나 리스트 이론의 전체 체계 위에서 볼 때,

보호와 육성의 순서는 역시 농업 - 이 경우 농업보호는 물론 농업에 관한 보호무역정책이 아니라 농지제도를 개선하고 농업경영을 향상시키기 위한 농업지원정책이지만 - 이며, 그 다음이 공업이다. 리스트의 주장에 의하면 농업은 '사물의 본성'에 따라 외국의 경쟁에 대해서 충분한 보호를 받고 있기 때문에 보호를 농업에까지 확대하는 것은 농업 자체에 불이익을 초래한다는 것이다. 리스트는 <국민적 체계>에서 농업보호를 명백하게 부정하고 있다.

그러나 영국이 곡물법을 폐지하고 곡물수입선을 미국으로 전환함으로써 동엘베지역은 당시 최대의 곡물수출시장이었던 영국시장을 상실하게 되어 무역정책의 전환 없이는 동엘베의 농업문제를 해결하기 어렵게 되었다. 때문에 독일은 곡물시장을 외국시장으로부터 국내시장으로 전환하지 않을 수 없었으며, 그때까지 영국을 대상으로 한 리스트의 농업보호론에 관한 비판은 사태의 추이에 비춰 무력해지지 않을 수 없었다. 리스트는 시종일관 강력하게 농업보호를 주장한 것은 아니지만, 농업보호에 대한 비판은 예외가 있다는 것을 <독일인의 정치적·경제적 국민통일>에서 인정하고, <국민적 체계>는 이 사실을 간과하였다고 스스로 인정하였다. 이와 같이 리스트는 <국민적 체계>를 논외로 한다면 초기에는 물론 말기에서도 농업의 육성을 강조하면서 농업의 기반 위에서 공업의 발전을 추구하여야 하며, 농업의 발전은 공업의 발전과 마찬가지로 '위로부터'의 통제와 지도에 의해서 달성될 수 있다고 생각하였다.

리스트에게 국민국가의 궁극적 목표는 생산력, 즉 '농업·공업·상업의 균형과 조화'를 국민경제 내부에서 달성하는 것이며, 이를 이룩한 국민국가만이 정상국민으로서 최종단계의 경제발전을 향유할 수가 있으며, 이로써 국민국가의 역사는 완성되는 것이었다. 리스트에 의하면 보호관세에 관한 모든 문제는 경제적 성질보다도 오히려 정치적 성격을 더 강하게 지니고 있으며, 중요한 것은 개개의 공업부문만이 아니라 그 전부이며, 또한 공업만이 아니라 외국에 대한 독일의 지위 내지 국민적 해운까지를 내포하는 것으로 보호는 국민생산력을 위해 이루어져야 하는 것이지 특정한 유치단계에 있는 어느 한 산업부문만을 위해서 존재하거나 필요한 것이 아니다.

### (3) 유치경제발전을 위한 보호무역정책

생산력의 발전을 이룩하는 결정적인 정책수단은 관세보호이다. 관세보호는 국민생산력을 육성할 수 있으므로 국민적 보호수단이다. 말하자면 관세보호는 독점을 옹호하지 않고 장래 경쟁적으로 발전할 수 있는 국민산업을 그 대상으로 삼는 한, 국민생산력의 기본 원리이다. 관세보호는 현존하는 공업부문의 유지뿐만 아니라 새롭게 발전하는 국민적 공업의 보호를 부동의 원칙으로 하고 있기 때문에 '국가의 역할'이 결정적으로 중요하다.

리스트는 특히 국제무역을 개입시킨 경제발전단계의 시기구분, 즉 공산품의 ① 수입 → ② 수입과 생산의 병행 → ③ 수입대체 → ④ 수출이라는 시기구분에서 제2기(수입과 생산의 병행)와 제3기(수입대체)에서는 적절한 수준으로 보호관세를 부과하여야 한다고 주장한다. 보호의 수단으로는 ① 수입금지, ③ 금지적 관세 및 ③ 적절한 수준의 관세보호 등 세 가지가 있으나, 그 가운데서도 적절한 수준의 관세보호가 리스트가 주장하는 주된 보호수단이다. 외국의 경쟁을 전적으로 배제하는 극도로 높은 수입관세는 독일국민에게 오히려 해로우며 적절한 관세율로서도 국내공업이 번영하지 못한다면 그것은 공업에 필요한 자원을 보유하지 못한 증거이기 때문에 이러한 공업까지 보호할 필요는 없다고 그는 단호하게 주장한다.

따라서 그는 특권에 의한 독점을 옹호하는 초기 중상주의적 보호론자도 아니며, 독점자본주의단계에 와서 관변경제학자들에 의해서

오도된 독점산업의 보호론자도 아니다. 더욱이 오늘날 선진자본주의의 여러 나라에서 공정무역 또는 상호주의에 의하여 정당화되고 있는 사양산업의 보호론자도 아니다. 그는 산업자본주의 초기의 독일 산업자본가의 보호론자인 것이다. 다시 말하자면 리스트의 보호무역론은 유치산업보호론(protection of infant industry)이 아니라, 자신의 국민경제형성의 원리에 입각한 유치경제보호론(protection of Infant economy) 그 자체이다.

우리가 리스트의 이론을 이상과 같이 규정·평가하더라도 그것이 지나치지 않음은 '보호는 수단이며 자유야말로 목표'라는 주장이 이를 잘 뒷받침하고 있다고 하겠다.


## 3. 리스트에 선행하는 국민경제와 보호무역론


리스트의 국민주의적 보호무역론은 '봉건제로부터 초기자본주의로의 이행과정'에 앞서 영국과 미국에서 이미 전개된 스튜어트, 해밀턴, 레이먼드, 케어리 등의 연구 성과에서 다소간의 영향을 받은 것이 틀림없다. 영향을 미친 이들의 이론에 관하여 요약하면 다음과 같다.


### (1) 스튜어트의 보호무역론

스튜어트는 농업·공업의 분리에 의한 상업사회의 형성기에 이미 정부의 개입을 통한 산업보호의 필요를 역설하였다. 그는 그가 규정한 '상업사회발전의 3단계', 즉 ① 초기상업, ② 외국무역 ③ 국내상업의 세 단계에서 여러 국민 사이의 무역은 각국의 다양성에 의하여 상호간에 욕망을 충족시킬 수 있고 또 무역은 각 국민의 경제성장에 크게 기여할 수 있다고 주장하면서도 현실의 국제무대에는 발전단계를 달리하는 여러 국민으로 구성되어 있기 때문에 각 국민은 자국의 이익보호에 노력하지 않으면 아니 된다고 주장한다.

특히 스튜어트는 각자의 이기심을 존중하면서도 그것을 공공의 이익으로 유도하여, 공급과 수요의 균형을 유지하는 것이 정부의 중요한 역할이라고 주장한다. 또한 공신용의 확대와 더불어 대외무역에서 유리한 이익을 확보하기 위해 정부는 간섭적인 보호무역을 실시하여야 한다고 강조한다. 그는 특히 초기상업단계에서 국민이 필요로 하는 공산품을 생산하기 위해서는 새로운 공업력의 육성을 위하여 정부가 취할 수 있는 모든 보호수단을 강구하여야 하며, 이 단계에서 기본적인 문제는 수입차단으로 국내독점을 허용하고 보호기간 중의 손실은 국가가 부담해야 한다고까지 주장하였다.

### (2) 해밀턴의 공업보호론

미국체제의 비전을 제시한 해밀턴은 모노칼처적인 산업구조를 기반으로 하는 중농주의를 배격하고 균형 있는 국민경제 형성을 목표로 하는 공업주의의 입장에서 스튜어트가 강조했던 공신용의 창출과 관세의 부과로 제조공업에 신용을 제공, 이를 육성함으로써 경제적 후진성을 극복할 수 있는 정책의 원리를 제시하였다. 특히 그는 농업·공업의 상호의존성, 외국시장보다 중요하고 광대한 국내시장의 형성과 공업보호주의의 당위성을 강조하면서 농업·공업의 이익조화로 국내분업체제를 확립하여야 한다고 주장하였다. 그에 의하면 보호주의정책은 독점의 탄생과 일시적인 공산품 가격의 인상을 초래할 수도 있지만 국내공업의 발전과 국내의 자유경쟁을 통하여 적정한 수준으로 국내가격은 하락하게 될 것이므로 공업보호론의 정당성은 인정을 받을 수 있다는 것이다.

해밀턴이 미국경제의 균형과 조화를 강조한 것은 당시 정치적으로는 이미 독립을 획득하였으면서도 경제적으로는 영국의 공업과 미국의 농업이 국제분업체제 아래에서 연계됨으로써 미국이 경제적으로 종속되어 있다는 인식에 그 기초를 두고 영국과 미국사이의 이 같은 종속관계를 타파하기 위해서는 미국이 농업국으로 영구화하는 것을 지양하고 보호관세의 설정과 국내개발정책의 수립으로 미국의 산업자본을 형성하고 이를 통하여 미국경제의 국민적 통일을 달성할 뿐만 아니라 영국의 경제적 공세를 저지시켜야 한다는 건국 초기 미국의 국가관에 입각하고 있다.

해밀턴의 이러한 사상과 이론체계는 미국에 체재하고 있었던 리스트에 의해서 전적으로 수용되었다. 양자는 자국의 경제적 자립에 있어서 공통의 적인 영국의 자본주의와 자유무역주의를 배척하고 자국의 경제적 후진성의 극복을 공동의 과제로 삼은 것임에 틀림이 없다. 그러나 여기에서 우리는 해밀턴이 중농주의를 날카롭게 비판하였던 점과 거기에 추가하여 당시의 미국경제가 당면하고 있었던 고유한 내·외적 조건을 특별히 강조하고 있다는 사실을 간과해서는 아니 될 것이다. 이 점과 관련해서 볼 때 해밀턴의 주장과 견해를 자영농민층이 극소한 가운데 융커와 중계무역상인을 논적(論敵)으로 한, 리스트의 보호주의와는 당연히 그 전제가 다를 수밖에 없으며 따라서 리스트에서는 해밀턴에서 볼 수 있는 바와 같은 농업주의 비판을 전혀 찾아볼 수가 없다.

### (3) 레이먼드의 국민경제론

이미 밝힌 바와 같이 리스트는 자신의 <미국경제학의 개요>에서 아담 스미스의 이론을 비판하고 국민주의를 강조하면서, 경제학의 구성을 세 가지 부문으로 나누어 ① 개인경제학, ② 국민경제학 그리고 ③ 인류경제학으로 구분하고 이 기초 위에서 자신의 국민경제학을 전개한 바 있다.

리스트에 의하면 국민경제학이란 외국의 간섭이나 세력을 방지하고, 국내생산력을 증대시키기 위하여 한 국민이 특수한 지위에서 어떤 수단에 의하여 개인의 경제를 지도·통제하며 또한 인류의 경제를 제한하는가, 라는 것을 가리키는 것이라고 정의한 바 있다. 리스트의 주장은 그에 앞선 레이먼드에 의하여 이미 논술된 바 있다. 그는 국민경제학과 동일한 의미의 정치경제학(political economy)이라는 용어를 사용하여 이를 사경제학(private economy)과 구별하면서 정치경제학이란 공공의 부의 성질과 여러 원인을 가르치는 과학이라고 정의하였다. 그에 의하면 과학의 임무는 국민적인 부와 행복을 증진시키는 것이며, 이 목적을 위해서 정치경제학은 가장 유효한 수단이라고 주장하였다. 그에 의하면 국민적 부란 생활필수품 및 편의품을 획득하는 능력이며 이러한 능력은 노동에서 나오는 것이지만 그 크기는 정부의 성격에 의하여 크게 영향을 받는 국민생산력 그 자체이다.

따라서 레이먼드는 고전학파와는 달리 개인보다는 국민에 자신의 경제 분석의 중심을 두고 국민경제를 형성함에 있어서 보호관세는 정부의 중심적 역할이 되어야 한다고 주장하였다. 그에 의하면 국민생산력을 증진시키는 수단 가운데 보호관세는 항구적인 주된 수단으로서 국내시장의 독점과 완전고용의 문제와 결부시켜 적용되어야 하며, ① 수입세, ③ 장려세, ③ 주세, ④ 곡물법 등도 넓은 의미에서 보호관세에 포함된다.

이상의 논의를 통하여 볼 때, 우리는 리스트가 자신의 보호무역론에서 보호의 목적을 국민경제의 형성에 두고 공업주의를 강조한 기본구상은 그가 미국 체제 때에 해밀턴과 레이먼드 그리고 메듀 케어리 등 소위 건국 초기의 미국체계로부터 큰 영향을 받았다는 사실을 확인할 수가 있다. 추가해서 해밀턴의 공업보호론이 영국에 있어서 최후의 중상주의자인 스튜어트로부터 영향을 받은 것은 두말할 것도 없다.

### (4) 메듀 케어리의 국지분업론

해밀턴이 그렇게도 강력하게 주장했던 미국체제가 실현되지 못한 조건 속에서 미국경제의 파행적 발전을 경험한 케어리는 당시의 미국경제의 위기적 상황을 공업에 대한 적절한 보호의 결여에 있다고 보고, 농업·공업·상업의 균형과 조화, 즉 국민경제의 형성을 강조하였다.

케어리는 자신이 주장하는 국민경제는 "미국을 아담 스미스의 기치(旗幟) 아래에 파멸의 길로 인도할 것인가 아니면 해밀턴의 기치 아래에 참된 독립의 길을 걸을 것인가", 라는 말하자면 자유무역론에 기초한 국제분업체제로 편입된 종속적이고 식민지적인 경제구조를 선택할 것인가 아니면 보호무역론에 기초한 균형 있고 자립적인 국민경제구조를 선택할 것인가, 라는 방향을 제시하였다. 따라서 미국은 참된 독립의 길, 즉 균형 있고 자립적인 국민경제구조를 선택하여야 하며 그것은 공산품의 수입을 제한하여 국내공업을 육성해야만 국민경제를 형성할 수 있다고 본 것이다.

특히 그는 공업의 파괴는 가장 귀중한 국내시장을 축소시켜 결과적으로 농업 등에 심대한 피해를 주기 때문에 먼저 자급자족적인 공동체로서의 국지시장권을 형성하고, 이에 기초하여 지역시장권의 형성으로 나아간 다음에 강력한 보호관세제도의 도입에 의하여 국내시장권을 형성하는 방향으로 국민경제를 발전시켜 나가야 한다고 주장하였다.


## 4. 보호무역론의 현대적 평가

오늘날 후진국들의 경제적 정체와 낙후의 상당 부분이 지난 1세기 이상의 기간에 걸친 선진국들과의 불평등한 국제분업관계에 연유하였던 것은 일반적으로 인정되고 있다. 그 결과, 오늘날 대부분의 후진국들이 정상적인 국민경제의 운영에 접근하지 못하고 있는 것도 사실이다. 이 경우에서도 유의하지 않으면 아니 될 중요한 요소는 국민경제의 균형과 조화의 실패가 외적요인의 장애나 저지에 의해서만 결정되지 않는다는 사실이다.

여하튼 오늘날의 후진국들은 파행구조모델 아니면 가공무역모델 그것도 아니면 모노칼처모델로 잔존해 있고, 이들 유형의 후진국들은 기본적으로 공업화의 지연과 정체로 인하여 국민경제의 균형과 조화를 달성하지 못하고 있다. 그러나 어떠한 유형의 후진국이든 공업화는 정치적 독립과 경제적 자립의 기초이기 때문에, 어떤 형태로든 공업화의 전략을 수립하지 않으면 아니 되었는바, 그 하나는 국내적 균형을 목표로 하는 수입대체공업화의 전략이고, 다른 하나는 국제적 협조를 통하는 수출지향공업화의 전략으로 나타났다.

수입대체공업화는 1950년대 대부분의 개도국, 특히 라틴아메리카 국가들이 적극적으로 추진하였던 개발전략으로서 종국적으로는 성공을 거두지 못한 것으로 평가받고 있다. 수입대체를 위해서 필요한 막대한 자본과 고도의 기술을 모두 선진국들로부터 도입하지 않을 수 없었고, 여기에 농업부분의 정체와 국민소득의 저위로 인한 국내시장의 문제가 심각하게 제기됨으로써 결국 대부분의 내향적 수입대채공업화의 전략은 선진공업국에 대한 새로운 종속과 지배를 받지 않을 수 없게 됨으로써, 리스트가 기대했던 그러한 국민경제의 균형과 조화적 발전의 성취에는 이르지 못하였다.

그리고 수출지향공업화는 국내시장의 협소를 경제적 발전의 주요 저해요인으로 인식한 일부 후진국들이 수입대체공업화전략의 실패를 만회하고 더욱 적극적으로는 자유무역을 통하여 광대한 해외시장에 접근하고자 수립한 전략이다. 이 발전전략은 공업화전략의 목표를 보다 효과적으로 달성해 보고자 하는 시도에서 1960년대에 들어와 다수의 개도국에서 채택되었다. 공업화전략 또한 자본과 기술의 도입은 물론 원료까지 수입에 의존해야 했기 때문에 리스트가 주장한 바 있는 국내유치경제의 보호와 육성 이상의 것을 의미한다는 데 유의할 필요가 있다. 공업화전략은 일부 국가에서 세계를 놀라게 할 만큼 성장하였다 할지라도 자원의 빈곤과 취약한 농업기반 위에서 수출공업화를 추진하였기 때문에 여러 산업부문 사이의 균형과 조화라는 국민경제의 형성과는 거리가 멀었을 뿐만 아니라 공업성장의 유지와 발전도 결정적으로 여러 선진국의 수입수요의 성장에 의존하게 되어 결국 개도국의 발전도 선진국들의 발전에 종속되지 않을 수 없는 한계에 부딪치고 있다.

이처럼 전후에 후진국들은 여러 가지의 발전전략을 선택적으로 채택, 시행한 바 있으나, 리스트가 주장한 그러한 국민경제의 건설에는 이르지 못하였다. 그럼에도 불구하고 리스트가 경제발전단계론에서 명시한 바와 같이 후진국들의 일반적인 경제발전의 경로는 농업에서 공업으로, 국내시장에서 해외시장으로, 그리고 공업의 발전은 공산품의 ① 수입 → ② 수입과 생산의 병행 → ③ 수입대체 → ④ 수출의 단계로 전진하는 것이 자연적 경로이기 때문에 공업화는 먼저 수입대체공업으로부터 출발해서 일시적으로 보호관세에 의하여 발전을 이룩한 다음에 국제시장으로 나아가는 것이 정상적인 발전의 경로라고 보아야 할 것이다.

따라서 후진국들은 단순히 수입대체공업화 아니면 수출지향공업화라는 양자택일적인 전략을 채택할 것이 아니라, 리스트가 정당하게 주장한 바와 같이 초기자본주의단계에 있어서는 국가가 공업보호정책을 합리적으로 시행해야 할 것이다. 비록 경제발전의 지연이 수반된다 할지라도 먼저 수입대체공업화에 의하여 국내시장을 형성한 다음에 수출지향공업화의 전략으로 나아가야 한다. 이러한 경제발전전략을 추구하지 않고서는 자립적이고 지속적인 성장을 지지하는 국민경제의 형성, 즉 '생산력의 균형과 조화'를 달성할 수는 없을 것이다.

# 참고문헌

## 〈국내문헌〉


1. 김순곤, 영국산업혁명사론, 건국대학교출판부, 1979.
2. 김종현, 영국산업혁명연구, 서울대학교출판부, 1977.
3. 이  균, 리스트보호무역론 연구(성균관대학교 대학원 박사학위논문), 1989.
4. 이  균, 스튜어트의 경제사상과 보호무역론 (Ⅰ.Ⅱ) (홍익대학교 경영연구소, 경영연구 (제11집 1987, 제13집, 1989).
5. 이  균, 보호무역론과 종속이론에 관한 비교연구, (홍익대학교 경영연구소, 경영연구 (제12집, 1988.)
6. 이주성, List의 대 Smith반론전개에 관한 연구(고려대학교대학원 박사학위 논문, 1980.
7. 정도영, 리스트의 생산제부문의 균형과 조화에 관한 재해석, 성균관대학교, 논문집(제3집), 1958.
8. 정병수, F. List의 보호무역론에 관한 연구, 성균관대학교무역연구소, 1987.
9. 정윤형, 서양경제사상사연구, 창작과 비평사, 1981.


## 〈일본문헌〉


1. アジア經濟研究所, 低開發國理論の系譜, アジア經濟研究所, 1971.
2. アメリカ學會編譯, アメリカ史, 岩波書店, 1951.

3. 石坂昭雄, オランダ型貿易國家の經濟構造, 未來社, 1971.

4. 內田義彦, 古典學派の成立, 潮流社, 1942.

5. 內田·小林·宮崎編, 經濟學史序說(2), 有斐閣, 1965.

6. 內田·小林·宮崎編, リストとウェバ―ドイツ資本主義分析の思想體系研究―, 未來社, 1984.

7. 內田·小林·宮崎編, ドイツ資本主義分析の史的構造, 有斐閣, 1972.

8. 內田·小林·宮崎 等編, ドイツ國民經濟の史的研究, お茶の水書房, 1985.

9. 大河內一男, スミスとリスト, 日本評論社, 1943.

10. 大河內一男編, 經濟學を築いたひとびと, 靑林書院新社, 1964.

11. 大野英二等編, ドイツ資本主義の史的構造, 有斐閣, 1972.

12. 大塚久雄, 國民經濟, 岩波書店, 1980.

13. 大塚久雄, 共同體の理論, 岩波書店, 1955.

15. 大塚久雄, 大塚久雄著作集, 岩波書店, 1969.

16. 大塚·高橋·松田編著, 西洋經濟史講座(第2卷), 岩波書店, 1966.

17. 川島信義, ステュアート硏究, 未來社, 1972.

18. 北川一雄, 經濟發展と外國貿易, 有斐閣, 1953.

19. 北原次一, 初期資本主義の基本構造―ドイツ初期資本主義の研究, 法政大學 出版局, 1985.

20. 久保芳和, アメリカ經濟學史序說, 有斐閣, 1959.

21. 小林昇, 經濟學の形成時代, 未來社, 1961.

22. 小林昇, 小林昇經濟學史著作集, 未來社, 1977.

23 高橋幸八郎·高島敏郎編, 近代化の經濟的基礎, 岩波書店, 1966.

24. 田島惠兒, ハミルトン體制研究序說, 勁草書房, 1984.

25. 鐸野正樹, 現代ドイツ經濟思想の源流, 文眞堂, 1989.

26. 竹本洋編, 經濟學の古典的世界, 昭和堂, 1986.

27. 手塚壽郎, 國際貿易政策思想史, 森山書房, 1936.

28. 鹿野忠生, アメリカ保護主義の基礎研究, ―その支持基盤の史的研究―, 創言社, 1984.

29. 住谷悅治, リストの國民主義經濟學, 河出書房, 1937.

30. 鈴木勇, イギリス重商主義と經濟學說, 學文社, 1986.

31. 鈴木圭介編, アメリカ經濟史, 東京大學出版會, 1972.

32. 杉本忠雄編, 自由貿易と保護-その歷史的展望, 法政大學出版局, 1985.

33. 杉原四郎, イギリス經濟思想史, 未來社, 1973.

34. 杉原四郎, 古澤友吉編, 歷史學派經濟學と近代經濟學, 同文館. 1977.

35. 中村勝己, アメリカ資本主義論, 未來社, 1971.

36. 永田正臣, イギリス産業革命の研究, ミネルウァ書房, 1973.

37. 永安幸正, 國民經濟の形成原理, 早稻田大學出版部, 1978.

38. 町田實, 國際貿易の史的考察, 前野書房, 1978.

39. 松井淸, 國際貿易政策思想史, 有斐閣, 1941.

40. 松田智雄編, 近代社會の形成, 要書房, 1954.

41. 宮川實, 經濟學說史, 靑林書店, 1951.

42. 宮野啓二, アメリカ國民經濟の形成-アメリカ體制研究序說-, お茶の
    水 書房, 1971.

43. 本山美彦編著, 貿易論のパラタイム, 同文館, 1988.

44. 川島武官・松田智雄編, 國民經濟の諸類型, 岩波書店, 1969.

45. 諸田實, ドイツ關稅同盟の成立, 有斐閣, 1974.

46. 毛利健三, 自由貿易帝國主義, 東京大學出版會, 1978.

47. 森田桐朗, 低開發國經濟發展の二潮流-'新正統派'と'新古典派'-(アジ
    ア經濟 研究所, アジア經濟(第10卷第8號0, 1968.

48. 森田桐朗, 編著, 國際貿易の古典理論, 同文館, 1988.

49. 失口孝次郎, イギリス政治經濟史, 同文館, 1942.

50. 楊井・大河內・大塚編, 古典派經濟學研究(上), 岩波書店, 1958.

51. 古澤友吉編, 政治經濟學の古典的系譜, 三嶺書店, 1988.

52. 早坂忠編, 古典派經濟研究(Ⅰ, Ⅱ), 雄松堂, 1984.

## 〈구미문헌〉


1. Ashton, T.S., The Industrial Revolution 1760～1830, Oxford Univ.Press, 1953 (中川敬一郎譯, 産業革命, 岩波書店, 1953)

2. Bastable, C.F., The Commerce of Nations, Methuen & Co.Ltd., 1981.

3. Bastable, C.F., The Theory of International Trade, Macmillan & Co., Ltd., 1897.

4. Bruchery, S., Growth of the Modern American Economy, Mead & Co., Ltd., 1975.

5. Buch, O., Industrialisierung und Geschichtswissenschaft, ein Beitrag zur Thematik und Methodologie der historischen Industrialisierngsforschung, Berlin, 1969
(高橋秀行·岩橋誠一共譯, 工業化研究の歷史的方法, 晃洋書房, 1974)

6. Bye, M., "Internal Structure Change required by Growth and Change in International Trade", in R.Harrod and D.C.Hague(ed.), International Trade Theory in a Developing Countries, 1963.

7. Cairncross, A. K., "International Trade ad Economic Development", <Kyklos, voll xiii, Fasc 4, 1960.

8. Cairncross, A. K., "International Trade ad Economic Development", 1961.

9. Carey, H. C., The Past, the Present, and the Future, 1847.

10. Carey, H. C., The Harmony of Interests, Agricultural, Manufacturing, ad Commercial, The Loom & Anvil, 1851.

11. Carey, H. C., The Principles of Social Science, 3 vol, 1958～1860.

12. Carey, M., National Interest and Domestic Manufactures, 1819.

13. Carey, M., The New live Branch or an Attemp to establish an Identity of Interest between Agriculture, Manufactures, and Commerce, 1820.

14. Carey, M., A View of the Ruiness Consequence of Dependence on Foreign Market, 1829.

15. Carey, M., Essays on Political Economy, 1822.

16. Chenery, H., "Patterns of Industrial Growth", American Economic Review, vol.56, 1966.

17. Cole, A.H., Industrial and Commercial Correspondence of Alexander Hamilton anticipating his Report on Manufactures, Augustus M.Kelley, N.Y., 1968.

18. Cooper, T., The Lectures on the Elements of Political Economy, 1826.

19. Culberton, J.M., International Trade and the Future of the West, 21th centuryPress, 1984.

20. Deane, P., The Evolution of Economic Ideas, Cambridge Univ. Press, 1978.

21. Deyon, P., Le Mercantilism, Flammoario, 1969 (神戶大學西洋經濟硏究室, 重商主義とはなにか, 晃洋書房, 1981)

22. Emmanuel, A., Unequal Exchange: A Review of Imperialism of Trade, Monthly Review Press, 1972.

23. Fabiunke, G., Zur historischen Roll des Deutschen Nationaloekonomen Friedrich List(1978~1846), Ein Beitrag zur Geschichte der politischen Oeconomie in Deutschland, Verlag Die Wirtschaft Berlin, 1955 (伊東勉·豊川卓二共譯, リスト研究-ドイツ國民經濟學者 F.リストの歷史的 役割, 未來社, 1958.)

24. Fawcett, H., Free Trade and Protectionism, London, 1879. (驅正重格譯, 自由保護貿易論, 賣別書林, 1922.

25. Flanders, M.J., Prebisch on Protectionism: An Evoluation", Economic Journal, June 1964.

26. Fleming, I.M., Mercantilism and Free Trade Today, in The Market and The State, E says in Honour of Adam Smith, by T.N.Wilson and A.S.Skinner(ed.), Oxford Uiv. Press, 1976.

27. Gallagher, J. and Robinson R., "The Imperialism of Free Trade," Economic History, 2nd Ser., vol.Ⅵ.No.1, 1953.

28. Haberler, G., International Trade and Economic Development, Natiol Bank

of Egypt, Fiftieth Anniversary Commemoration Lectures, Cairo, 1959.

29. Hamilton, A., Report on the Subject of Manufactures, 1971.

30. Heckscher, E.F., The Mercantilism, 1931(The English Translation by Mendel Shapiro, 1935, rev.2nd., 1955.

31. Heimann, E., History of Economic Doctrines, Oxford Univ.Press, 1945. (최문환·김민채공역, 경제학설사, 백영사, 1954)

32. Hicks, J., A Theory of Economic History, Clarendon Press, Oxford, 1969.

33. Hilgerdt, F., Industrialization and Foreign Trade, League of Nations, 1945.

34. Hirschman, A.O., The Strategy of Economic Development, New Haven, 1958.

35. Hoffmann, W., "The Take-off in Germany", in W.W.Rostow(ed.), The Economics of Sustained Growth, London, 1964.

36. Hughes, J., Industrialzation and Economic History, McGraw-Hill Inc., 1970.

37. Hume, D., Political Discourses, 1752 (田中敏弘譯, ヒューム政治經濟論集, お茶の水書房, 1983.

38. Jeanney, J.M., Pour un nouvean Porotectionnisme, Editions 여 Seuil, Paris, 1978 (失島鈞次監修, 新保護貿易主義, 學文社, 1985).

39. Johnson, H.G., Economic Policies toward Less-developed Countries, The Brookings Institution, 1967.

40. Kenwood, A.G.and Lougheed A.I., The Growth of International Economy1820～1960, George Allen & Unwin, 1979.

41. Keynes, J.M., The General Theory of Employment, Interest and Money, MacMillan and Co., 1936(조순 역, 고용·이자 및 화폐의 일반이론, 형설출판사, 1985).

42. Kindleberger, C.P., Foreign Trade and the National Economy, The MIT Press, 1961.

43. King, G.(ed.), The British Merchant, 1721.

44. Knight, F.H., On the History and Method of Economics, Univ. of Chicago Press, 1960(김두희역, 경제학의 역사와 방법, 수도문화사, 1960).

45. Lewis, W.A., "The Diffusion of Development", in Tjhomas Wilson and Andrew S.Skinner(ed.), The Market and the State, Clarendon Press, Oxford, 1976.

46. Lewis, W.A., Economic Survey1919~1939, George Allen & Unwin, 1981.

47. Lewis, W.A., The Slowing Down of the Engine of Growth, Nobel Foundation, 1979.

48. List, F., Winder Die Unberenzte Teilung der Bauernguter, 1816.

49. List, F., Das nationale System der politischen Öeconomie, 1841 (小林昇, 經濟學の國民的體系, 岩波書店, 1983.

50. List, F., Outlines of American Political Economy, Philadelphia, 1827 (正木一夫譯, アメリカ經濟學槪要, 未來社, 1966.

51. List, F., Die Ackerverfassung, die Zwergwirtschaft und die Auswanderung, 1842 (正木一夫譯, 農地制度・零細經營 および國外移住, 日本評論社, 1940.

52. List, F., Die politisch-ökonomisch Nationaleinheit der Deutschen, 1845-46, (正木一夫譯, ドイツ人の政治的・經濟的國民統一, 改造社, 1941).

53. Mantoux, P., La Revolution Industrielle, Paris, 1959 (정윤형 등 역, 산업혁명사, 창조사, 1987).

54. Manoilesco, M., The Theory of Protection and International Trade, London: P.S.King & Son, Ltd., 1931.

55. Manoilesco, M., Die Nationalen Produktivkrafte and der Aussenhandel, Berlin, 1937.

56. Mckee, S.(ed.), A Hamilton's Paper on Public Credit and Finance, New-York, 1957.

57. Meier, G.M., The International Economic Development, 4th ed., Oxford Univ.Press, 1984.

58. Mill, J.S., Principles of Political Economy, 1848.

59. Mill, J.C., A Hamilton and the Growth of the New Nation, NewYork, 1957.

60. Mottek, H., Einleitende Bemerkungen-Zum Verlauf und einigen hauptpro-

blemen der Industriellen Revolution in Deutchland, 1960(大島隆雄譯, ド
イツ産業革命, 未來社, 1968).

61. Myint, H., The Economics of Developing Countries, Hutchinson, London, 1965.

62. Myint, H., "The 'Classical' Theory of International Trade and the Under-developed Countries", Economic Journal, No.68, June1958.

63. Mydal, G., Development and Underdevelopment National Bank of Egypt, Fiftieth Aniversary Commemoration Lectures, Cairo, 1956.

64. Mydal, G., An International Economy, Harper & Row, 1956.

65. Mydal, G., Economic Theory and Underdeveloped Regime, Gerald Duck-worth & Mott Ltd., 1953.

66. Nurkse, R., Problems of Capital Foundation in Underdeveloped Countries, Basil Blackwell and Mott Ltd., 1953.

67. Nurkse, R., The Conflict between 'Balanced Growth' and International Specialization (Lectures on Economic Development, Faculty of Economics, Istamble Univ.), 1958.

68. Nurkse, R., Patterns of Trade and Development, Wicksell Lectures, Stockholm, 1959.

69. Nurkse, R., Equilibrium and Growth in the World Economy, Cambridge Univ. Press, 1961.

70. Nettels, C.P., The Emergence of a National Economy, NewYork, 1962.

71. Petty, W., A Treatise of Taxes and Contribution, 1962(大內兵衛・松川七郎共譯, 租稅貢獻論, 岩波書店, 1952.

72. Petty, W., The Political Anatomy of Ireland, London, 1691 (松川七郎譯, アイラァンドの政治的解剖, 岩波書店, 1951.

73. Prebisch, R., "Commercial Policy in the Underdeveloped Countries" <American Economc Review, May 1950.

74. Prebisch, R., "The Economic Development of Latin America and Its Principle Problems" <Economic Bullitin for Latin America, Feb 1962.

75. Prebisch, R., Towards a Dynamic Development Policy for Latin America, U.N.E/CONF, 2/63/rEV.1 .1963.

76. Prebisch, R., Towards a New Policy for Development, U.N, E/CONF, 46/3, 1964.

77. Raymond, D., Thoughts on Political Economy, 1820.

78. Ricardo, D., Principles of Political Economy and Taxation, 1817 (정윤형 역, 정치경제학 및 과세의 원리, 비봉출판사, 1991).

79. Ritsch, H., Friedrich List Le ben und Lehre, Rainer Wunderlich Verlag Hermann Leins, 1947(정도영역, 리스트-생애와 학설, 박영사, 1983).

80. Roncaglia, A., Petty-La Nascita Delleconomia Politica(Orion Literary, 1977.) (津波古充文譯, ウィリアム・ペティの經濟理論, 昭和堂, 1988.

81. Schumpeter, J.A., Epochen der Dogma und Metrodengeschickt, JE.B.Mohr (Paul Steberk)Verlag, 1912(김민채역, 경제학사, 일신사, 1965)

82. Schmidt, L.B., "Internal Commerce and the development of National before 1860", Journal of Political Economy, vol. XLⅧ, No.6.

83. Sen, S.R., "The Economics of Sir James Steuart", The London School of Economic and Political Science, London, 1957.

84. Skinner, A.S., Analytical Introduction to Sir James Steuart's, An Inquiry into the Principles of Political Economy, Edinburgh & London, 1966.

85. Smith, A., An Inquiry into the Nature and Causes of the Wealth of Nations, 1776 (최임환역, 국부론, 을유문화사, 1978)

86. Sommer, A., Friedrich Lists System der politischen Oeconomie, 1927.

87. Stark, W., The History of Economics in its Relation to Social Development, Rourledge & Kegan Paul, London, 1973.

88. Steuart, J., An Inquiry into the Principles of Political Economy, 2vols, London, 1767.

89. Syrett, H.C(ed.) The Papers of Alexander Hamilton, vol. X, Columbia Univ. Press, 1966.

90. Taussig, F.W., The Tariff History of the United States, 8th ed., New York, 1964.

91. United Nations, Measures for Development of Underdeveloped Countries, New York, 1951.

92. Vernon, R., "International Investment and International Trade in the Product Cycle", Quarterly Journa of Economics, No.50, May1966.

93. Viner, J., Studies in the Theory of International Trade, London: George Allen & Unwin, 1951.

94. Viner, J., International Trade and Economic Development, Oxford Univ. Press, 1953.

95. Wells, j.(ed.), The Works of Alexander Hamilton, in3volls, 1810.

# 인명색인

# 저자 약력

저자: 이  균 (李均)

경력: 현 홍익대학교 무역학과 교수
　　　경제학박사 · 무역사 · 상사중재인

　　　부산대학교 상과대학 무역학과 졸업
　　　고려대 · 早稻田大 · 성균관대 각대학원(석사 · 박사과정) 졸업

　　　홍익대학교 경영연구소 소장 · 경영대학 학장 · 세무대학원 원장
　　　한국무역학회 회장
　　　무역학대사전편찬위원회 위원장
　　　한국무역포럼회장
　　　일본 와세다대학 초빙교수
　　　요코하마 상과대학객원연구원

저서: 『국제경제』(일본어판, 공저)
　　　『국민경제형성과 보호무역』(한국무역학회 제2회 학술상수상저서)
　　　『관세이론』(日本貿易獎勵會 1993년도 학술상수상저서)
　　　『국제무역의 정치경제학』
　　　『관세론』
　　　『국제무역론』
　　　『무역학원론』(공저)
　　　『자원과 무역』
　　　『국제무역의 역사』
　　　『일본경제 근대화의 발자취』

역서: 『결혼경제학』
　　　『생산시스템의 리엔지니어링』
　　　『21세기의 아시아』
　　　『세계를 움직인 경제학명저88』

논문: 「수출이 경제성장에 미치는 영향」
　　　「전략적 관리무역과 한국의 무역정책」
　　　「무역불균형과 공정무역전략」 등 60여 편.

## 보호무역론의 원류를 찾아서


| | |
|---|---|
| • 초판 인쇄 | 2007년 11월 30일 |
| • 초판 발행 | 2007년 11월 30일 |
| • 지 은 이 | 이 균 |
| • 펴 낸 이 | 채종준 |
| • 펴 낸 곳 | 한국학술정보㈜ |
| | 경기도 파주시 교하읍 문발리 513-5 |
| | 파주출판문화정보산업단지 |
| | 전화 031) 908-3181(대표) · 팩스 031) 908-3189 |
| | 홈페이지 http://www.kstudy.com |
| | e-mail(출판사업부) publish@kstudy.com |
| • 등 록 | 제일산-115호(2000. 6. 19) |
| • 가 격 | 20,000원 |

ISBN   978-89-534-7181-8 93320 (Paper Book)
978-89-534-7182-5 98320 (e-Book)